STEPHAN LEITHERER

Die Belange des Versorgungsempfängers in § 16 des Gesetzes zur Verbesserung der betrieblichen Altersversorgung

Schriften zum Sozial- und Arbeitsrecht

Band 69

Die Belange des Versorgungsempfängers in § 16 des Gesetzes zur Verbesserung der betrieblichen Altersversorgung

Von

Dr. Stephan Leitherer

DUNCKER & HUMBLOT / BERLIN

CIP-Kurztitelaufnahme der Deutschen Bibliothek

Leitherer, Stephan:
Die Belange des Versorgungsempfängers in § 16
des Gesetzes zur Verbesserung der betrieblichen
Altersversorgung / von Stephan Leitherer. —
Berlin: Duncker und Humblot, 1983.
(Schriften zum Sozial- und Arbeitsrecht;
Bd. 69)
ISBN 3-428-05431-8
NE: GT

D 29

Gedruckt 1983 bei Buchdruckerei A. Sayffaerth - E. L. Krohn, Berlin 61
Printed in Germany

ISBN 3 428 05431 8

Vorwort

Die Arbeit „Die Belange des Versorgungsempfängers in § 16 des Gesetzes zur Verbesserung der betrieblichen Altersversorgung" lag dem Fachbereich Rechtswissenschaft der Universität Erlangen-Nürnberg zum Jahreswechsel 1982/83 als Dissertation vor. Gegenüber der ursprünglichen Fassung wurden bis Ende März 1983 lediglich geringfügige Veränderungen vorgenommen, die der Einarbeitung jüngeren Schrifttums dienten. Literatur und Rechtsprechung sind in der jetzt vorliegenden Fassung weitestmöglich bis 31. 3. 1983 berücksichtigt.

Ganz besonderen Dank schulde ich Herrn Professor Dr. Wolfgang Blomeyer, Erlangen, für vielfältige Anregungen, seine jederzeit bereitwillige Unterstützung und die in jeder Hinsicht vorbildliche Betreuung der Arbeit.

Bamberg, im April 1983

Stephan Leitherer

Inhaltsverzeichnis

I. Einleitung und Problemstellung

1. Die meistdiskutierte Vorschrift des BetrAVG

Das Gesetz zur Verbesserung der betrieblichen Altersversorgung vom 19. Dezember 1974 (Bundesgesetzblatt I S. 3610) — „BetrAVG" — enthält in seinem fünften Abschnitt unter der Überschrift „Anpassung" in einem Paragraphen, nämlich § 16, folgende Bestimmung:

„Der Arbeitgeber hat alle drei Jahre eine Anpassung der laufenden Leistungen der betrieblichen Altersversorgung zu prüfen und hierüber nach billigem Ermessen zu entscheiden; dabei sind insbesondere die Belange des Versorgungsempfängers und die wirtschaftliche Lage des Arbeitgebers zu berücksichtigen."

Dieser § 16 — dem Umfang nach der kürzeste des arbeitsrechtlichen Teils des BetrAVG — nimmt im Vergleich zu den übrigen Bestimmungen zweifellos eine Sonderstellung ein[1] und hat sich in der bisher vergangenen relativ kurzen Zeit seit Inkrafttreten des Gesetzes wohl als die meistdiskutierte Vorschrift oder auch als „der am meisten umstrittene Paragraph des ganzen Gesetzes"[2] erwiesen. Aber noch mehr: § 16 gilt bei namhaften Autoren als die Vorschrift, von deren Auslegung die weitere Verbreitung oder gar das „Schicksal" der betrieblichen Altersversorgung abhängt[3].

Das ungewöhnliche Interesse und die umfangreiche Diskussion, die § 16 BetrAVG bisher hervorrief, werden verständlich, bedenkt man einerseits die sozialpolitische Brisanz und Aktualität des in § 16 angesprochenen Themas und andererseits die vom Wortlaut her wenig aussagekräftige Fassung der Vorschrift[4]. So bewegt sich die in § 16 behandelte Problematik in einem durch unterschiedliche Interessen von Arbeitgebern und Arbeitnehmern (bzw. Pensionären) bestimmten Span-

---

[1] So *Blomeyer*, BetrAV 1979, S. 78 ff., 79.

[2] So die Ausdrucksweise von *Höhne*, AR-Blattei, (D) Betriebliche Altersversorgung, I, unter B. VI; vgl. auch in Heubeck / Höhne / Paulsdorff / Rau / Weinert, § 16, 1. u. 2. Aufl., Rn. 17; ähnlich *Schoden*, Die betriebliche Altersversorgung, Rn. 229; *Schaub*, RdA 1980, S. 155 ff., 159.

[3] Vgl. u. a. *Fenge*, DB 1975, S. 2371; *Förster*, Perspektiven, S. 65; *Doetsch*, Arbeitgeber 1976, S. 500, 501; *Bode / Grabner*, DB 1977, S. 1897 ff., 1901 f.

[4] *Schwerdtner*, ZFA 1978, S. 553 ff., 554: „Der Umfang der notwendigen Anpassung ist dunkel. Deutlicher kann der Gesetzgeber der Gegenwart seine Unfähigkeit zur Rechtsetzung kaum noch dokumentieren ..."

nungsfeld[5]; fast alle wesentlichen Fragen sind vor einem bestimmten sozialpolitischen Hintergrund und in größerem Zusammenhang[6] zu sehen, insbesondere im Zusammenhang zwischen betrieblicher Altersversorgung und gesetzlicher Rentenversicherung[7].

Gegenüber dieser vielschichtigen Problematik beschränkt sich § 16 BetrAVG auf eine sehr allgemeine und auslegungsbedürftige Regelung, die im Gesetzgebungsverfahren des Jahres 1974 ohne tiefergehende Diskussion in den Beratungen und insgesamt wohl zu überhastet[8] verabschiedet wurde. Schon bald häuften sich dann auch die kritischen Stimmen in der Literatur, die z. B. von „der verunglückten Norm des § 16" sprachen[9].

Mit Anstoß für die Überlegungen, überhaupt eine Anpassungsregelung in das BetrAVG aufzunehmen, waren am 30. März 1973 zwei Entscheidungen des Bundesarbeitsgerichts[10] gewesen. In diesen Entscheidungen hatte das BAG — und wenig später folgte auch der Bundesgerichtshof[11] — unter Aufgabe seiner bisherigen Rechtsprechung[12] erstmalig die Verpflichtung des Arbeitgebers ausgesprochen, sich um das Schicksal der von ihm zugesagten betrieblichen Versorgungsleistungen zu kümmern und zumindest bei einer 40%igen Verteuerung der Lebenshaltungskosten mit dem Versorgungsempfänger über eine angemessene Anpassung zu verhandeln. Mit § 16 BetrAVG wollte der Gesetzgeber wohl diese Rechtsprechung in etwas abgewandelter Form Gesetz werden lassen, erreichte jedoch durch den — beabsichtigten oder unfreiwilligen — Verzicht auf eine klare und eindeutige Regelung, daß — so die Ausdrucksweise von *Hilger*[13] — der „Schwarze Peter" wieder (wie vor Inkrafttreten des BetrAVG) den Gerichten zugeschoben wurde.

---

[5] Vgl. dazu *Bode / Grabner*, BB 1976, S. 1324; *Dellefant*, BetrAV 1978, S. 43.

[6] Vgl. hierzu die Aufzählung bei *Ahrend / Förster / Rößler*, BB — Beilage 3/1978, S. 2.

[7] Zur „Ergänzungsfunktion" der betr. Altersversorgung, vgl. unten VI. 3. f).

[8] Vgl. die zusammenfassende Wiedergabe des Verlaufs des Gesetzgebungsverfahrens bei *Höhne / Heubeck*, Anpassung, 2. Aufl., S. 6 ff.; *Höhne*, in Heubeck / Höhne / Paulsdorff / Rau / Weinert, Kommentar, 1. und 2. Aufl., § 16, Rn. 7 ff.; *Höfer / Abt*, Kommentar, 2. Aufl., § 16, Rn. 9.

[9] So *Ahrend / Förster / Rößler*, DB 1976, S. 338 ff., 339 und BB-Beilage 3/1978, S. 2; *Ahrend*, in: Soziale Sicherheit in den 80er Jahren, S. 36; ähnlich *Bischoff*, BetrAV 1976, S. 77 ff., 79; *Heubeck*, ArbuSozPol 1976, S. 369.

[10] BAG-Urteil vom 30. 3. 1973, 3 AZR 26/72 und 3 AZR 34/72 = AP Nr. 4 u. 5 zu § 242 BGB Ruhegehalt-Geldentwertung = BB 1973, S. 522 ff. u. 705 ff. = DB 1973, S. 773 ff.

[11] BGH-Urteil vom 28. 5. 1973, II ZR 58/71 = AP Nr. 6 zu § 242 BGB Ruhegehalt-Geldentwertung.

[12] Zuletzt BAG-Urteil v. 12. 3. 1965 — 3 AZR 516/63 = AP Nr. 99 zu § 242 BGB Ruhegehalt = DB 1965, S. 670 = DB 1965, S. 822.

[13] *Hilger*, BetrAV 1973, S. 140 ff., 142.

Den Gerichten und namentlich dem BAG war es demnach vorbehalten, eine erste Klärung der zahlreichen Zweifelsfragen herbeizuführen. Die bisher ergangenen höchstrichterlichen Entscheidungen brachten denn auch die ersten konkreten Ergebnisse, waren jedoch zunächst keineswegs geeignet, die erwähnte lebhafte Diskussion zum Verstummen zu bringen.

Das BAG hat nämlich in diesen Urteilen einerseits noch verschiedene Fragen offengelassen und andererseits in entscheidenden Fragen Lösungen gefunden, die sich in teilweise fundamentalem Gegensatz zum bisher überwiegend vertretenen Meinungsstand befinden[14]. Die Begründungen des BAG bieten denn auch vielfältige Angriffsflächen, so daß von einer endgültigen Klärung der Anpassungsproblematik trotz der vorliegenden höchstrichterlichen Grundsatzentscheidungen wohl noch lange nicht die Rede sein kann.

2. Problembeschränkung

Die vorliegende Arbeit soll nur einen Teilberich der ungemein vielschichtigen Anpassungsproblematik behandeln. Dies erscheint im Interesse einer detaillierten und gleichzeitig überschaubaren Untersuchung angebracht.

In Literatur und Rechtsprechung hat sich bisher gezeigt, daß sich gewisse Schwerpunktthemen herausgebildet haben, die sich m. E. vorwiegend auf ein Tatbestandsmerkmal des § 16, nämlich die „Belange des Versorgungsempfängers" beziehen. Im Schrifttum wird dieses Tatbestandsmerkmal zwar mitunter enger gesehen[15] und aus der neueren BAG-Rechtsprechung ergibt sich sogar mehr oder weniger eine Gleichsetzung mit dem Ausmaß der Verteuerung[16], jedoch zeigt eine exakte und genauere Überprüfung der Frage, was im weitesten Sinne unter die „Belange des Versorgungsempfängers" fällt, daß hier durchaus auch weitere Fragen und Problemkreise eine Rolle spielen. Es dürfte demnach keine zu gering zu schätzende Aufgabenstellung sein, in der vorliegenden Arbeit im einzelnen und nach allen Seiten das Tatbestandsmerkmal „Belange des Versorgungsempfängers" zu untersuchen.

Dabei kann natürlich nicht außer acht gelassen werden, daß dieses Tatbestandsmerkmal im Gesamtzusammenhang der gesamten Vor-

---

[14] Vgl. u. a. die Reaktion von *Bode* und *Grabner* auf das Urteil vom 15. 9. 1977, die in DB 1977, S. 1897 ff., unter der Überschrift „Betriebliche Altersversorgung — quo vadis?" von „nahezu grenzenloser Enttäuschung" sprechen.

[15] Vgl. z. B. *Höfer*, Kommentar, 1. Aufl., § 16, Rn. 51—55.

[16] Vgl. insbes. BAG v. 17. 1. 1980, 3 AZR 614/78 = AP Nr. 7 zu § 16 BetrAVG = BB 1980, S. 263 ff. = DB 1980, S. 306 ff.; vgl. auch *Blomeyer*, SAE 1982, S. 15; im einzelnen dazu unten III. 4.

schrift des § 16 zu sehen ist und nicht isoliert aus dem Zusammenhang heraus betrachtet werden kann. Insbesondere ist zu beachten, daß die Belange des Versorgungsempfängers bei der Prüfung und Entscheidung des Arbeitgebers zu berücksichtigen sind, wie sich bereits auf Anhieb dem Wortlaut des § 16 entnehmen läßt. Es wird sich deshalb in der Arbeit nicht vermeiden lassen, auch auf die anderen Tatbestandsmerkmale des § 16 — soweit sie für die Auslegung der Belange des Versorgungsempfängers von Bedeutung sind — einzugehen.

Weiterhin soll das Thema der vorliegenden Arbeit noch in der Weise eingegrenzt werden, daß im wesentlichen nur der Bereich der sog. „Direktzusage" behandelt wird, also die vom Arbeitgeber unmittelbar übernommene Ruhegeldverpflichtung[17]. § 16 regelt nämlich die Anpassung „laufender Leistungen der betrieblichen Altersversorgung". Mit dieser Formulierung hat der Gesetzgeber alle Formen der betrieblichen Altersversorgung (vgl. § 1 BetrAVG) in die dem Arbeitgeber obliegende Prüfung und Entscheidung einbezogen[18]. Es liegt nahe, daß bei allen Formen der betrieblichen Altersversorgung die Belange des Versorgungsempfängers eine Rolle spielen müssen. Aus Gründen der Übersichtlichkeit und unter Berücksichtigung des üblicherweise in der Diskussion im Vordergrund stehenden Regelfalls der betrieblichen Ruhegeldzusage als Direktzusage, soll sich die Arbeit jedoch auf den Bereich der Direktzusage beschränken[19].

Da die wesentlichen Probleme sich am Beispiel der Direktzusage sehr gut zeigen lassen, bedeutet diese Beschränkung wohl keine erhebliche Beeinträchtigung des gestellten Themas. Die Beschränkung bedeutet lediglich, daß gewisse Besonderheiten, die bei der Direktversicherung (§ 1 Abs. 2 BetrAVG), bei Pensions- oder Unterstützungskassen (§ 1 Abs. 3 und Abs. 4 BetrAVG) auftreten können[20], ausgeklammert bleiben sollen.

---

[17] Vgl. dazu *Heißmann*, Die betriebliche Ruhegeldverpflichtungen, 4. Aufl., S. 45.

[18] Vgl. u. a. *Fenge*, DB 1975, S. 50; *Höhne / Heubeck*, Anpassung, 2. Aufl., S. 90; *Höhne* in Heubeck / Höhne / Paulsdorff / Rau / Weinert, 1. u. 2. Aufl., § 16, Rn. 62 ff.; *Höfer, Kommentar*, 1. Aufl., § 16, Rn. 20; *Höfer / Abt*, Kommentar, 2. Aufl., § 16, Rn. 25 ff.

[19] Vgl. auch die Entscheidung des BAG vom 30. 3. 1973, 3 AZR 26/72 = AP Nr. 4 zu § 242 BGB Ruhegehalt-Geldentwertung, die nur die Direktzusage betraf (vgl. B. I. 1 b der Gründe).

[20] Vgl. dazu z. B. *Höhne*, in Heubeck / Höhne / Paulsdorff / Rau / Weinert, 1. Aufl., § 16, Rn. 150 ff. u. 2. Aufl., § 16, Rn. 206 ff.; *Blomeyer*, BetrAV 1979, S. 110 ff., 116 f.; *Blomeyer*, BB 1980, S. 789 ff.

II. Die Belange des Versorgungsempfängers im Gesamtzusammenhang des § 16

1. Erste Überlegungen zum Wortlaut des § 16

Trotz aller Kürze gibt bereits eine erste Überprüfung des Wortlauts des § 16 BetrAVG Anlaß zu vielfältigen Überlegungen.

Zunächst fällt auf, daß sich die Vorschrift in zwei Halbsätze gliedert; der Begriff „Belange des Versorgungsempfängers" kommt lediglich im zweiten Halbsatz vor. Die Verbindung der beiden Halbsätze durch das Wörtchen „dabei" stellt aber klar, daß Ausführungen zum Thema „Belange des Versorgungsempfängers" sich mit beiden Halbsätzen zu befassen haben, da der zweite nur in Verbindung mit dem ersten einen Sinn gibt, beide Halbsätze somit notwendig zusammengehören.

Der Vollständigkeit und Genauigkeit halber sei allerdings darauf hingewiesen, daß theoretisch das „dabei" auch ausschließlich an den letzten Teil des ersten Halbsatzes, nämlich das „entscheiden" anknüpfen könnte. Es stellt sich also die Frage nach einer Unterscheidung zwischen den beiden Verben „prüfen" und „entscheiden"[21].

Unmittelbar dazu gehört jedoch auch das Tatbestandsmerkmal, das den Zeitpunkt dieser beiden vom Gesetzgeber vorgeschriebenen Tätigkeiten festlegt: „alle drei Jahre". Diese Zeitbestimmung dürfte sich dem Wortlaut nach sowohl auf das „prüfen" wie auf das „entscheiden" beziehen. Das Tatbestandsmerkmal „alle drei Jahre" wird allerdings noch in weiteren Abschnitten der vorliegenden Arbeit[22] eine Rolle spielen.

Weniger bedeutsam dürfte dagegen nach der Themenstellung das Subjekt des ersten Halbsatzes werden: „Der Arbeitgeber". Vom Wortlaut her stellt sich zunächst die Frage, warum der Gesetzgeber auf der einen Seite vom „Versorgungsempfänger" und auf der anderen Seite nicht vom Versorgungsgeber, sondern vom „Arbeitgeber" spricht[23].

[21] Vgl. dazu unten II. 4. a).

[22] So z. B. in II. 2. b) bb).

[23] Vgl. auch das Problem, daß der Arbeitgeber und der Träger einer Versorgungseinrichtung nicht identisch zu sein brauchen, daß aber eben gerade dem Arbeitgeber die Pflichten des § 16 auferlegt sein sollen, vgl. z. B. *Höhne*, in Heubeck / Höhne / Paulsdorff / Rau / Weinert, Kommentar 1. u. 2. Aufl., § 16, Rn. 60, 63.

Weiter fällt auf, daß ein Rentner — also ein ausgeschiedener Arbeitnehmer — eigentlich gar keinen „Arbeitgeber“ mehr haben kann, so daß zu fragen ist, ob § 16 nicht den „ehemaligen Arbeitgeber“ meint. So ist es also durchaus nicht von vornherein unproblematisch, wer „Arbeitgeber“ i. S. des § 16 ist[24]. Jedoch handelt es sich hierbei um keine Frage, die vorwiegend die „Belange des Versorgungsempfängers“ betrifft. Eine Behandlung dieses Punktes kann also ausgeklammert bleiben.

Anders ist es natürlich mit dem Objekt, nämlich der „Anpassung der laufenden Leistungen der betrieblichen Altersversorgung“. Diese vom reinen Wortlaut her vielleicht als solche nicht besonders aussagekräftigen Begriffe („Anpassung“, „laufende Leistungen“) müssen wohl entsprechend der in Literatur und Rechtsprechung gewachsenen und nunmehr üblich gewordenen Terminologie im Recht der betrieblichen Altersversorgung gesehen werden. Immerhin handelt es sich hier um das eigentliche Ziel, das mit § 16 erreicht werden soll, um den eigentlichen Gegenstand der Vorschrift, wie er schon in der Überschrift des 5. Abschnitts zum Ausdruck kommt.

Es ist also wohl angebracht und gehört mit zum Thema, sich im Umfeld des Begriffes der „Belange des Versorgungsempfängers“ auch mit dem Begriff der „Anpassung“ eingehend zu befassen[25]. Ob bei der gegebenen Themenstellung auch eine ins einzelne gehende Prüfung der Frage, was alles unter die „laufenden Leistungen der betrieblichen Altersversorgung“ fällt, erforderlich ist, erscheint demgegenüber weniger klar. Die vom Gesetzgeber gewählte Formulierung — „laufende Leistungen“ — ist jedoch in mehrfacher Hinsicht interessant[26]. Außerdem rechtfertigen die Zusammengehörigkeit der Tatbestandsmerkmale „Anpassung“ und „laufende Leistungen der betrieblichen Altersversorgung“, ferner die Verknüpfung der beiden Halbsätze des § 16 und der Gesamtzusammenhang der ganzen Vorschrift[27] eine eigene Behandlung.

Von maßgeblicher Bedeutung dürfte der Begriff des „billigen Ermessens“ sein (vgl. im einzelnen II. 5.). Erst die Entscheidung des Arbeitgebers beantwortet zunächst im Einzelfall die Frage, ob und ggfs. in welchem Umfang die Versorgungsleistung angepaßt wird. Die Entschei-

---

[24] Vgl. dazu allgemein *Höhne*, in Heubeck/ Höhne / Paulsdorff / Rau / Weinert, 1. u. 2. Aufl., § 16, Rn. 60 ff.; § 17, Rn. 45 ff.; *Schaub*, NJW 1978, S. 2076 ff., 2077; zur Frage der Anpassungspflicht des Pensionssicherungsvereins *Höhne*, ebd., § 16, Rn. 64; *Höfer*, Kommentar, 1. Aufl., § 16, Rn. 76; *Höfer / Abt*, 2. Aufl., § 16, Rn. 217 ff.; *Schoden*, Die betriebliche Altersversorgung, Rn. 249 ff.; *Schaub / Schusinski / Ströer*, S. 91 (4); siehe neuerdings BAG v. 22. 3. 1983, 3 AZR 574/81.

[25] Vgl. II. 3.

[26] Vgl. unten II. 3., III. 1. und IV. 5. a).

[27] Vgl. unten II. 2. b) cc).

dung — so das Gesetz — muß billigem Ermessen entsprechen, wobei unmittelbare Anknüpfungspunkte („dabei“) die Belange des Versorgungsempfängers und die wirtschaftliche Lage des Arbeitgebers sind.

Nicht übersehen werden darf das Wörtchen „insbesondere“, das Anlaß zur Frage gibt, inwieweit neben den Belangen des Versorgungsempfängers und der wirtschaftlichen Lage des Arbeitgebers weitere Gesichtspunkte „zu berücksichtigen“ sind, und weiter, in welchem Verhältnis zueinander alle diese Gesichtspunkte stehen und mit welcher Gewichtung sie eine Rolle spielen können. Entsprechend der Themenstellung werden bei der Erörterung dieser Fragen[28] nähere Ausführungen zum Begriff der „wirtschaftlichen Lage“ selbst oder zu weiteren Gesichtspunkten, die sich nicht etwa unter den Oberbegriff „Belange des Versorgungsempfängers“ einordnen lassen, fehlen. Mit zum Thema gehört aber wohl eine Betrachtung der grundsätzlichen Beziehung anderer Kriterien zu den Belangen des Versorgungsempfängers.

Zum reinen Wortlaut des zweiten Halbsatzes wäre im übrigen zu sagen, daß die vom Gesetzgeber gewählten Begriffe „Belange“ und „Versorgungsempfänger“ selbstverständlich noch gesondert zu untersuchen sind[29]. Auf den ersten Blick auffällig ist, daß beim Versorgungsempfänger der wohl umfassendere Begriff „Belange“ verwendet wurde, daß bezüglich des Arbeitgebers nur die wirtschaftliche Lage — also vom Wortlaut her doch weniger als etwa die Belange des Arbeitgebers — Berücksichtigung finden soll.

Alles in allem bezweckt die vorgenommene Analyse des Wortlauts zunächst nur eine Aufgliederung der Untersuchung des Gesamtzusammenhangs im konkreten Hinblick auf das Thema der Arbeit. Im folgenden sollen die hier einschlägigen Begriffe im einzelnen behandelt werden.

2. Die „laufenden Leistungen der betrieblichen Altersversorgung“

a) Der Begriff der betrieblichen Altersversorgung

§ 1 Abs. 1 BetrAVG enthält eine Legaldefinition, wonach unter den Oberbegriff „betriebliche Altersversorgung“ alle Leistungen der Alters-, Invaliditäts- oder Hinterbliebenenversorgung fallen, die einem Arbeitnehmer aus Anlaß seines Arbeitsverhältnisses zugesagt worden sind. Mit dieser Definition hat der Gesetzgeber an die von *Weiß*[30] ange-

[28] Vgl. zunächst unten II. 6.

[29] Vgl. unten III. 1. und 2.

[30] *Weiß*, A., in: Handbuch der betrieblichen Altersversorgung, 3. Aufl., 1955, S. 13 u. 4. Aufl. 1962, S. 13.

knüpft[31]. Der Begriff der betrieblichen Altersversorgung i. S. des BetrAVG und auch im Sinne der vorher herrschenden Lehre ist also umfassender, als es der reine Wortlaut (Altersversorgung) besagt, was durch Entwicklung, Aufgaben und Zweck der betrieblichen Versorgungsleistungen bedingt ist[32]. Es besteht wohl keinerlei Zweifel, daß vom Begriff der „betrieblichen Altersversorgung" her der Arbeitgeber bei allen Leistungen im Sinne der Legaldefinition des § 1 eine Anpassungsprüfung und -entscheidung vorzunehmen bzw. zu treffen hat[33].

Soweit es im Einzelfall zweifelhaft sein sollte, ob es sich bei einer gewährten oder zu gewährenden Leistung um eine Leistung der Alters-, Invaliditäts- oder Hinterbliebenenversorgung handelt, ist auf die vertragliche Zweckbestimmung der Zusage abzustellen[34]. Um Leistungen der betrieblichen Altersversorgung handelt es sich dann, wenn diese Leistungen einen Beitrag leisten sollen, den Arbeitnehmer (oder seine Hinterbliebenen) vor den materiellen Folgen beim Ausscheiden aus dem Erwerbsleben zu schützen, wobei entscheidend nicht die namentliche Bezeichnung des Arbeitgebers ist, sondern der objektive Zweck der Zusage[35].

b) Folgerungen aus dem Tatbestandsmerkmal „laufende Leistungen"

§ 16 bestimmt jedoch nicht für alle Leistungen der betrieblichen Altersversorgung eine Anpassungsprüfung und -entscheidung, sondern nur für die „laufenden Leistungen". Aus dieser Formulierung entnimmt man in Literatur und Rechtsprechung im wesentlichen, daß zum einen bei Kapitalleistungen und zum anderen bei Ruhegeldanwartschaften eine Anpassung von vorneherein nicht in Betracht kommt.

aa) Nicht ganz unproblematisch dürfte jedoch auch das Tatbestandsmerkmal „Leistungen" sein. Nach einhelliger Meinung in der Literatur[36] sind nur Geldleistungen und nicht Sachleistungen darunter zu verstehen, obwohl u. U. eine Altersversorgung auch in Form von Sachleistungen gewährt werden kann[37].

---

31 Vgl. *Höfer / Abt*, Kommentar, 2. Aufl., ArbGr. Rn. 15 ff.; § 16, Rn. 25 ff.; *Höhne*, in Heubeck / Höhne / Paulsdorff / Rau / Weinert, 1. u. 2. Aufl., § 1, Rn. 12 ff.; § 16, Rn. 87 f.; *Ahrend*, in: Soziale Sicherheit in den 80er Jahren, S. 29.

32 Vgl. auch *Sonne*, S. 17.

33 Vgl. ebd., S. 259, 2. Absatz mit weiteren Nachweisen.

34 Vgl. BGH v. 23. 5. 1977 — II ZR 44/76 = AP Nr. 8 zu § 242 BGB Ruhegehalt-Geldentwertung, unter 1 der Gründe.

35 So zutreffend *Blomeyer*, in: AR-Blattei, (D) Entscheidung 14, unter I. 1.

36 *Höfer*, Kommentar, 1. Aufl., § 16, Rn. 6, 10, 18 ff.; *Höfer / Abt*, 2. Aufl., § 16, Rn. 30; *Höhne*, in Heubeck / Höhne / Paulsdorff / Rau / Weinert, 1. u. 2. Aufl., § 16, Rn. 81; *Bleistein / Söffing*, Rn. 127; *Sonne*, S. 260 ff.; *Schaub*, Arbeitsrecht-Handbuch, 4. Aufl., S. 405; *Chmurzinski*, RdA 1981, S. 18 ff., 21.

Für diese grundsätzlich richtige Einschränkung bedarf es wohl nicht eigens einer ausführlichen dogmatischen Begründung[38]. Der entscheidende Grund ist einfach der, daß § 16 eine „Inflationsanpassung" bezweckt, worauf noch zurückzukommen sein wird[39], und daß sich bei Leistungen in Form von Sachgütern das Problem der Inflation in aller Regel nicht stellt.

Sollte sich dieses Problem im Einzelfall dergestalt zeigen, daß die versprochenen und laufend zugewendeten Güter wertmäßig im Vergleich zu den ursprünglichen Vorstellungen beider Vertragsparteien gesunken sind, so ist es fraglich, ob man dann noch argumentieren kann, daß mit der Übergabe der geschuldeten Sache der bezweckte Leistungserfolg bereits erreicht sei[40]. Diese Frage wird jedoch kaum allzu große praktische Bedeutung erlangen, da bei Sachleistungen nach den derzeitigen Verhältnissen im Gegensatz zu Geldleistungen wohl eher mit deflationsähnlichen Wertveränderungen zu rechnen ist[41]. Es wird noch darzulegen sein[42], daß eine Anpassung im Sinne einer Herabsetzung der zugesagten Leistung (Geldleistung) zugunsten des Arbeitgebers zumindest problematisch ist. Bei zugesagten Sachleistungen dürfte aber keinesfalls der Arbeitgeber ein etwaiges Herabsetzungsverlangen („Anpassung") mit der Norm des § 16 begründen können, da die „ratio legis" des § 16 in vollständig andere Richtung zielt[43].

bb) Versorgungsleistungen, die in einer einmaligen Kapitalsumme[44] erbracht werden, sind keine „laufenden Leistungen". Dies ergibt sich wohl eindeutig aus der vom Gesetzgeber gewählten Formulierung und ist in der Literatur unbestritten[45].

---

37 Vgl. LAG Düsseldorf, Urteil v. 5. 5. 1977 — 14 Sa 1373/76, BetrAV 1978, S. 229; *Sonne*, S. 260.

38 Wie *Sonne*, S. 260 ff.

39 Vgl. unten II. 3. b).

40 So *Sonne*, S. 262 ff.

41 Gerade bei dem von *Sonne*, S. 260, genannten Beispiel Kohlen und Wohnraum.

42 Vgl. unten II. 3. b).

43 Hier käme wohl die von *Sonne*, S. 260, unter Bezugnahme auf *Larenz*, Methodenlehre, S. 355 ff., erwählte „teleologische Reduktion" zum Zuge.

44 Z. B. auch als Abfindung gem. § 3 BetrAVG, vgl. *Höhne*, in Heubeck / Höhne / Paulsdorff / Rau / Weinert, 1. u. 2. Aufl., § 16, Rn. 84; § 3, Rn. 44; *Höfer / Abt*, 2. Aufl., § 16, Rn. 11, 23; zu unterscheiden ist die Frage der Berücksichtigung der evtl. Anpassung bei der Berechnung einer Kapitalabfindung, vgl. *Höfer / Abt*, 2. Aufl., § 16, Rn. 20 ff.

45 *Fenge*, DB 1975, S. 58; *Höfer*, Kommentar, 1. Aufl., § 16, Rn. 10; *Höfer / Abt*, Kommentar, 2. Aufl., § 16, Rn. 11; *Höhne*, in Heubeck / Höhne / Paulsdorff / Rau / Weinert, 1. u. 2. Aufl., § 16, Rn. 84; *Schaub / Schusinski / Ströer*, IV. 3, S. 91; *Glatzel / Meyer / Wein*, § 16, Rn. 5; *Bleistein / Söffing*, Rn. 127; *Sonne*, S. 263; *Blomeyer*, BetrAV 1979, S. 110 ff., 116; Bundesvereinigung der Deutschen Arbeitgeberverbände, Hinweise zur betr. Altersversorgung, S. 58 f.

Die Gesetzesmaterialien enthalten zu dieser Frage keine wesentlichen Hinweise. Während der zunächst von der Bundesregierung eingebrachte Gesetzesentwurf[46] noch keine Anpassungsvorschrift enthielt, findet sich bereits im Vorschlag des Ausschusses für Arbeit und Sozialordnung (§ 6 k)[47] die dann in § 16 Gesetz gewordene Formulierung „laufende Leistungen der betrieblichen Altersversorgung".

In der öffentlichen Informationssitzung des Ausschusses für Arbeit und Sozialordnung vom 13. 3. 1974 ist nur vereinzelt und beiläufig das Bedürfnis einer Anpassung für alle längerlaufenden Geldleistungen erwähnt worden[48]. Anzunehmen ist allerdings, daß sich der Gesetzgeber bei der Wahl des Begriffs „laufende Leistungen" mit von den Ausführungen des BAG-Urteils vom 30. 3. 1973[49] hat leiten lassen, wo es heißt, daß bei Abfindung mit einer Kapitalsumme der Pensionär allein das Risiko übernommen habe, dieses Kapital entweder ertragbringend anzulegen oder es — aus welchen Gründen auch immer — einzubüßen.

Diese vom Gesetzgeber vorgenommene Beschränkung ist auch vernünftig und sachgerecht. Wäre diese Frage anders geregelt worden, so würde sich die im bürgerlichen Recht wohl einmalige Situation ergeben, daß ein Schuldner durch Bewirkung der versprochenen Leistung zwar zunächst erfüllt hat (oder zumindest erfüllt zu haben glaubt), die Erfüllung dann aber nachträglich aufgehoben bzw. in Frage gestellt würde und u. U. zu wiederholten Malen ein „Nachschlag" gefordert werden könnte. Dies würde § 362 BGB widersprechen. Im übrigen ist im Falle der Kapitalzusage von vornherein ein stillschweigend übereinstimmender Wille beider Vertragsparteien anzunehmen, daß die festgelegte Summe festgelegt bleibt und durch keinerlei Umstände — auch und gerade nicht zu späterer Zeit — mehr geändert werden soll. Eine derartige Übereinstimmung liegt dagegen bei der Zusage von Rentenleistungen über längerlaufende Zeit nicht ohne weiteres vor, jedenfalls muß man so die BAG-Rechtsprechung vom 30. 3. 1973 verstehen.

In diesem Zusammenhang stellt sich allerdings die weitere Frage, wie es sich mit Kapitalleistungen verhält, die in mehreren Raten ausbezahlt werden, bei denen also Laufzeit der Raten und damit auch die Gesamthöhe der zu erbringenden Leistung fixiert ist[50].

---

[46] Bundestagsdrucksache 7/1281 v. 26. 1. 1973.

[47] Vgl. Bundestagsdrucksache 7/2843 v. 22. 11. 1974, S. 34.

[48] So die Sachverständigen Schmidt (DGB) und Falkenberg (DAG), vgl. stenografisches Protokoll S. 116, 118.

[49] BAG v. 30. 3. 1973 — 3 AZR 26/72 AP Nr. 4 zu § 242 BGB Ruhegehalt-Geldentwertung, unter A. 4 a der Gründe.

[50] Vgl. die Unterscheidung zwischen lebenslänglichen Leibrenten, temporären Leibrenten (z. B. Waisenrenten) und Zeitrenten (unabhängig vom Leben einer Person für bestimmte Zeit) bei *Höfer / Abt*, 2. Aufl., § 16, Rn. 10, 12.

M. E. zu weitgehend dürfte die Auffassung sein, wonach alle in zwei oder mehr Raten aufgeteilte Ruhegeldzahlungen unter § 16 fallen sollen, sofern der Zeitraum zwischen der ersten und der letzten Zahlung drei Jahre oder größer ist[51]. Der in § 16 vorgesehene Dreijahreszeitraum kann nämlich wohl nicht unmittelbar für die Definition des Begriffs der laufenden Leistungen herangezogen werden. Er ist vielmehr allein für die dem Arbeitgeber obliegende Prüfung und Entscheidung maßgeblich[52], wobei bereits vorausgesetzt ist, daß zu prüfende „laufende Leistungen“ vorliegen. Weiterhin bereitet es auch schon vom Wortlaut her einige Schwierigkeiten, zwei oder dreimalige Teilzahlungen in genau bestimmter Gesamthöhe noch als „laufende Leistungen“ zu bezeichnen. Der Begriff „laufend“ setzt wohl nach allgemeinem Sprachverständnis ein gewisses Mindestmaß an Intensität und Dauer voraus. Bei einem Zeitraum von 10 Jahren dürften diese Bedenken allerdings nicht mehr bestehen[53].

In diesem Zusammenhang ist jedoch zu überlegen, ob nach Sinn und Zweck des § 16 nicht nur solche laufenden Leistungen erfaßt werden sollen, die aufgrund von Versorgungszusagen erbracht werden, die die letztlich anfallende Gesamthöhe offen lassen[54]. Im Regelfall wird die Versorgung für den Fall des Alters, der Invalidität oder für Hinterbliebene versprochen, wobei der Arbeitgeber ein „Versorgungsrisiko“ übernimmt[55]; das Ruhegeld hat also „Versicherungscharakter“[56]. Davon kann man aber bei Zusage einer festen Kapitalsumme, die in Raten — auch etwa über längere Zeit — ausbezahlt wird, nicht mehr sprechen, sofern nicht z. B. zusätzlich vereinbart ist, daß die Ratenzahlungen bei vorzeitigem Ableben des Berechtigten enden. Die Zahlung einer Kapitalsumme in Raten unterscheidet sich deshalb von der einmaligen Kapitalzahlung nur dadurch, daß der Versorgungsempfänger nicht die Möglichkeit der günstigen Anlage hat[57], was aber in der Regel bei der Höhe des zugesagten Betrages schon berücksichtigt sein dürfte[58].

---

[51] So *Sonne*, S. 275 ff.; *Chmurzinski*, RdA 1981, S. 18 ff., 21; wohl auch *Blomeyer*, in: AR-Blattei, (D) Entsch. 14 unter I. 2; a. A. *Höfer / Abt*, 2. Aufl., § 16, Rn. 11; unklar bei *Höhne*, in Heubeck / Höhne / Paulsdorff / Rau / Weinert, 2. Aufl., § 16, Rn. 80.

[52] Vgl. unten II. 4. e) und IV. 5.

[53] Vgl. *Höfer / Abt*, 2. Aufl., § 10, Rn. 12, wonach bei Zeitrenten mit einer Laufzeit unter 10 Jahren alle Umstände des Einzelfalls maßgeblich sein sollen.

[54] Anders *Höfer / Abt*, 2. Aufl., § 16, Rn. 10 und *Höhne*, in Heubeck / Höhne / Paulsdorff / Rau / Weinert, 2. Aufl., § 16, Rn. 80, wonach auch Zeitrenten unter den Begriff fallen; ebenso *Sonne*, S. 265 f.; vgl. auch *Blomeyer*, in: AR-Blattei, (D) Entscheidung 14 unter I. 2; unklar *Schaub*, NJW 1978, S. 2076 ff., 2077 und Arbeitsrechts-Handbuch, 4. Aufl., S. 405.

[55] So *Blomeyer*, in: Die betriebliche Altersversorgung zu Beginn der 80er Jahre, S. 23 ff., 35; ders. bereits auch in RdA 1977, S. 1 ff., 6.

[56] *Blomeyer*, in: Die betriebliche Altersversorgung ..., S. 35 ff.

[57] So das BAG in der Entscheidung vom 30. 3. 1973, 3 AZR 26/72, AP Nr. 4

M. E. ist deshalb regelmäßig die Rechtstellung des Versorgungsempfängers bei einmaligen Kapitalzahlungen und bei Kapitalzahlungen in Teilbeträgen die gleiche; die Parteien sind sich in beiden Fällen darüber einig, daß eine bestimmte Summe festgelegt ist. Derartige Fälle lagen weder der vorgesetzlichen BAG-Rechtsprechung vom 30. 3. 1973 zugrunde[59], noch ist aus der Entstehungsgeschichte oder Sinn und Zweck des Gesetzes zu entnehmen, daß auch bei von vorneherein feststehenden Beträgen noch eine Änderung in Betracht kommen soll[60]. Es ist deshalb zu erwägen, das Tatbestandsmerkmal „laufende Leistungen" entsprechend eingeschränkt auszulegen. Soweit man dennoch aufgrund des Wortlauts von § 16 auch bei feststehender Gesamthöhe laufende Leistungen annehmen wollte, wäre daran zu denken, in solchen Fällen aufgrund der eindeutigen Vereinbarung der Parteien (Belange des Versorgungsempfängers und wirtschaftliche Lage des Arbeitgebers) keine positive Anpassungsentscheidung zu fordern.

cc) Der Begriff „laufende Leistungen" setzt aber ohne Zweifel voraus, daß die Leistungen eingesetzt haben[61]. Daraus folgt, daß aktive Arbeitnehmer während der Anwartschaftszeit keinen Anspruch auf Anpassung und auch nicht auf Anpassungsprüfung und Entscheidung nach billigem Ermessen haben. Dieses Ergebnis, das in der Literatur nahezu unbestritten sein dürfte[62], wird bestätigt durch die Überlegung,

---

zu § 242 BGB Ruhegehalt-Geldentwertung, unter A. 4 a der Gründe; vgl. auch *Blomeyer*, BetrAV 1979, S. 110 ff., 116.

[58] Der Arbeitgeber wird eine sofort auszuzahlende Kapitalversorgung wohl niedriger bemessen als die Gesamthöhe einer in Raten auszuzahlenden Summe.

[59] Eine „Äquivalenzstörung" als wesentliche Begründung dieser Rechtsprechung kommt bei den genannten eindeutigen Vereinbarungen wohl nicht in Betracht.

[60] Soweit man den Versorgungsgedanken und § 3 BetrAVG heranziehen wollte, müßten allenfalls Kapitalleistungen untersagt werden; § 3 dürfte aber auf § 16 nicht entsprechend anwendbar sein, vgl. *Blomeyer*, BetrAV 1979, S. 110 ff., 116.

[61] So eindeutig das BAG in der Entscheidung vom 15. 9. 1977, 3 AZR 654/76, AP Nr. 5 zu § 16 BetrAVG = BB 1977, S. 1550 ff. = DB 1977, S. 1903 ff., unter B. II. 2 der Gründe.

[62] *Fenge*, DB 1975, S. 50 ff., 58; *Mertens-Welte*, BABl. 1975, S. 83 ff., 91; *Kemper*, in: Neuregelung der betrieblichen Altersversorgung, S. 23 ff., 29; *Höfer*, Kommentar, 1. Aufl., § 16, Rn. 11; *Höfer / Abt*, 2. Aufl., § 16, Rn. 13 f.; *Höhne*, in Heubeck / Höhne / Paulsdorff / Rau / Weinert, 1. und 2. Aufl., § 16, Rn. 83; *Glatzel / Meyer / Wein*, § 16, Anm. 5; *Schaub / Schusinski / Ströer*, S. 91 (Ziff. 3); *Hanau*, ZFA 1976, S. 485 ff., 490; *Bleistein / Söffing*, Rn. 127; *Förster*, Perspektiven, S. 65 ff., 67; *Boldt*, Die Aktiengesellschaft 1978, S. 141 ff., 147; *Konzen*, SAE 1978, S. 222, 223; *Schwerdtner*, ZFA 1978, S. 553 ff., 555; *Blomeyer*, BetrAV 1979, S. 78 ff., 84; *Schaub*, Arbeitsrechts-Handbuch, 4. Aufl., S. 404 f.; zweifelnd allerdings *Kemper*, Die Unverfallbarkeit betrieblicher Versorgungsanwartschaften von Arbeitnehmern, S. 130; *Schaub*, RdA 1980, S. 155, 159.

daß Arbeitgeber und Arbeitnehmer bei der Aushandlung der Höhe der Versorgungsanwartschaften während des Arbeitsverhältnisses frei sind[63]. Richterlich vorgeschriebene Anwartschaftsanpassung würde demnach bedeuten, „mit Hilfe des Richterrechts Arbeitnehmern Versorgungsleistungen zuzuerkennen, obwohl die vertragliche Grundlage fehlt“[64].

Ferner spricht nach Ansicht des BAG auch die Regelung des § 2 Abs. 5 S. 1 BetrAVG gegen eine Anpassung von Anwartschaften[65]. Zusätzlich läßt sich jedoch noch der Gesamtzusammenhang der Vorschrift im Hinblick auf die Tatbestandsmerkmale „laufende Leistungen“ und „Belange des Versorgungsempfängers“ anführen: Es ist bewußt der Begriff des *Versorgungsempfängers* verwendet worden, der auch beinhaltet, daß die Versorgungsleistungen bereits „empfangen“ werden, also eingesetzt haben. Weiterhin steht der Versorgungsempfänger im Gegensatz zum Arbeitnehmer; dies spricht ebenfalls dafür, daß für aktive Arbeitnehmer jedenfalls nach § 16 keine Anpassung der Anwartschaften in Betracht kommt, wie eben § 16 nicht den aktiven Arbeitnehmer, sondern den Rentner schützen will[66].

Freilich ist der Vollständigkeit halber darauf hinzuweisen, daß in besonders gelagerten Fällen nach der Rechtsprechung eben doch eine Verpflichtung des Arbeitgebers entstehen kann, einer Erhöhung von Anwartschaften näherzutreten. So hat das BAG in einer Entscheidung vom 18. 12. 1975[67] einen Arbeitgeber, der mehrmals freiwillig Bemessungsgrößen einer Anwartschaft angepaßt hatte, zu einer weiteren Anpassung verpflichtet und damit einen Ansatzpunkt zur möglichen Verallgemeinerung[68] geschaffen, was weder durch § 16 noch durch § 5 Abs. 1 BetrAVG (Auszehrungsverbot *nach* Eintritt des Versorgungsfalles) gerechtfertigt ist.

Die Frage nach der Anpassung von Anwartschaften zugunsten von aktiven Arbeitnehmern ist im übrigen strikt zu trennen von der Frage, ob bei der Anpassungsprüfung zugunsten eines Pensionärs, insbes. bei der Feststellung des Ausmaßes der eingetretenen Verteuerung, auch Zeiten berücksichtigt werden dürfen, die in die Anwartschaftszeit fal-

---

63 Vgl. u. a. *Höfer*, Kommentar, 1. Aufl., § 16, Rn. 11, *Höfer / Abt*, 2. Aufl., § 16, Rn. 14.

64 So *Höfer / Kemper*, DB 1973, S. 1347 ff., 1349 unter Hinweis auf *Duve*, S. 123.

65 Vgl. dazu unten IV. 5. b).

66 So *Blomeyer*, in: AR-Blattei, (D) Entscheidung 14 unter III. 3 b.

67 BAG v. 18. 12. 1975, 3 AZR 58/75 = AP Nr. 170 zu § 242 BGH Ruhegehalt = DB 1976, S. 1015 = BB 1976, S. 697.

68 Vgl. *Blomeyer*, Anm. AP Nr. 170 zu § 242 BGB Ruhegehalt unter I; ähnlich *Steindorff*, in: AR-Blattei, (D) 11/13, unter 2 c; vgl. auch *Höhne*, in Heubeck / Höhne / Paulsdorff / Rau / Weinert, 1. Aufl., § 16, Rn. 82.

len[69]. Der reine Wortlaut des Gesetzes („laufende Leistungen“) gibt insoweit noch keinen eindeutigen Aufschluß, worauf das BAG zutreffenderweise hingewiesen hat[70]. In der vorliegenden Arbeit wird diese zweite Frage aus systematischen Gründen im Abschnitt IV behandelt werden[71].

3. Der Begriff „Anpassung“

a) Veränderter Geldwert als stillschweigend vorausgesetzter Bezugspunkt

Der Gesetzgeber spricht nur von Anpassung und sagt ausdrücklich nicht, „an was“ bzw. aus welchen Gründen oder nach welchen grundsätzlichen Maßstäben angepaßt werden soll. Auch der zweite Halbsatz des § 16 enthält keine konkreten Anhaltspunkte zur Beantwortung dieser Frage. Daß bei Prüfung und Entscheidung über die Anpassung die Belange des Versorgungsempfängers und die wirtschaftliche Lage des Arbeitgebers mitzuberücksichtigen sind, könnte theoretisch vielerlei bedeuten, wie z. B. Ruhegelderhöhungen wegen persönlicher Notlage des Pensionärs oder bei besonders günstiger Ertragslage des Arbeitgebers. Der Begriff der Anpassung als solcher ist vom Wortlaut her neutral und beinhaltet nur eine Änderung im Sinne einer Angleichung[72] an die Zeit bzw. veränderte Umstände[73].

Berücksichtigt man jedoch, daß das Problem der Anpassung betrieblicher Versorgungsleistungen nicht neu ist und als solches unter diesem Namen „Anpassung“ seit längerem diskutiert wird und auch in der Praxis bereits konkret behandelt worden ist[74], so ist eine völlig offene und unbefangene Betrachtung und Auslegung des Tatbestandsmerkmals „Anpassung“ nicht mehr möglich. Das Problem der Anpassung — früher lautete in der Diskussion die häufigere Bezeichnung „Dynamisierung“[75] — steht nämlich seit langem in unmittelbarem Zusammenhang mit dem allgemeinen Problem der Geldentwertung[76] und ist ins-

---

[69] Vgl. auch *Höhne,* in Heubeck / Höhne / Paulsdorff / Rau / Weinert, 1. Aufl., Rn. 83, und 2. Aufl., Rn. 83 a; *Höfer / Abt,* 2. Aufl., § 16, Rn. 16, 74 ff.

[70] BAG vom 15. 9. 1977, 3 AZR 654/76, unter B. II. 2 a der Gründe; zustimmend *Konzen,* SAE 1978, S. 222, 223.

[71] Vgl. unten IV. 5.

[72] Der Begriff „Angleichung“ wird im übrigen auch vom BAG in Leitsatz 1 der Entscheidung vom 30. 3. 1973, 3 AZR 26/72, AP Nr. 4 zu § 242 BGB Ruhegehalt-Geldentwertung, verwendet.

[73] Vgl. *Duden,* Bedeutungswörterbuch, S. 49.

[74] Vgl. *Höhne / Heubeck,* Anpassung, S. 5 ff., 18; *Höhne,* in Heubeck / Höhne / Paulsdorff / Rau / Weinert, 1. und 2. Aufl., § 16, Rn. 3 ff.

[75] *Höhne,* in Heubeck / Höhne / Paulsdorff / Rau / Weinert, 1. und 2. Aufl., § 16, Rn. 3; vgl. aber zur jetzt gebräuchlichen Terminologie unten II. 3. c).

besondere durch die Rentenreform von 1957 („dynamische Rente“), durch die ständig steigenden Löhne und Gehälter sowie die ständig steigenden Preise ins Bewußtsein der Betroffenen und auch der Öffentlichkeit getreten[77].

Bereits die ältere Rechtsprechung[78] geht von der Anpassung an die Geldentwertung aus. Im Urteil vom 30. 3. 1973[79] ist in Leitsatz 1 die „Verteuerung der Lebenshaltungskosten“, in Leitsatz 3 das „Ausmaß der Verteuerung“ genannt, in den Entscheidungsgründen Begriffe wie „Geldentwertung“, „Geldwertminderung“, „Veränderung des Geldwertes“, „Kaufkraftentwertung“, „Währungsverfall“ oder „Inflation“. Erwähnt sind auch die allgemeine Bemessungsgrundlage der gesetzlichen Rentenversicherung und die Entwicklung von tariflichen Gehältern[80]. Gleiche und ähnliche Begriffe werden auch in allen höchstrichterlichen Entscheidungen nach Inkrafttreten des BetrAVG verwendet. Die neueren Entscheidungen des BAG[81] betonen die Verteuerung bzw. den „Kaufkraftverlust“ besonders. In der Literatur finden sich Definitionen wie die von *Schaub*[82], wonach von Ruhegeldanpassung dann gesprochen wird, wenn es um eine Angleichung an veränderte wirtschaftliche Verhältnisse geht.

Es besteht deshalb kein Zweifel, daß Anpassung nach § 16 BetrAVG immer nur Anpassung an oder aufgrund von Geldwertveränderungen sein kann, wobei zunächst noch offenbleiben soll, ob sich die Veränderung des Geldwertes nur aus der Preisentwicklung (Preisindex für die Lebenshaltung) ergeben muß oder auch durch andere Entwicklungen — wie etwa die der allgemeinen Bemessungsgrundlage der gesetzlichen Rentenversicherung oder von tariflichen Gehältern — mit angezeigt werden kann[83].

---

[76] Vgl. u. a. *Herberger*, NJW 1954, S. 1919 ff.; *Rasch*, DB 1971, S. 97 ff.; *Hilger*, BetrAV 1973, S. 140 ff., 141 f.; *Höfer / Kemper*, DB 1973, S. 130 ff. und S. 1347 ff.; *Höhne / Heubeck*, Anpassung, S. 5 ff., 17 f.; *Kiefer / Giloy*, Vorbemerkung vor § 16; *Höhne*, in Heubeck / Höhne / Paulsdorff / Rau / Weinert, 1. u. 2. Aufl., § 16, Rn. 3 ff.; vgl. allerdings *Heißmann*, RdA 1968, S. 126 ff., 130, 131, der den Begriff „Anpassung“ i. S. einer Kürzung verwendet.

[77] Vgl. insbes. *Höhne / Heubeck*, Anpassung, 2. Aufl., Vorwort, S. 5.

[78] BAG v. 12. 3. 1965, 3 AZR 516/63, AP Nr. 99 zu § 242 BGB Ruhegehalt.

[79] BAG v. 30. 3. 1973, 3 AZR 26/72, AP Nr. 4 zu § 242 BGB Ruhegehalt-Geldentwertung.

[80] Vgl. unten IV. 2.

[81] Z. B. BAG vom 17. 1. 1980, 3 AZR 614/78, AP Nr. 7 zu § 16 BetrAVG = BB 1980, S. 263 f. = DB 1980, S. 306 ff., und 3 AZR 1018/78 = BB 1980, S. 419 f. = DB 1980, S. 345 f.

[82] *Schaub*, Arbeitsrechts-Handbuch, 4. Aufl., § 81, VII. 3 (S. 403); *Schaub / Schusinski / Ströer*, S. 89 (§ 15 III. 1).

[83] Vgl. dazu unten IV. 1.

Festzuhalten ist allerdings, daß grundsätzlich über § 16 keine Anpassung in Betracht kommt, die mit Geldwertveränderung im weitesten Sinne nichts zu tun hat. So wäre — um auf die beiden obengenannten Beispiele zurückzukommen — eine Anpassung nach § 16 weder dann gerechtfertigt, wenn sie nur mit persönlicher materieller Notlage des Pensionärs begründet würde, noch dann, wenn eine extrem günstige wirtschaftliche Lage des Arbeitgebers dies zulassen würde[84].

Dies muß nicht unbedingt bedeuten, daß derartige andere Gesichtspunkte bei der nach § 16 vorgeschriebenen Prüfung und Entscheidung völlig außer Betracht zu bleiben haben. Es ist möglich, daß sie zusätzlich eine Rolle spielen[85]. Ausgangspunkt, Maßstab, rechtfertigender Grund und wesentliches Merkmal für eine Anpassung muß aber immer eine Veränderung der wirtschaftlichen Verhältnisse sein. Anders ausgedrückt: Der Begriff der Anpassung ist um ein ungeschriebenes Tatbestandsmerkmal zu erweitern, nämlich dahingehend, daß Bezugspunkt immer die Geldentwertung oder — um es wertneutral auszudrücken — die Geldwertveränderung sein muß.

b) Keine Ruhegeldminderung

Wenn oben zunächst von „verändertem Geldwert" und dann von „Geldentwertung" gesprochen wird, so zeigt dies bereits, daß grundsätzlich eine Veränderung in verschiedene Richtungen in Betracht kommt. Eine Anpassung an die Geldentwertung wäre demnach ruhegeldsteigernd, eine Anpassung an eine „Geldaufwertung" ruhegeldmindernd.

Es spricht allerdings viel dafür, daß der Gesetzgeber bei der Schaffung des § 16 nur die derzeitigen Verhältnisse — unter denen der Gedanke an eine „Deflation" alles andere als naheliegend sein dürfte — im Auge gehabt hat und die Anpassung nur im Sinne einer Erhöhung verstanden hat. Bereits die erwähnte Entwicklung des Anpassungsproblems zeigt, daß es immer nur um einen Ausgleich zugunsten des vom Währungsverfall betroffenen Arbeitnehmers bzw. Pensionärs ging, niemals um eine Entlastung des Arbeitgebers. Auch die Tendenz des „Gesetzes zur *Verbesserung* der betrieblichen Altersversorgung" zielt dahin, den Versorgungsempfänger — nicht den Arbeitgeber — zu schützen[86].

---

[84] Dazu im einzelnen unten II. 6. b).

[85] Vgl. unten III. 2. und 3.

[86] Vgl. das Ziel des Gesetzgebers, „durch gesetzliche Mindestnormen den Inhalt der betrieblichen Altersversorgung berechtigten sozialpolitischen Forderungen" anzupassen, Bundestagsdrucksache 7/1167, S. 19; Bundestagsdrucksache 7/1281, S. 19; *Höfer / Abt*, Kommentar, 2. Aufl., Arb.Gr., Rn. 1.

Natürlich bleibt die Frage, die sich bisher mangels Aktualität noch nicht stellen konnte, theoretisch stehen: Was wäre, wenn sich die Geldwertverhältnisse in erheblichem Ausmaß zugunsten des Pensionärs und zuungunsten des Arbeitgebers verändern würden? Unter Berücksichtigung der „Arbeitnehmerschutzfunktion" des § 16 als Vorschrift des Arbeitsrechts wird man wohl für diesen Fall annehmen müssen, daß sich der Arbeitgeber dann nicht auf eine Anpassung nach dieser Vorschrift berufen könnte[87]. Man kann jedenfalls wohl kaum annehmen, daß der Gesetzgeber für den Fall „umgekehrter" Währungsverhältnisse die gleiche oder wenigstens eine gleichartige Vorschrift geschaffen hätte[88].

Mit § 16 nichts zu tun hat im übrigen die vom BAG entwickelte Rechtsprechung zur Kürzung von Ruhegeldleistungen wegen wirtschaftlicher Notlage des Arbeitgebers[89]. Die Anwendung von § 16 setzt immer — wie bereits dargelegt — den Tatbestand einer Geldwertveränderung voraus. Eine Veränderung der Höhe von laufenden Leistungen der betrieblichen Altersversorgung lediglich aus Gründen, die mit einer solchen Geldwertänderung nichts zu tun haben, kann nicht — sei es nach oben oder unten — aus § 16 hergeleitet werden. Eine wirtschaftliche Notlage kann nur zusätzlich im Rahmen des Tatbestandsmerkmals „wirtschaftliche Lage des Arbeitgebers" von Bedeutung sein[90].

c) Keine „Dynamisierung"

Aus der Verwendung des Begriffs „Anpassung" läßt sich aber noch eine weitere — wesentliche — Folgerung ziehen, die sich aus der Gegenüberstellung der Begriffe „Anpassung" und „Dynamisierung" ergibt.

In der schon mehrfach erwähnten BAG-Entscheidung vom 30. 3. 1973[91] hat das BAG noch ausdrücklich darauf hingewiesen, daß keine automatische Anpassung — Dynamisierung — verlangt werden kann. Das

[87] Siehe auch *Höfer*, Kommentar, 1. Aufl., § 16, Rn. 47 unter Bezugnahme auf RAG 168/32 vom 10. 8. 1932, ARS 15, 553, Nr. 131 (Ablehnung der Kürzung einer Betriebsrente bei 30 % Kaufkraftzuwachs).

[88] *G. Müller*, DB 1981, S. 93 ff., 98, spricht allerdings von der „offenen Norm" des § 16 und hält eine Reduzierung von Versorgungsleistungen zumindest für möglich.

[89] Vgl. u. a. BAG v. 10. 12. 1971, 3 AZR 190/71 = AP Nr. 154 zu § 242 BGB Ruhegehalt = BB 1972, S. 317 ff. = DB 1972, S. 491 ff.; vgl. auch *Blomeyer*, RdA 1977, S. 1 ff.; *Höfer / Abt*, 2. Aufl., Arb.Gr. Rn. 355 ff.; auf diese Rechtsprechung bezieht sich *Schaub*, wenn er von „ruhegeldmindernder" Anpassung spricht, vgl. *Schaub*, Arbeitsrechts-Handbuch, 4. Aufl., § 81 VII. 3 (S. 403 f.), § 81 X. 6 (S. 414 f.), sowie *Schaub / Schusinski / Ströer*, S. 89 (§ 15 III. 1).

[90] Vgl. dazu unten II. 6.

[91] BAG vom 30. 3. 1973, 3 AZR 26/72, AP Nr. 4 zu § 242 BGB Ruhegehalt-Geldentwertung, Leitsatz 3 und IV. 4 der Gründe.

BAG unterscheidet also zwischen der Dynamisierung als automatischer Steigerung und der Anpassung als unregelmäßiger, je nach Einzelfall vorzunehmender Steigerung. *Höfer* und *Kemper*[92] unterscheiden zwischen „Teildynamik", „Volldynamik" und „Anpassung". Nach diesen Autoren bedeutet Teildynamik ein vorausbestimmtes Ansteigen betrieblicher Versorgungsanwartschaften, Volldynamik eine garantierte Steigerung der betrieblichen Versorgungsleistung auch während der Bezugszeit; mit Anpassung wird demgegenüber eine Anwartschafts- oder Rentenanhebung aufgrund einer Entscheidung von Fall zu Fall bezeichnet[93].

Es ist demnach kein Zufall, wenn der Gesetzgeber den Begriff der Anpassung verwendet und bereits mit diesem Wort zum Ausdruck bringt, daß § 16 eben keine automatische Erhöhung der Ruhegeldleistung garantiert, sondern nur eine — wenn auch regelmäßige — Prüfung und Entscheidung von Fall zu Fall. Dies gilt es bereits an dieser Stelle festzuhalten, und zwar um so mehr, als die bisher ergangenen höchstrichterlichen Entscheidungen in eine Richtung weisen, die auf eine „Quasi-Dynamisierung" hinausläuft[94].

4. Die Pflicht zu Prüfung und Entscheidung

a) Notwendigkeit einer Abgrenzung?

Der Gesetzgeber hat sich in § 16 nicht nur durch die Verwendung des Begriffs „Anpassung" gegen eine Dynamisierung ausgesprochen, er hat vielmehr noch weiter eingeschränkt. Es heißt nicht, der Arbeitgeber habe eine Anpassung vorzunehmen, und es heißt nicht — wie nach Meinung von *Höhne*[95] der Gesetzgeber „wahrscheinlich" im Ergebnis genau so gut hätte sagen können —, daß die Pensionäre in Abständen von 3 Jahren einen Anspruch auf Anpassung ihrer Versorgungsbezüge an die zwischenzeitlichen Steigerungen der Lebenshaltungspreise haben, es sei denn, der Arbeitgeber sei wegen seiner wirtschaftlichen Lage nicht zur Anpassung fähig[96]. Vielmehr hat der Arbeitgeber nach dem

---

[92] *Höfer / Kemper*, DB 1973, S. 130 ff. (unter II. 1).

[93] Vgl. auch *Schaub / Schusinski / Ströer*, S. 85 (§ 16 IV.); *Sonne*, S. 58 f.; *Höhne*, in Heubeck / Höhne / Paulsdorff / Rau / Weinert, 2. Aufl., § 16, Rn. 56.

[94] Vgl. *Hetzel*, BB 1977, S. 652 ff., 653; *Schwerdtner*, ZFA 1978, S. 553 ff.; *Ahrend / Förster / Rößler*, BB-Beilage 6/1980, S. 3; abzulehnen ist die Ansicht von *Richardi*, in: Festschrift für M. L. Hilger u. H. Stumpf, S. 602 ff., 606, wonach die Quasi-Dynamisierung „gerade Sinn und Zweck des § 16 BetrAVG" sein soll; vgl. dazu auch unten VI. 3. a).

[95] *Höhne*, in Heubeck / Höhne / Paulsdorff / Rau / Weinert, 1. Aufl., § 16, Rn. 89.

[96] Dies dürfte im übrigen eine unzulässige Vereinfachung im Hinblick auf

Wortlaut zunächst einmal nur eine Anpassung „zu prüfen" und dann „hierüber nach billigem Ermessen zu entscheiden".

In der Literatur und der Rechtsprechung wird vielfach überhaupt nicht zwischen „Prüfung" und „Entscheidung" unterschieden[97]. Oft genug ist einfach nur vom Vorgang der oder der Pflicht zur „Anpassung" die Rede, mitunter werden sogar „Prüfungspflicht" und „Anpassungspflicht" ohne nähere Unterscheidung nebeneinander gestellt[98]. Im Kommentar von *Höhne*[99] werden zwar der Formulierung des Gesetzgebers folgend die beiden Begriffe getrennt behandelt, zugleich wird aber betont, daß es sich um einen einheitlichen Vorgang handle und eine Unterscheidung daher „wenig Sinn" habe.

Zweifellos spricht bereits die vom Gesetzgeber gewählte doppelte Begriffsverwendung für eine saubere Abgrenzung und eine jeweils gesonderte Auslegung. Darüber hinaus darf aber nicht übersehen werden, daß eine Vermengung beider Begriffe auch praktische Konsequenzen haben kann. So hat das BAG sowohl in der Entscheidung vom 1. 7. 1976 — 3 AZR 37/76 —[100] wie auch in der Entscheidung vom 16. 12. 1976 — 3 AZR 795/75 —[101] die beiden Komplexe nicht exakt auseinandergehalten, worauf insbesondere *Hetzel*[102] und *Schwerdtner*[103] zu Recht hingewiesen haben. Wenn es richtig sein sollte, daß nach Inkrafttreten des § 16 die *Prüfung* unabhängig von der Frage der Überschreitung der sog. Opfergrenze[104] zu erfolgen hat, so ist damit noch nicht gesagt, daß gleiches auch für die *Entscheidung* gelten muß.

Soweit in der Literatur Prüfung und Entscheidung getrennt behandelt werden, ist nicht immer exakt nachvollziehbar, inwiefern bestimmte Gesichtspunkte nur bei der Prüfung und andere nur bei der Entscheidung beachtet werden sollen. So fragt *Höfer*[105] beim sog. „ersten Schritt" der Anpassungsprüfung zunächst nur nach einem sog. Prüfungsmaßstab[106] (im Ergebnis „Preisindex für die Lebenshaltung") und

---

das Tatbestandsmerkmal „billiges Ermessen" sein, vgl. unten II. 5.; vgl. auch *Blomeyer*, SAE 1982, S. 13, unter Bezugnahme auf *Bode / Grabner*, DB 1977, S. 1555, 1556.

[97] Z. B. *Sonne*, S. 282 ff.

[98] *Schoden*, Kommentar, Rn. 244; *Bleistein / Söffing*, Rn. 126, 127, 130; *Sonne*, S. 279, 316; *Schaub*, Arbeitsrechts-Handbuch, 4. Aufl., S. 404, 405.

[99] *Höhne*, in Heubeck / Höhne / Paulsdorff / Rau / Weinert, 1. und 2. Aufl., § 16, Rn. 89 ff.

[100] AP Nr. 2 zu § 16 BetrAVG = BB 1976, S. 1129 ff. = DB 1976, S. 1724 ff.

[101] AP Nr. 4 zu § 16 BetrAVG = BB 1977, S. 96 ff. = DB 1977, S. 115 ff.

[102] *Hetzel*, BB 1977, S. 652 ff., 653.

[103] *Schwerdtner*, ZFA 1978, S. 553 ff., 558.

[104] Vgl. dazu im einzelnen unten V. 2. c) dd).

[105] *Höfer*, Kommentar, 1. Aufl. § 16, Rn. 33 ff.

[106] Ähnlich auch *Richardi*, DB 1976, S. 1718 ff., 1719 f., DB 1977, S. 207 ff.,

untersucht dann ebenfalls noch innerhalb des „ersten Schritts" das Problem der Opfergrenze[107]; bei der Entscheidung als „zweitem Schritt" geht es dann unter der Überschrift „Belange des Versorgungsempfängers" eigentlich nur noch um die Gesamtrentenentwicklung und die Frage, inwieweit auch private Einkünfte eine Rolle spielen können[108].

Hier wird einerseits nicht genügend klargemacht, warum sich Prüfung und Entscheidung wie angegeben beschränken sollen; andererseits wird gerade das Tatbestandsmerkmal „Belange des Versorgungsempfängers" — abgesehen von der wohl zu engen Betrachtungsweise — allein in den Bereich der Entscheidung gestellt, was nicht ohne weiteres selbstverständlich ist. In der zweiten Auflage seines Kommentars[109] hat *Höfer* diese Aufgliederung im übrigen aufgegeben.

Um derartige Unklarheiten und Ungenauigkeiten zu vermeiden, dürfte es sich deshalb empfehlen, die Begriffe „prüfen" und „entscheiden" gesondert zu untersuchen und im einzelnen zu klären, was darunter zu verstehen ist.

b) Die Prüfung als Vorbereitung der Entscheidung

Prüfung und Entscheidung sind nach dem Gesetzeswortlaut, aber auch logisch und zeitlich hintereinander geschaltet. Eine Entscheidung in welcher Frage auch immer setzt eine vorherige Prüfung der Entscheidungsmöglichkeiten (Wahlmöglichkeiten) voraus, wobei jedoch noch nichts über die Intensität der Prüfung gesagt ist. Festzuhalten ist jedoch, daß die Prüfung der Entscheidung vorausgehen muß.

Theoretisch könnte sich die Prüfung auch darauf beschränken, lediglich die verschiedenen Wahlmöglichkeiten zur Kenntnis zu nehmen, wobei die nachfolgende Entscheidung dann ohne nähere Begründung getroffen würde.

Eine derartige „Prüfung" wäre aber so oberflächlich, daß sie eigentlich diesen Namen gar nicht mehr verdienen würde. Allein schon die Verwendung des Begriffes „prüfen" durch den Gesetzgeber und die Verknüpfung mit der Entscheidung „nach billigem Ermessen"[110] deuten darauf hin, daß es sich bei der Prüfung i. S. des § 16 um eine genaue und umfassende Prüfung handeln muß.

208, in Anmerkung AP Nr. 3 u. 4 zu § 16 BetrAVG, unter IV., und neuerdings in: Festschrift für M. L. Hilger und H. Stumpf, S. 601 ff., 602 f.

[107] *Höfer*, Kommentar, 1. Aufl., § 16, Rn. 47 f.

[108] *Richardi* (vgl. FN 106), will innerhalb der Prüfung nur den „Anpassungsbedarf" feststellen, ebenso *Schaub*, NJW 1978, S. 2076 ff., 2078.

[109] Vgl. *Höfer / Abt*, Kommentar, 2. Aufl., § 16, Rn. 114 ff.

[110] Vgl. im einzelnen unten II. 5. c).

Ein Blick in ein Synonymenlexikon[111] zeigt in etwa auf, in welchem Sinn das „prüfen“ des § 16 zu verstehen ist:

überprüfen, nachsehen, inspizieren, durchsuchen, mustern, besichtigen, kritisch betrachten, untersuchen, sondieren, forschen, nachrechnen, vergleichen.

Die Prüfung bedeutet also eine eingehende und ausführliche Erfassung der zur Entscheidung benötigten Daten bzw. die Feststellung des Sachverhalts[112], und zwar im Sinne einer umfassenden Vorbereitung der nachfolgenden Entscheidung. Eine nur oberflächliche oder unvollständige Prüfung kann dazu führen, daß die Entscheidung nicht mehr „billigem Ermessen“ entspricht[113].

c) *Die Entscheidung als Ergebnis der Prüfung*

Der Arbeitgeber hat nach der Prüfung der Anpassung „hierüber“ nach billigem Ermessen zu entscheiden. Die Entscheidung erfolgt also aufgrund und unter Verwendung der bei der Prüfung ermittelten Daten und Kriterien. Dabei behält der Entscheidungsvorgang als solcher durchaus eigenständige Bedeutung[114], nämlich im Sinne einer *Abwägung*[115] unter Würdigung aller Umstände. Auch eine fehlerhafte Abwägung kann dazu führen, daß die Entscheidung nicht „billigem Ermessen“ entspricht[116].

Während die Prüfung also bedeutet, daß der Arbeitgeber überhaupt tätig wird[117] und die Grundlage für die Entscheidung schafft, bedeutet die Entscheidung selbst, daß der Arbeitgeber zu einem konkreten *Ergebnis* kommt. Dieses Ergebnis kann positiv, teilweise positiv oder aber auch negativ ausfallen, d. h. die laufenden Leistungen werden angepaßt, eingeschränkt angepaßt oder auch nicht angepaßt[118].

---

[111] *Textor*, „Sag es treffender“, Rn. 1020.

[112] So *Höhne*, in Heubeck / Höhne / Paulsdorff / Rau / Weinert, 1. u. 2. Aufl., § 16, Rn. 89; vgl. auch *Kiefer / Giloy*, § 16, Anm. 2; nicht ersichtlich ist, inwiefern sich die Prüfung nur auf die Feststellung des „Anpassungsbedarfs“ (Teuerungsrate) beschränken sollte, so die Meinung von *Richardi*, DB 1976, S. 1718 ff., DB 1977, S. 207 ff., 208 und in Anm. zu AP Nr. 3 zu § 16 BetrAVG unter IV., und von *Schaub*, NJW 1978, S. 2076 ff., 2078.

[113] Vgl. unten II. 5. c).

[114] Es muß sich somit nicht um einen „einheitlichen Entscheidungsprozeß“ handeln, so aber *Höhne*, in Heubeck / Höhne / Paulsdorff / Rau / Weinert, 1. u. 2. Aufl., § 16, Rn. 89.

[115] So immer wieder das BAG z. B. in der Entscheidung vom 16. 12. 1976, 3 AZR 795/75, AP Nr. 4 zu § 16 BetrAVG, unter V. 3 der Gründe und in der Entscheidung vom 15. 9. 77, 3 AZR 654/76, AP Nr. 5 zu § 16 BetrAVG unter C. II. 1 der Gründe.

[116] Vgl. unten II. 5. c).

[117] Vgl. nachfolgend d.

[118] Vgl. dazu unten V. 2. c) dd); siehe auch Arbeitsring/Leitlinien, RdA 1977, S. 35, *Schwerdtner*, ZFA 1978, S. 553 f., 558 f.; *Förster*, Perspektiven, S. 65 ff., 69.

d) Die Prüfungspflicht als Appell des Gesetzgebers

Immerhin muß der Arbeitgeber aber eine Prüfung vornehmen und eine Entscheidung treffen („... hat ... zu prüfen und ... zu entscheiden"). Es besteht also zunächst eine Prüfungspflicht.

Der frühere Streit um die Durchsetzbarkeit der Prüfungsverpflichtung[119] soll im Rahmen dieser Arbeit nicht vertieft werden. Mit der Praxis der Rechtsprechung muß man wohl davon ausgehen, daß erst die fehlende oder mangelhafte Entscheidung praktische Konsequenzen hat und im Streitfall entsprechend § 315 Abs. 3 BGB durch gerichtliches Urteil ersetzt wird[120]. Betont werden muß jedoch, daß mit der Aufforderung an den Arbeitgeber zur regelmäßigen Prüfung ein Appell des Gesetzgebers verbunden ist, tätig zu werden. Es ist zu beachten, daß im Gesetzgebungsverfahren § 6 k in der Fassung des Ausschusses für Arbeit und Sozialordnung eine Verhandlungspflicht des Arbeitgebers vorgesehen hatte. An die Stelle dieses Tätigwerdens durch Verhandeln tritt in der jetzt Gesetz gewordenen Fassung das Tätigwerden durch *Prüfung*, also ein im Gegensatz zum Verhandeln einseitiges Tätigwerden des Arbeitgebers. In der BAG-Rechtsprechung vom 30. 3. 1973 und der Literatur vor Inkrafttreten des BetrAVG wurde immer wieder darauf verwiesen, daß viele Arbeitgeber von sich aus die Initiative ergreifen und die Möglichkeiten einer Anpassung prüfen, um eine „billige und loyale" Regelung zu treffen[121].

Man muß davon ausgehen, daß der Gesetzgeber mit der Festsetzung einer Prüfungspflicht erreichen wollte, daß alle Arbeitgeber die Initiative ergreifen und sich mit der Anpassungsfrage näher befassen. In keinem Fall wollte der Gesetzgeber aber eine Indexierung oder Dynamisierung oder auch nur eine „Quasi-Dynamisierung"; der Gesetzgeber war vielmehr — so der „rote Faden" im Gesetzgebungsverfahren[122] — bemüht, zu große Belastungen der Arbeitgeber im Interesse der Aus-

---

[119] Vgl. *Lieb / Westhoff*, DB 1976, S. 1958 ff., 1970 ff.

[120] So auch *Fenge*, DB 1975, S. 50 ff., 68; *Glatzel / Meyer / Wein*, § 16, Anm. 7; *Kiefer / Giloy*, § 16, Rn. 2; *Höfer*, Kommentar, 1. Aufl., § 16, Rn. 29; *Höfer / Abt*, 2. Aufl., § 16, Rn. 221; *Höhne*, in Heubeck / Höhne / Paulsdorff / Rau / Weinert, 1. Aufl., § 16, Rn. 208 ff. und 2. Aufl., Rn. 93 a; *Schaub / Schusinki / Ströer*, S. 96; *Richardi*, DB 1976, S. 1718 ff., 1723 und in Anm. zu AP Nr. 4 zu § 16 BetrAVG unter VII; *Schwerdtner*, ZFA 1978, S. 553 ff., 594.

[121] So BAG vom 30. 3. 1973, 3 AZR 26/72, AP Nr. 4 zu § 242 BGB Ruhegehalt-Geldentwertung, unter IV. 2 der Gründe; vgl. auch die „Aktuellen Hinweise zur betrieblichen Altersversorgung" vom Oktober 1972 der Bundesvereinigung der Deutschen Arbeitgeberverbände, zitiert vom BAG, ebd., und bei *Hilger*, BetrAV 1973, S. 140 ff., 142; vgl. weiter die Hinweise bei *Paulsdorff*, BetrAV 1974, S. 38 und bei *Höhne / Heubeck*, Anpassung, S. 18.

[122] Vgl. u. a. *Fenge*, DB 1975, S. 2371 ff.; *Ahrend / Förster / Rößler*, DB 1976, S. 338 ff., 340; *Doetsch*, Arbeitgeber 1976, S. 359, 360; *Konzen*, SAE 1977, S. 197, 198; *Hetzel*, BB 1977, S. 653 ff., 655.

weitung der betrieblichen Altersversorgung zu vermeiden, andererseits aber doch an den Arbeitgeber zu appellieren, die Initiative zu ergreifen und tätig zu werden.

e) Der Prüfungszeitpunkt

aa) Steht somit fest, daß der Arbeitgeber verpflichtet ist, im Sinne der Prüfung tätig zu werden, so ist weiter zu fragen, wann genau dies zu geschehen hat und — eng damit zusammenhängend — ob eine individuelle Prüfung in bezug auf jeden Versorgungsempfänger erforderlich ist oder ob der Arbeitgeber auch eine globale Überprüfung aller bei ihm laufenden Betriebsrenten vornehmen kann.

Die Frage des Prüfungszeitpunktes ist jedoch von der Frage nach dem maßgeblichen Prüfungszeitraum zu unterscheiden, für den das Ausmaß der Verteuerung zu ermitteln ist[123]. Zunächst soll es nur darum gehen, wann der Arbeitgeber die Prüfung vorzunehmen hat.

Die Formulierung des Gesetzgebers — „alle drei Jahre" — ist nun keineswegs klar und eindeutig. Nachfolgend soll deshalb die Frage des Prüfungszeitpunkts näher untersucht werden.

bb) Stark umstritten war zu Beginn des Inkrafttretens des BetrAVG die Frage, wann erstmals die Prüfung durch den Arbeitgeber vorgenommen werden muß. Das BAG hat diesen Streit dahin entschieden, daß bei Renten, die am 1. 1. 1975 schon 3 Jahre gezahlt wurden, die erste Prüfung im Jahre 1975 erfolgen muß[124]. Es handelt sich hierbei also um die Renten, die genau drei Jahre „liefen" und um die sog. „Bestandsrenten"[125] oder „Altrenten"[126], also diejenigen laufenden Leistungen, die vor 1972 erstmalig gewährt wurden[127].

---

123 Vgl. dazu im einzelnen unten IV. 5.

124 BAG vom 1. 7. 1976 — 3 AZR 791/75 und 37/76, AP. Nr. 1 und 2 zu § 16 BetrAVG, unter I. bzw. B. I. der Gründe; zustimmend BGH vom 23. 5. 1977, II ZR 44/76, AP Nr. 8 zu § 242 BGB Ruhegehalt-Geldentwertung und BGH vom 5. 10. 1978, II ZR 53/77, AP Nr. 6 zu § 16 BetrAVG; a. A. vorher u. a. *Höhne*, in Heubeck / Höhne / Paulsdorff / Rau / Weinert, 1. Aufl., § 16, Rn. 234; *Höhne / Heubeck*, Anpassung, S. 63; *Kiefer / Giloy*, § 16, Rn. 1; *Ortlepp / Willemsen*, S. 46; *Ahrend / Förster / Rößler*, DB 1976, S. 330 ff., 339 (mit der Einschränkung, daß bei Überschreitung der Opfergrenze von 40 % eine sofortige Prüfung und Entscheidung zu fordern sei, ebenso wohl auch *Doetsch*, Arbeitgeber 1976, S. 359); dem BAG und BGH zustimmend u. a. *Blomeyer*, in: AR-Blattei, (D) Entsch. 14 unter V. mit Hinweis auf § 32 S. 1 BetrAVG; *Kraft*, SAE 1977, S. 102, 103; *Konzen*, SAE 1977, S. 197 ff., 199; *Schwerdtner*, ZFA 1978, S. 553 ff., 557.

125 So die Bezeichnung bei *Höfer*, Kommentar, 1. Aufl., § 16, Rn. 23.

126 So *Höfer / Kemper*, DB 1980, S. 541 ff., 543 ff.; *Höfer / Abt*, Kommentar, 2. Aufl., § 16, Rn. 39; *Höhne*, in Heubeck / Höhne / Paulsdorff / Rau / Weinert, 2. Aufl., § 16, Rn. 73.

127 Im Gegensatz zu den „Neurenten", die erst nach Inkrafttreten des Ge-

Um der Praxis entgegenzukommen, hat das BAG in den Entscheidungen vom 1. 7. 1976[128] zwar ein Verschieben des ersten Prüfungstermins bis 1. 7. 1976 zugelassen[129], in der späteren Entscheidung vom 25. 9. 1980[130] dies aber wieder mehr oder weniger rückgängig gemacht und ausgeführt, nur bei Änderung der wirtschaftlichen Verhältnisse des Arbeitgebers komme eine Verschiebung in Betracht, grundsätzlich müsse aber die Überprüfung zum 1. 1. 1975 verlangt werden[131].

Im Sinne einheitlicher Prüfungstermine für alle Renten (Neu- und Altrenten) wäre es sicherlich zweckmäßig gewesen, den ersten Dreijahreszeitraum mit dem Inkrafttreten des Gesetzes zum 22. 12. 1974 beginnen zu lassen[132], dann vom Arbeitgeber spätestens bis zum 21. 12. 1977 die Prüfung zu verlangen und dann weiter einheitlich alle drei Jahre bis Ende 1980, 1983 usw. die Folgeprüfungen. Dies hätte für Neurenten bedeutet, daß u. U. die erste Prüfung schon früher als drei Jahre nach Leistungsbeginn vorgenommen würde, bei allen Folgeprüfungen aber der Dreijahresturnus gewahrt wäre.

Demgegenüber wird allerdings im Zusammenhang mit Neurenten wohl überwiegend die Ansicht vertreten, daß die erste Anpassungsprüfung genau drei Jahre nach Leistungsbeginn vorzunehmen ist[133], daß also auch frühere Prüfungen den Dreijahresturnus nicht verschieben können.

Dies führt in Verbindung mit der BAG-Rechtsprechung für Altrenten dazu, daß Arbeitgeber mit zahlreichen Rentnern sich „permanent“

---

setzes einsetzen, vgl. *Höhne*, in Heubeck / Höhne / Paulsdorff / Rau / Weinert, 2. Aufl., § 16, Rn. 74.

[128] BAG vom 1. 7. 1976, 3 AZR 791/75 u. 3 AZR 37/76, AP Nr. 1 u. 2 zu § 16 BetrAVG, unter I. 2 b bzw. B. I. 2 der Gründe.

[129] Mit der gleichzeitigen Aufforderung, die bisher unterlassene Prüfung unverzüglich nach Verkündung des Urteils nachzuholen, und unter der Voraussetzung, daß die einmalige Verschiebung nicht etwa auch die künftigen Prüfungstermine verschiebt, vgl. *Höfer / Abt*, 2. Aufl., § 16, Rn. 40; *Höhne*, in Heubeck / Höhne / Paulsdorff / Rau / Weinert, 2. Aufl., § 16, Rn. 256.

[130] BAG vom 25. 9. 1980, 3 AZR 937/79 = AP Nr. 10 zu § 16 BetrAVG = BB 1980, S. 1746 ff. = DB 1980, S. 2139 ff., unter I. 2 der Gründe.

[131] Kritisch dazu *Westhoff*, Anm. AP Nr. 10 zu § 16 BetrAVG, unter I.; *Höfer / Abt*, 2. Aufl., § 16, Rn. 41.

[132] So vor den BAG-Entscheidungen vom 1. 7. 1976 insbes. *Höhne / Heubeck*, Anpassung, S. 63; *Höhne*, in Heubeck / Höhne / Paulsdorff / Rau / Weinert, 1. Aufl., § 16, Rn. 234; dagegen mit BAG und BGH *Blomeyer*, *Kraft* und *Konzen* (vgl. FN 124); kritisch zur BAG-Rechtsprechung insbes. *Ahrend / Förster / Rößler*, Anm. zu AP Nr. 1 und 2 zu § 16 BetrAVG u. *Höhne*, in Heubeck / Höhne / Paulsdorff / Rau / Weinert, 2. Aufl., § 16, Rn. 253.

[133] *Ahrend / Förster / Rößler*, BB-Beilage 6/1980, S. 2; *Chmurzinski*, RdA 1981, S. 18 ff., 22; *Höfer / Kemper*, DB 1980, S. 541 ff., 542; *Höfer / Abt*, 2. Aufl., § 16, Rn. 35 f.; kritisch dazu *Schaub*, NJW 1978, S. 2076 ff., 2078; *Höhne*, in Heubeck / Höhne / Paulsdorff / Rau / Weinert, 2. Aufl., § 16, Rn. 74; Bundesvereinigung der Deutschen Arbeitgeberverbände, Hinweise zur betriebl. Altersversorgung, S. 58.

mit der Anpassung auseinandersetzen müssen „und verwaltungsmäßig über Gebühr" belastet werden[134].

Gegen das einmalige Vorziehen eines Prüfungszeitpunktes ist eingewandt worden, dies könne zu einer Schlechterstellung des Versorgungsempfängers führen, wenn eine vorgezogene Leistungserhöhung den im eigentlichen Prüfungsjahr entstandenen Anpassungsbedarf nicht mehr voll decken oder wenn die vorgezogene Prüfung gar zum Ergebnis der Nichtanpassung wegen schlechter wirtschaftlicher Lage führen sollte[135].

Dieser Einwand erscheint jedoch nicht stichhaltig. Im Regelfall wird eine spätere Verschiebung durch das erstmalige Vorziehen kompensiert[136]. Soweit im Einzelfall krasse „Negativ-Wirkungen"[137] auftreten sollten, kann der Arbeitgeber im Rahmen des „billigen Ermessens" zu einer entsprechenden Berücksichtigung dieser Belange des Versorgungsempfängers verpflichtet sein[138].

Im übrigen liegt es nun einmal in der Natur des vom Gesetzgeber gewählten Formalismus des Dreijahresturnus, daß im Einzelfall Ungereimtheiten auftreten können. Gleichgültig, wann der Turnus einsetzt: es ist immer möglich, daß ein bestimmter Zeitpunkt für den Versorgungsempfänger besonders günstig oder ungünstig ist und es ist dann wohl Zufall, ob zu diesem Zeitpunkt gerade eine Prüfung stattfindet oder nicht. Es besteht deshalb kein Grund, eine einmalige Vorziehung des ersten Prüfungstermins (die den Versorgungsempfänger ja zunächst im Regelfall begünstigt) zu verbieten, wenn damit im Interesse aller Beteiligten ein einheitliches und rationelles Prüfungsverfahren erreicht wird. Wenn also schon die BAG-Rechtsprechung für Altrenten den Dreijahresturnus auf die Jahre 1975, 1978, 1981, 1984 usw. festgelegt hat, so sollte man die erste Prüfung von Neurenten ebenfalls einem dieser Termine zuordnen, wobei es im Sinne einer weiteren Vereinfachung ohne weiteres zulässig sein dürfte, dem Arbeitgeber die

---

134 Vgl. *Höfer / Abt*, 2. Aufl., § 16, Rn. 43, die deswegen einen „einheitlichen Prüfungsstichtag in einem Prüfjahr" für zulässig erachten — s. a. LAG Frankfurt/Main vom 11. 11. 1977, 8 Sa 162/77, BB 1978, S. 813, zustimmend u. a. *Ahrend / Förster / Rößler*, BB-Beilage 6/1980, S. 2 — aber wohl nicht beachten, daß durch das Nebeneinander von Neu- und Altrentenprüfungen die Belastung ohnehin groß genug ist; ähnlich *Höhne*, in Heubeck / Höhne / Paulsdorff / Rau / Weinert, 2. Aufl., § 16, Rn. 73, der allerdings auch (wie *Schaub*, NJW 1978, S. 2076 ff., 2078) gegen eine Verkürzung der Dreijahresfrist keine Bedenken erheben will.

135 Vgl. BAG vom 1. 7. 1976, 3 AZR 791/75, AP Nr. 1 zu § 16 BetrAVG, unter I. 2 a der Entscheidungsgründe; ebenso *Kraft*, SAE 1977, S. 103; *Höfer / Abt*, 2. Aufl., § 16, Rn. 36.

136 Ebenso sinngemäß *Schaub*, NJW 1978, S. 2076 ff., 2078 und im Arbeitsrechts-Handbuch, 4. Aufl., S. 405 ff.

137 Vgl. *Höfer / Abt*, 2. Aufl., § 16, Rn. 36.

138 Vgl. unten IV. 5. b) und c).

Auswahl eines einheitlichen Prüfungsstichtages in diesem Jahr zu überlassen[139].

Ein Vorziehen der Prüfung von Neurenten kann aber nur ausnahmsweise für die erste Prüfung und allein mit dem Zweck zulässig sein, eine Vereinheitlichung aller Prüfungen zu erreichen; im übrigen ist der gesetzlich vorgeschriebene dreijährige Turnus strikt einzuhalten. Weicht ein Arbeitgeber lediglich bei der ersten Prüfung zum Zwecke der Abstimmung aller bei ihm anstehenden Prüfungen (bei Vorziehen in aller Regel zugunsten des Rentners) vom Dreijahreszeitraum geringfügig ab, hält diesen aber anschließend genau ein, so ist dies m. E. noch mit dem Wortlaut des Gesetzes („alle drei Jahre") vereinbar. Nicht damit vereinbar wäre allerdings ein unregelmäßiges Abweichen vom Dreijahresturnus aus anderen Gründen, etwa bei extremer inflationärer Entwicklung zwischen zwei Terminen[140].

cc) Die eben erörterte Frage des Zusammenziehens der Anpassungsprüfung für mehrere laufende Leistungen auf einen einheitlichen Termin führt jedoch zu der weiteren Frage, ob der Arbeitgeber überhaupt gehalten ist, eine individuelle Prüfung für jeden einzelnen Versorgungsempfänger vorzunehmen, oder ob er pauschal und global die Prüfung für die Gesamtheit der Versorgungsempfänger vornehmen kann[141].

Bereits der Gesetzeswortlaut spricht insofern für eine individuelle Behandlung, als bei Prüfung und Entscheidung die „Belange *des* Versorgungsempfängers" zu berücksichtigen sind, also die Belange des einzelnen Empfängers[142]. Zusätzlich ist zu beachten, daß bei der Klage eines einzelnen Rentners mit dem Ziel der Geltendmachung der Unbilligkeit der Entscheidung[143] auch die individuellen Verhältnisse des Klägers zu beurteilen sind, daß es also wiederum auf die Belange des einzelnen ankommt. In der der gesetzlichen Regelung vorausgehenden BAG-Rechtsprechung vom 30. 3. 1973 ist besonders betont worden, daß es bei der Billigkeitsentscheidung gerade auf die Tatsachen ankommt,

---

139 So *Höfer*, Kommentar, 1. Aufl., § 16, Rn. 21; *Höfer / Abt*, 2. Aufl., § 16, Rn. 43; *Höhne*, in Heubeck / Höhne / Paulsdorff / Rau / Weinert, 1. u. 2. Aufl., § 16, Rn. 74; *Höfer*, Leitfaden, DB-Beilage 1/77, S. 4; *Höfer / Kemper*, DB 1980, S. 541 (unter B. 4); *Heubeck*, ArbuSozPol, 1976, S. 369; *Ahrend / Förster / Rößler*, BB-Beilage 6/1980, S. 2; ebenso LAG Frankfurt/Main vom 11. 11. 1977, 8 Sa 162/77, BB 1978, S. 813.

140 So aber *Roth*, in Münchener Kommentar, § 242, Rn. 563; vgl. auch *Höfer*, Kommentar, 1. Aufl., § 16, Rn. 27; *Schaub*, NJW 1978, S. 2076 ff., 2079; im Zusammenhang mit der „Opfergrenzenlehre" *Lieb / Westhoff*, DB 1976, S. 1958 ff.; vgl. auch unten V. 2. b).

141 So *Kiefer / Giloy*, § 16, Rn. 1; *Höhne*, in Heubeck / Höhne / Paulsdorff / Rau / Weinert, 2. Aufl., § 16, Rn. 105, einschränkend allerdings in Rn. 107, 108.

142 So zutreffend *Bode / Grabner*, DB 1977, S. 1897 ff., 1900; *Höfer / Abt*, 2. Aufl., § 16, Rn. 35.

143 Vgl. unten II. 5. c).

welche die Parteien selbst für oder gegen eine Anpassung anführen[144], also auf die Umstände des Einzelfalls[145].

Das entscheidende Argument für die Notwendigkeit einer individuellen Prüfung dürfte aber im Wesen der gesetzlich vorgeschriebenen Prüfung und Entscheidung nach billigem Ermessen liegen. Eine ordnungsgemäße und beanstandungsfreie Prüfung — die zu einem „billigen" Ergebnis führt — muß eine umfassende Prüfung sein[146]. Eine Prüfung, die nur global die Belange aller Rentner, nicht aber die individuellen Belange des einzelnen erfaßt, erfüllt diese Anforderungen nicht.

Wenn das Gesetz weiterhin eine „Entscheidung nach billigem Ermessen" verlangt, so ist es grundsätzlich nicht ausreichend, z. B. generell einen Ausgleich des Kaufkraftschwundes ohne Berücksichtigung der individuellen Situation des Versorgungsempfängers zu fordern[147]. Es ist dabei nicht ausgeschlossen, daß auch für mehrere geltende Kriterien im Rahmen der Prüfung und Entscheidung verwendet werden, beispielsweise das allgemein auf einen bestimmten Stichtag festgestellte Ausmaß der Teuerung[148]. Die Prüfung darf sich jedoch nicht nur auf solche gemeinsamen Punkte beschränken, sondern muß auch alle individuellen Umstände erfassen, wobei es im Ergebnis durchaus so sein kann, daß ein generell ermitteltes Kriterium den Ausschlag gibt[149].

Es ist auch nicht unbedingt ausgeschlossen, für größere Betriebe mit zahlreichen Versorgungsempfängern eine „wirtschaftlich und administrativ vertretbare Verfahrensweise"[150] zuzulassen und u. U. im Ergebnis auch eine generelle Entscheidung als für den einzelnen verbindlich und nicht unbillig anzusehen[151]. Dies wäre dann aber wohl nur unter

---

144 Vgl. BAG vom 30. 3. 1973, 3 AZR 26/72, AP Nr. 4 zu § 242 BGB, Ruhegehalt-Geldentwertung, unter B. V. der Gründe.

145 Vgl. a. *Höfer / Kemper*, DB 1973, S. 1347 ff., 1352.

146 Vgl. oben II. 4. b).

147 Vgl. *Bode / Grabner*, DB 1977, S. 1897 ff., 1900, die von einer „Sublimierung des billigen Ermessens" sprechen; vgl. auch *Blomeyer*, BetrAV 1979, S. 78 ff., 84, der zu Recht darauf hinweist, daß eine Entscheidung nach billigem Ermessen immer zur sog. Einzelfallgerechtigkeit führen muß; vgl. auch unten II. 5. b) und III.

148 Vorwiegend darauf stellt *Höhne*, in Heubeck / Höhne / Paulsdorff / Rau / Weinert, 2. Aufl., § 16, Rn. 105, in Übereinstimmung mit der neueren BAG-Rechtsprechung ab, wenn er meint, die Belange des Versorgungsempfängers seien „nicht individuell, sondern abstrahierend", zu betrachten; (ähnlich *Medicus*, Anm. AP Nr. 4 zu § 242 BGB Ruhegehalt-Geldentwertung, unter 5 a, und *Schaub*, NJW 1978, S. 2076 ff., 2079); in Rn. 107 gibt *Höhne*, aber — unter Bezugnahme auf *Höfer*, 1. Aufl., § 16, Rn. 46 — zu, daß die Berücksichtigung des Einsetzens der Versorgungsleistung individuell erfolgen muß.

149 Vgl. auch unten V. 3.

150 So *Bode / Grabner*, DB-Beilage 1/74, S. 4; vgl. auch *Schoden*, Soziale Sicherheit 1976, S. 15 ff., 17.

dem Gesichtspunkt der Arbeitgeberinteressen gerechtfertigt. Die Berücksichtigung der Belange des Versorgungsempfängers erfordert dagegen in aller Regel ein Abstellen auf die individuellen Gegebenheiten. Festzuhalten ist also, daß die auf einer nur globalen, nicht umfassenden Prüfung basierende Entscheidung des Arbeitgebers u. U. bereits deswegen nicht mehr „billigem Ermessen" entsprechen kann.

5. Das „billige Ermessen"

a) Die BAG-Rechtsprechung und das Gesetzgebungsverfahren

Die Verwendung des Begriffs „billiges Ermessen" im Zusammenhang mit der Problematik der Betriebsrentenanpassung findet sich bereits in den der gesetzlichen Regelung vorausgehenden Entscheidungen des BAG vom 30. 3. 1973[152] und man kann davon ausgehen, daß der Gesetzgeber — zunächst bei der Fassung des § 6 k durch den Ausschuß für Arbeit und Sozialordnung und dann auch bei der endgültigen Fassung des § 16 — auf diese vom BAG gewählte Formulierung zurückgegriffen hat[153].

Das BAG, das damals erstmals im Gegensatz zur früheren Rechtsprechung[154] dem Arbeitgeber eine Verhandlungspflicht und im Falle der Nichteinigung die Entscheidung „nach billigem Ermessen" auferlegt hatte, wollte sich wohl mit diesem Begriff einen Entscheidungsspielraum offenhalten, also die Möglichkeit, den Besonderheiten anderer Einzelfälle Rechnung tragen zu können[155]. Dafür spricht auch, daß das BAG damals in den Entscheidungsgründen betont hat, daß es für die zu treffende Billigkeitsentscheidung „keine verbindlichen Richtlinien an die Hand geben" könne[156], daß es vielmehr auf die von den Parteien vorzutragenden Einzelumstände ankomme.

---

151 Vgl. dazu vor Inkrafttreten des Gesetzes *Paulsdorff*, Arbeitgeber 1974, S. 940 f., 941.

152 BAG vom 30. 3. 1973, 3 AZR 26/72 und 3 AZR 34/72, AP Nr. 4 und 5 zu § 242 BGB Ruhegehalt-Geldentwertung.

153 In einer älteren Entscheidung vom 14. 12. 1956, 1 AZR 531/55, AP Nr. 18 zu § 242 BGB Ruhegehalt, hat das BAG den Begriff des billigen Ermessens dahin definiert, daß der Arbeitgeber „sich gleichsam wie ein Unparteiischer seine Interessen und die Belange des Arbeitnehmers zu vergegenwärtigen, sie gegeneinander abzuwägen und danach seine Entscheidung zu treffen" habe; auch diese Definition läßt sich durchaus mit dem Wortlaut des § 16 BetrAVG vereinbaren.

154 Vgl. insbes. BAG vom 12. 3. 1965, 3 AZR 516/63, AP Nr. 99 zu § 242 BGB Ruhegehalt.

155 Vgl. *Höhne / Heubeck*, Anpassung, 2. Aufl., S. 50; Höhne, in Heubeck / Höhne / Paulsdorff / Rau / Weinert, 1. u. 2. Aufl., § 16, Rn. 95.

156 Vgl. B. V. der Gründe des Urteils vom 30. 3. 1973, 3 AZR 26/72 AP Nr. 4 zu § 242 BGB Ruhegehalt-Geldentwertung.

Aus der Wiederverwendung des Begriffs „billiges Ermessen" durch den Gesetzgeber ist deshalb der Schluß gerechtfertigt, daß es auch dem Gesetzgeber darum ging, dem Arbeitgeber einen Spielraum für die Verschiedenheiten des Einzelfalles freizuhalten, nicht zuletzt deswegen, um dem Arbeitgeber für die Zukunft nicht Anlaß zu geben, Versorgungszusagen von vornherein zu unterlassen[157]. Wenn dies auch verschiedentlich als „Flucht aus der Verantwortung" kritisiert wurde[158], so ist doch festzuhalten, daß der Gesetzgeber eben keine starre, schematische oder automatische Lösung, insbesondere keine „Indexierung" oder „Dynamisierung"[159] wollte, sondern eine Entscheidung im Einzelfall unter Berücksichtigung der Besonderheiten des Einzelfalles, eine Entscheidung, die im billigen Ermessen des Entscheidenden liegen soll.

b) Der Ermessensspielraum des Arbeitgebers

Der Begriff des „billigen Ermessens" findet sich wieder in verschiedenen bürgerlich-rechtlichen Bestimmungen[160], insbesondere in § 315 BGB, aber auch z. B. in § 76 Abs. 5 S. 3 des Betriebsverfassungsgesetzes (BetrVG) oder in prozeßrechtlichen Vorschriften wie § 91 a ZPO oder § 161 Abs. 2 VwGO. Im wesentlichen stammt der Ermessensbegriff aber aus dem öffentlichen Recht, speziell dem Verwaltungsrecht.

Was § 315 BGB anbelangt, so hat sich der ursprüngliche Streit in der Frage, ob insbesondere der dritte Absatz dieser Vorschrift entsprechend anzuwenden sei[161], wohl durch die Rechtsprechung des BAG erledigt[162]. Die Gerichte nehmen offensichtlich das Recht in Anspruch, selbst eine Bestimmung durch Urteil zu treffen[163]. Unabhängig davon wird jedoch

---

157 Vgl. insbes. *Fenge*, DB 1975, S. 2371 ff., *Hetzel*, BB 1977, S. 652 ff.

158 So *Höhne / Heubeck*, Anpassung, 2. Aufl., S. 50; vgl. auch die Ausführungen des Bundesrichters *Stumpf*, in der öffentlichen Informationssitzung des Ausschusses für Arbeit und Sozialordnung vom 13. 3. 1974, vgl. stenogr. Protokoll, S. 130 f.

159 So eindeutig schon das BAG am 30. 3. 1973, 3 AZR 26/72, vgl. B. V. der Entscheidungsgründe; vgl. dazu wieder den insbes. von *Fenge*, DB 1975, S. 2371 ff., veranschaulichten „roten Faden" des Gesetzgebungsverfahrens.

160 Vgl. bei *Sonne*, S. 323.

161 Dagegen *Lieb / Westhoff*, DB 1970, S. 1958 ff., 1970; für die entsprechende Anwendung u. a. *Fenge*, DB 1975, S. 50 ff., 58; *Glatzel / Meyer / Wein*, § 16, Anm. 7; *Kiefer / Giloy*, § 16, Rn. 2; *Werner*, S. 110; *Höhne*, in Heubeck / Höhne / Paulsdorff / Rau / Weinert, 1. Aufl. § 16, Rn. 208 ff.; *Schaub / Schusinski / Ströer*, S. 96; *Richardi*, DB 1976, S. 1718 ff., 1723.

162 Vgl. die Begründung des BAG im Urteil vom 16. 12. 1976, 3 AZR 795/75, AP Nr. 4 zu § 16 BetrAVG, unter V. der Gründe; zustimmend *Richardi*, in Anm. zu AP Nr. 3 und 4 zu § 16 BetrAVG, unter VII.; *Höhne*, BB 1977, S. 508 ff., 509, und in Heubeck / Höhne / Paulsdorff / Rau / Weinert, 2. Aufl., § 16, Rn. 224; *Höfer / Abt*, 2. Aufl., § 16, Rn. 221.

163 Wohl nicht anzuwenden sein dürften allerdings die von der BAG-Rspr. unter dem Stichwort „gerichtliche Billigkeitskontrolle" entwickelten Grund-

in der Literatur zu § 315 BGB überwiegend angenommen, daß der zur Bestimmung Berechtigte (im Fall des § 16 also der Arbeitgeber) einen nur beschränkt überprüfbaren Ermessensspielraum hat[164], so daß davon auszugehen ist, daß nicht nur eine, sondern in bestimmtem Rahmen mehrere Entscheidungen des Arbeitgebers der Billigkeit entsprechen können.

Gleiches ergibt sich bei einer Betrachtung des Ermessensbegriffs im öffentlichen Recht. Von einer Ermessensentscheidung spricht man hier, wenn mehrere Entscheidungen als rechtmäßig angesehen werden können[165], im Gegensatz zur Rechtsentscheidung bei einem sog. „unbestimmten Rechtsbegriff", wo es nur „eine von der Rechtsordnung gebilligte Entscheidung" gibt[166].

Teilweise wird zwar dahin argumentiert, die Erwähnung der Billigkeit weise § 16 als Norm mit einem unbestimmten Rechtsbegriff aus[167], es seien also die Grundsätze der Auslegung unbestimmter Rechtsbegriffe zu beachten[168]. Dies dürfte jedoch im Ergebnis nicht richtig sein.

Wenn auch die Abgrenzung von Ermessen und unbestimmtem Rechtsbegriff in der Tat streitig und im Einzelfall schwierig ist[169], so kommt es je nach Sinn und Zweck auch bei nicht ausdrücklich von „Ermessen" sprechenden Vorschriften durchaus in Betracht, den Begriff der Billigkeit oder Unbilligkeit als Ermessensbegriff und nicht als einen einer weitergehenden gerichtlichen Nachprüfung unterliegenden unbestimm-

sätze — vgl. u. a. BAG v. 31. 10. 1969, 3 AZR 119/69, AP Nr. 1 zu § 242 BGB Ruhegehalt-Unterstützungskassen, unter 2 b der Gründe, und BAG vom 19. 6. 1970, 3 AZR 402/69, AP Nr. 144 zu § 242 BGB Ruhegehalt, unter II. 2 b der Gründe — wonach bei unsachgemäßem Ermessensgebrauch des Arbeitgebers das Gericht das eigene Ermessen an die Stelle des Parteiermessens setzt; kritisch dazu *Blomeyer*, in Anm. zu AP Nr. 170 zu § 242 BGB Ruhegehalt.

164 *Larenz*, Lehrbuch des Schuldrechts, 1. Band, 13. Aufl., S. 76; *Medicus*, Schuldrecht I, § 21 II., S. 89 f.; *Palandt / Heinrichs*, 41. Aufl., § 315 Anm. 2; *Soergel / Schmidt*, 10. Aufl., § 315, Rn. 11; *Söllner*, in Münchener Kommentar, § 315, Rn. 14 f.; *Söllner*, Einseitige Leistungsbestimmung im Arbeitsverhältnis, S. 126 ff. m. w. N.; a. A. *Kornblum*, AcP 168, S. 450 ff., 463.

165 *Forsthoff*, Lehrbuch des Verwaltungsrechts, 1. Band, 10. Aufl., S. 84 ff.; *Wolff / Bachof*, Verwaltungsrecht I, 9. Aufl., S. 194 ff.; *Erichsen / Martens*, Allgemeines Verwaltungsrecht, 3. Aufl., S. 165 ff.; *Eyermann / Fröhler*, VwGO, 8. Aufl., § 114, Rn. 7.

166 *Forsthoff*, Lehrbuch des Verwaltungsrechts, S. 85 f.; *Eyermann / Fröhler*, VwGO, 8. Aufl., § 114, Rn. 7, 7 a; differenzierend *Wolff / Bachof*, Verwaltungsrecht, S. 188 ff., 192 ff.

167 Vgl. *Sonne*, S. 330 ff.; beiläufig auch *Blomeyer*, SAE 1982, S. 14 oder *Höhne*, in Heubeck / Höhne / Paulsdorff / Rau / Weinert, 1. u. 2. Aufl., § 16, Rn. 97.

168 Sinngemäß auch *Richardi*, Anm. zu AP Nr. 3 und 4 zu § 16 BetrAVG (unter VII.), wenn er ausführt, der Arbeitgeber habe eine Entscheidung zu treffen, „die der Billigkeit entsprechen muß".

169 Vgl. z. B. *Forsthoff* (vgl. FN 165), S. 84 ff. m. w. N.

ten Rechtsbegriff anzusehen[170]. Ist in einer Vorschrift — wie § 16 — allerdings eigens das billige *Ermessen* erwähnt, so spricht alles dafür, daß auch die Ermessensgrundsätze zur Anwendung kommen müssen[171].

Über den Wortlaut hinaus ist auch der Entstehungsgeschichte sowie aus Sinn und Zweck des § 16 zu entnehmen, daß dem Arbeitgeber ein Ermessensspielraum zuzugestehen ist. Der im Gesetzgebungsverfahren kurzfristig eingefügte § 16 sollte einerseits die Beachtung des grundsätzlichen Interesses der Rentner an einer Anpassung sicherstellen, andererseits aber jeden Anschein einer Dynamisierung oder Indexierung vermeiden, um den Arbeitgebern nicht Anlaß zu geben, für die Zukunft Versorgungszusagen zu unterlassen[172]. Dieses Motiv des Gesetzgebers würde sich aber kaum mit einer Auslegung dahin vereinbaren lassen, daß dem Arbeitgeber bei seiner Entscheidung keinerlei Spielraum mehr verbleiben würde und es nur eine einzige richtige Entscheidung gäbe. Für eine Ermessensbetätigung des Arbeitgebers wäre dann keinerlei Raum mehr[173].

Natürlich deutet das Adjektiv „billig" darauf hin, daß der Spielraum des Arbeitgebers eingegrenzt ist. Es handelt sich eben nicht um ein „freies Ermessen"[174], sondern um ein „billiges Ermessen". Die Billigkeit bestimmt demnach Inhalt und Grenzen des Ermessens[175], weiter konkretisiert durch die ausdrücklich genannten Kriterien. Innerhalb dieser Grenzen besteht jedoch für den Arbeitgeber ein Spielraum, wenn dies auch in Literatur und Rechtsprechung nicht immer klar genug herausgestellt wird[176].

---

[170] Vgl. für den Fall des § 131 Abs. 1 S. 1 AO den Beschluß des Gemeinsamen Senats der obersten Gerichtshöfe des Bundes vom 19. 10. 1971 — GmS — OGB 3/70 — BVerwGE 39, 355 ff. = gekürzt in BGHZ 58, 399 f.

[171] Vgl. auch z. B. für den Fall des § 76 Abs. 5 S. 3 BetrVG („nach billigem Ermessen") *Fitting / Auffarth / Kaiser*, 12. Aufl., § 76, Rn. 32; *Galperin / Löwisch*, Band II, 5. Aufl., § 76, Rn. 43 und *Söllner*, in Münchener Kommentar, § 315 BGB, Rn. 14; differenzierend *Dietz / Richardi*, 5. Aufl., § 76, Rn. 52, 53.

[172] Vgl. oben 5. a).

[173] Vgl. auch den erwähnten Beschluß des Gemeinsamen Senats vom 19. 10. 1971, BVerwGE 39, 355 unter III. 5 der Gründe.

[174] Vgl. dazu *Reuter*, ZHR 137 (1973), S. 482 ff., 500; *Höfer / Kemper*, DB 1973, S. 1347 ff., 1353; *Kiefer / Giloy*, § 16, Rn. 2; *Höhne*, in Heubeck / Höhne / Paulsdorff / Rau / Weinert, 1. u. 2. Aufl., § 16, Rn. 95.

[175] So auch Leitsatz 2 des Beschlusses des Gemeinsamen Senats vom 19. 10. 1971, vgl. FN 170.

[176] Sehr anschaulich bei *Heubeck*, BB 1975, S. 1121 = BetrAV 1975, S. 145; eindeutig auch *Fenge*, DB 1975, S. 2371 ff., 2372; *Kiefer / Giloy*, § 16, Rn. 2; *Doetsch*, Arbeitgeber 1976, S. 359, 360; *Förster*, Perspektiven, S. 65 ff., 69; *Lieb / Westhoff*, DB 1976, S. 1958 ff., 1960, 1970 f.; Bundesvereinigung der Deutschen Arbeitgeberverbände, Hinweise zur betrieblichen Altersversorgung, S. 59 und 62; *Schoden*, Die betriebliche Altersversorgung, Rn. 233; Arbeitsring/Leitlinien, RdA 1977, S. 35; *Bode / Grabner*, DB 1977, S. 1897 ff., 1900; *Andresen / Gassner*, DB 1980, S. 1346 ff., 1347; *G. Müller*, DB 1981, S.

c) *Prüfung und Entscheidung nach billigem Ermessen*

Der dem Arbeitgeber zustehende Spielraum kann natürlich überschritten werden. Dann entspricht die Entscheidung nicht mehr „billigem Ermessen". Ein erneuter Vergleich mit dem Verwaltungsrecht führt zu § 114 VwGO und damit zu den Begriffen der „Ermessensüberschreitung" und des „Ermessensfehlgebrauchs" oder „Ermessensmißbrauchs"[177]. Diese beiden dem öffentlichen Recht zugehörenden Begriffe lassen sich nur bedingt auf den Bereich des § 16 BetrAVG übertragen. Man kann aber auch hier in folgender Weise unterscheiden: Einmal können die gesetzlich vorgegebenen Grenzen bzw. der vorgegebene Rahmen nicht eingehalten sein (entspricht der Ermessensüberschreitung)[178], zum anderen können diese Grenzen zwar beachtet sein, das gefundene Ergebnis kann aber aufgrund falscher, unsachlicher, mißbräuchlicher oder willkürlicher Erwägungen zustande gekommen sein (entspricht in etwa dem Ermessensfehlgebrauch)[179].

Diese Überlegungen ergeben weiter im einzelnen auf § 16 übertragen folgendes: Nach § 16 hat der Arbeitgeber eine Anpassung „zu prüfen und hierüber nach billigem Ermessen zu entscheiden". Nach der oben dargelegten Aufgliederung in Prüfung als Vorbereitung der Entscheidung und Entscheidung als Ergebnis der Prüfung[180] können Ermessensfehler sowohl im Prüfungsstadium wie auch im Entscheidungsstadium auftreten.

Das „billige Ermessen" kann also dadurch verletzt sein, daß der Arbeitgeber nicht richtig geprüft hat, d. h. die getroffene Entscheidung nicht sachgerecht und beanstandungsfrei vorbereitet hat. Dies wird insbesondere der Fall sein, wenn der Arbeitgeber unvollständig geprüft und nicht die notwendigen Daten ermittelt hat, falsche Daten oder

---

93 ff., 97; *Höhne*, in Heubeck / Höhne / Paulsdorff / Rau / Weinert, 2. Aufl., § 16, Rn. 95.

Einschränkend *Hilger*, RdA 1981, S. 6 ff., 11 und in: Soziale Sicherheit in den 80er Jahren, S. 60 ff., 73; ablehnend offensichtlich *Richardi*, in Anm. AP Nr. 3 und 4 zu § 16 BetrAVG (unter VII.); andeutungsweise in den Entscheidungen des BAG vom 16. 12. 1976, 3 AZR 795/75, AP Nr. 4 zu § 16 BetrAVG, unter II. 1 a der Gründe — oder vom 17. 1. 1980, 3 AZR 614/78, AP Nr. 7 zu § 16 BetrAVG, unter B. I. 2 b der Gründe.

177 Vgl. z. B. *Wolff / Bachof*, Verwaltungsrecht I, 9. Aufl., S. 199 ff.; *Erichsen / Martens*, Allgem. Verwaltungsrecht, 3. Aufl., S. 166 f.; *Eyermann / Fröhler*, VwGO, 8. Aufl., § 114, Rn. 16 ff.

178 *Wolff / Bachof*, Verwaltungsrecht I, S. 199 f.; *Eyermann / Fröhler*, VwGO, 8. Aufl., § 114, Rn. 16; für den Bereich des Arbeitsrechts vgl. *Söllner*, Einseitige Leistungsbestimmung im Arbeitsverhältnis, S. 131.

179 Vgl. *Wolff / Bachof*, Verwaltungsrecht I, S. 200 f.; *Eyermann / Fröhler*, VwGO, 8. Aufl., § 114 Rn. 19, 22; *Söllner*, Einseitige Leistungsbestimmung im Arbeitsverhältnis, S. 131 ff.

180 Vgl. oben II. 4. b) und c).

unzulässige Maßstäbe zugrunde gelegt hat. Das „billige Ermessen" kann aber auch verletzt sein, weil es an einer sachgerechten Entscheidung fehlt, vor allem einer sachlichen und angemessenen Abwägung aller in Betracht kommender Gesichtspunkte. So ist es z. B. denkbar, daß ein Ermessensfehler in einer falschen Gewichtung der bei der Prüfung gewonnenen Kriterien zu sehen sein könnte.

Es zeigt sich somit, daß sich das „billige Ermessen" auf Prüfung *und* Entscheidung beziehen muß[181], also sowohl die Prüfungskriterien[182] als auch die Entscheidungsfindung selbst billigem Ermessen entsprechen müssen[183].

d) Die Konkretisierung des billigen Ermessens

Durch den mit „dabei" beginnenden Halbsatz ist in § 16 konkretisiert, was bei Prüfung und Entscheidung nach billigem Ermessen zu beachten ist, nämlich u. a. die Belange des Versorgungsempfängers. Da die Belange des Versorgungsempfängers nicht allein genannt sind und die Beachtung billigen Ermessens eine Abwägung aller in Betracht kommender Gesichtspunkte erfordert, erscheint es notwendig, in Kürze auch auf das Verhältnis der Kriterien untereinander einzugehen.

6. Die Belange des Versorgungsempfängers neben der wirtschaftlichen Lage des Arbeitgebers und weiteren Kriterien

a) Das „insbesondere" im zweiten Halbsatz des § 16

Die Voranstellung des Begriffs „insbesondere" besagt in gesetzlichen Bestimmungen in der Regel, daß die nachfolgenden Tatbestandsmerkmale nur beispielhaft und ohne Anspruch auf Vollständigkeit (nicht abschließend) aufgeführt sind[184]. Auch in § 16 BetrAVG wird dieses „insbesondere" so verstanden[185]. Allerdings deutet allein die namentliche Erwähnung der genannten Beispiele darauf hin, daß diese „im

[181] So richtig *Höfer*, Kommentar, 1. Aufl., § 16, Rn. 31; a. A. *Richardi*, DB 1976, S. 1718 ff., 1719 f. und in Anm. AP Nr. 3 und 4 zu § 16 BetrAVG, unter IV., der innerhalb der Prüfung nur den Kaufkraftverlust feststellen will.

[182] Vgl. auch oben II. 4. b) „umfassende Prüfung".

[183] Vgl. *Höfer / Abt*, 2. Aufl., § 16, Rn. 220, 222, wo auch zutreffend darauf hingewiesen wird, daß sich die BAG-Rechtsprechung bisher fast ausschließlich mit der Frage nach der Billigkeit der im Rahmen der Prüfung anzuwendenden Maßstäbe und noch sehr wenig mit der Billigkeit der Entscheidung befaßt hat.

[184] Vgl. z. B. § 564 b Abs. 2 BGB oder § 723 Abs. 1 Satz 2 BGB.

[185] Vgl. *Höhne*, in Heubeck / Höhne / Paulsdorff / Rau / Weinert, 1. u. 2. Aufl., § 16, Rn. 13.

besonderen", also in erster Linie und als wesentliche Kriterien zu berücksichtigen sind[186]. Weiter spricht bei § 16 die Entstehungsgeschichte dafür, daß vor allem und an erster Stelle die im Gesetz erwähnten Beurteilungskriterien, nämlich die Belange des Versorgungsempfängers und die wirtschaftliche Lage des Arbeitgebers von Bedeutung sein sollten, daneben andere denkbare Kriterien aber ebenfalls nicht ausgeschlossen werden sollten. Man muß wiederum davon ausgehen, daß der Gesetzeswortlaut auf die BAG-Rechtsprechung vom 30. 3. 1973[187] zurückgeht, wo sich im Leitsatz folgende Formulierung findet:

> „Dabei darf er seine eigenen billigenswerten Interessen berücksichtigen; er muß aber die Bedrängnisse des Pensionärs mitberücksichtigen."

In den Entscheidungsgründen dieses Urteils ist jedoch unter B. V. 1 erwähnt, der Senat könne für die zu treffende Billigkeitsentscheidung keine verbindlichen Richtlinien an die Hand geben, sondern nur „beispielhaft" auf einige Punkte hinweisen. Im folgenden ist dann (B. V. 4, 5 und 6) näher erläutert, daß vor allem das „Ausmaß der Verteuerung" eine Rolle spiele, die „Bedürftigkeit" des Pensionärs „in aller Regel" nicht entscheidend sei und daß es „nicht zuletzt" auf die „Ertragslage des Unternehmens" ankomme.

Im Gesetzgebungsverfahren heißt es im Bericht des Ausschusses für Arbeit und Sozialordnung (Abgeordneter Lutz)[188] folgendermaßen:

> „Dagegen wurde der von der Rechtsprechung — insbes. des Bundesarbeitsgerichts — entwickelte Gedanke einer Verhandlungspflicht des Arbeitgebers mit den Versorgungsempfängern übernommen ... Wenn in den Verhandlungen keine Einigung zustande kommt, soll der Arbeitgeber nach billigem Ermessen entscheiden. Hierbei kann er nach Auffassung des Ausschusses seine eigenen Belange — insbesondere seine wirtschaftliche Lage — berücksichtigen; er hat jedoch auch die Bedrängnisse des Versorgungsempfängers, die durch eine Veränderung der Lebenshaltungskosten entstehen, angemessen mit zu berücksichtigen."

In der Begründung zu § 6 k Abs. 2 heißt es dann[189]:

> „Als Maßstäbe für das billige Ermessen kommen insbesondere die Veränderung der Lebenshaltungskosten und die wirtschaftliche Lage des Arbeitgebers in Betracht."

Der Gesetzentwurf hat also ganz offensichtlich eng an die BAG-Rechtsprechung vom 30. 3. 1973 angeknüpft, wobei zunächst sogar die später nicht mehr verwendete Formulierung „Bedrängnisse des Ver-

[186] So *Bischoff*, BetrAV 1976, S. 77 ff., 83.

[187] Vgl. BAG vom 30. 3. 1973, 3 AZR 26/72, AP Nr. 4 zu § 242 BGB Ruhegehalt-Geldentwertung (Leitsatz 1).

[188] Vgl. Bundestagsdrucksache 7/2843 vom 22. 11. 1974, S. 5.

[189] Vgl. Bundestagsdrucksache 7/2843, S. 12.

sorgungsempfängers" aus dem Leitsatz des BAG-Urteils übernommen worden war. Darauf, daß die „Bedrängnisse" mehr oder weniger mit der Veränderung der Lebenshaltungskosten gleichgesetzt werden, wird noch einzugehen sein[190]. An dieser Stelle ist festzuhalten, daß sich sowohl aus dem Wortlaut wie aus der Entstehungsgeschichte ableiten läßt, daß zur Konkretisierung des billigen Ermessens in erster Linie die Belange des Versorgungsempfängers und die wirtschaftliche Lage des Arbeitgebers heranzuziehen sind, daß aber entsprechend der Begründung im BAG-Urteil vom 30. 3. 1973 daneben auch je nach Einzelfall bzw. dem „Vortrag der Parteien" die Berücksichtigung anderer Umstände nicht grundsätzlich ausgeschlossen werden kann.

Dagegen kann man nicht annehmen, daß sich das „insbesondere" lediglich auf die Belange des Versorgungsempfängers, nicht aber auf die an zweiter Stelle genannte wirtschaftliche Lage des Arbeitgebers beziehen soll, daß also damit ein Vorrang der Belange des Versorgungsempfängers deutlich gemacht werden sollte. Für eine derartige Auslegung ergeben sich keinerlei Anhaltspunkte, schon gar nicht aus dem Gesetzgebungsverfahren, wo z. B. ausgeführt wurde, daß eine Abwägung der beiderseitigen Interessenlage zu einer tragbaren Lösung für beide Teile führen soll[191].

§ 16 ist demnach so zu lesen, daß vorwiegend die Interessen des Versorgungsempfängers und die des Arbeitgebers zu berücksichtigen sind, diese aber grundsätzlich im Hinblick auf die nach billigem Ermessen zu treffende Entscheidung gleichwertig nebeneinander stehen und ein Vorrang einer dieser Interessen nicht zu erkennen ist[192].

b) Das Verhältnis der Kriterien untereinander

Dennoch besteht zwischen den beiden im Gesetz genannten Kriterien keine vollständige Gleichwertigkeit. Wäre dies der Fall, so könnten im Einzelfall sowohl die Belange des Versorgungsempfängers allein wie auch die wirtschaftliche Lage des Arbeitgebers allein für eine positive Anpassungsentscheidung ausschlaggebend sein. Dies kann jedoch nicht richtig sein.

Der Grund ist bereits oben[193] kurz dargelegt worden. „Anpassung" im Sinne des § 16 ist immer in Beziehung zur Geldwertveränderung zu sehen. Eine Anpassung nur aufgrund einer besonders günstigen wirt-

---

190 Vgl. unten III. 4.

191 Vgl. Bundestagsdrucksache 7/2843, S. 5.

192 So *Bode / Grabner*, BB 1976, S. 1324 ff., 1325; *Kiefer / Giloy*, § 16, Rn. 4; *Werner*, S. 110; *Lieb / Westhoff*, DB 1976, S. 1958 ff., 1960; *Blomeyer*, SAE 1982, S. 13.

193 Vgl. oben II. 3. a).

schaftlichen Lage des Arbeitgebers ohne einen durch Geldentwertung begründeten Anpassungsbedarf kann nach § 16 nicht in Betracht kommen[194].

Es bedarf hier m. E. gar nicht des Abstellens auf die „Versorgungsfunktion" der Betriebsrente[195], zumal das BAG im Zusammenhang mit der Anpassungsproblematik neuerdings nahezu ausschließlich auf den Entgeltcharakter[196] abstellt. Richtig ist allerdings, daß Anlaß für die Durchbrechung des Nominalwertprinzips[197] die wirtschaftliche Lage des Gläubigers war, also des Versorgungsempfängers, nicht des Arbeitgebers als Schuldner[198]. Die Versorgungsleistung ist also nicht deswegen anzupassen, weil der Schuldner in wirtschaftlich günstigen Verhältnissen lebt, sondern allein im Hinblick auf die den Gläubiger treffende Verteuerung, wobei sich der Schuldner allenfalls der Anpassungsverpflichtung mit Rücksicht auf seine wirtschaftliche Lage ganz oder teilweise entziehen kann[199].

Es ist demnach grundsätzlich richtig, daß der wirtschaftlichen Lage die Funktion eines „Dämpfungselements" zukommt[200] oder daß § 16, 2. Halbsatz, eigentlich so gelesen werden müßte:

> „... dabei sind insbesondere die Belange des Versorgungsempfängers und die *schlechte* wirtschaftliche Lage des Arbeitgebers zu berücksichtigen[201]."

Allerdings darf dies m. E. nicht so verstanden werden, daß allein die ungünstige wirtschaftliche Lage noch zu einer Einschränkung der vollen Anpassung führen kann, daß also bei günstiger wirtschaftlicher Lage die entstandene Teuerung voll auszugleichen ist[202]. Vielmehr muß es auch möglich sein, daß allein die Belange des Versorgungsempfängers eine Nicht- oder Teilanpassung rechtfertigen können. Dies ergibt sich auch aus der grundsätzlichen Gleichwertigkeit der im Gesetz na-

---

194 Wohl eindeutig herrschende Meinung, vgl. *Bode / Grabner*, BB 1976, S. 1324 ff., 1325 und DB 1977, S. 1555 ff., 1556; *Höhne*, in Höhne / Heubeck / Paulsdorff / Rau / Weinert, 1. Aufl., § 16, Rn. 167 und 2. Aufl., § 16, Rn. 168 und 173 a; *Lieb / Westhoff*, DB 1976, S. 1958 ff., 1968; *Sonne*, S. 381; a. A. anscheinend *Kiefer / Giloy*, § 16, Rn. 4.

195 So *Bode / Grabner*, BB 1976, S. 1324 ff., 1325 bzw. DB 1977, S. 1555 ff., 1556.

196 Vgl. dazu im einzelnen unten VI. 3. e); zur „Risikotheorie" von *Blomeyer* (in: Die betriebliche Altersversorgung zu Beginn der 80er Jahre, S. 23 ff., 34 ff.), vgl. auch oben II. 2. b) bb).

197 Vgl. dazu *Bettermann*, RdA 1975, S. 2 ff.

198 Vgl. insbes. BAG vom 30. 3. 1973, 3 AZR 26/72, AP Nr. 4 zu § 242 BGB, Ruhegehalt-Geldentwertung, unter B. II. 4 und 5 der Gründe.

199 Vgl. *Bode / Grabner*, DB 1977, S. 1555 ff., 1556.

200 So ebd., S. 1556.

201 So *Blomeyer*, SAE 1982, S. 13.

202 So aber das BAG in seinen jüngsten Entscheidungen, z. B. vom 17. 1. 1980, 3 AZR 614/78, AP Nr. 7 zu § 16 BetrAVG unter B. der Gründe.

mentlich genannten Kriterien[203], wobei die „Abwägung der beiderseitigen Interessenlage zu einer tragbaren Lösung für beide Teile führen soll"[204].

Man darf also trotz der Einstufung des Kriteriums der wirtschaftlichen Lage als „Dämpfungselement" daraus keinesfalls schließen, daß sich die Billigkeitsprüfung nach Feststellung eines bestimmten Teuerungsmaßstabes nur noch auf die Prüfung der wirtschaftlichen Lage des Arbeitgebers reduziert[205].

c) Denkbare andere Kriterien

Geht man davon aus, daß mit der Erwähnung der Belange des Versorgungsempfängers und der wirtschaftlichen Lage des Arbeitgebers die Interessen der beiden am Anpassungsproblem beteiligten Parteien erfaßt sind[206], so kommen als weitere Kriterien eigentlich nur noch die Belange Dritter in Frage. Zu denken wäre an die Belange anderer Pensionäre, die der aktiven Arbeitnehmer sowie das Interesse der Allgemeinheit. Daneben sind auch Sinn und Zweck anderer gesetzlicher Bestimmungen, insbesondere der „dynamischen Rentenformel"[207] und „ordnungspolitische Gesichtspunkte"[208] als bei der Auslegung des § 16 maßgebliche Gesichtspunkte in die Diskussion eingeführt worden.

Alle genannten Punkte lassen sich jedoch entweder irgendwie in Beziehung zu den Belangen des Versorgungsempfängers oder zur wirtschaftlichen Lage setzen oder laufen auf den von *Fenge*[209] erwähnten „roten Faden" des Gesetzgebungsverfahrens hinaus.

---

[203] Vgl. oben 6. a) sowie u. a. *Bode / Grabner*, BB 1976, S. 1324 ff., 1325 und *Lieb / Westhoff*, DB 1976, S. 1958 ff., 1960.

[204] So die bereits erwähnte Formulierung im Gesetzgebungsverfahren, Bundestagsdrucksache 7/2843, S. 5.

[205] In diesem Sinne insbes. *Schwerdtner*, ZFA 1978, S. 553 ff., 566, 567.

[206] Andere als wirtschaftliche Gesichtspunkte kommen beim Arbeitgeber ja wohl kaum in Betracht, vielleicht abgesehen vom Fall einer Treuepflichtverletzung durch den Pensionär, angesprochen bei *Bischoff*, BetrAV 1976, S. 76 ff., 83 — vgl. dazu allgemein bereits *Hilger*, in: Handbuch der betrieblichen Altersversorgung, S. 35 f., oder die neueren Entscheidungen des BAG vom 18. 10. 1979, AP Nr. 1 zu § 1 BetrAVG — Treuebruch = BB 1980, S. 500 = DB 1980, S. 470, und vom 19. 6. 1980, 3 AZR 137/79 = NJW 1971, S. 188, betr. Widerruf wegen strafbarer Handlung. Es wäre u. U. denkbar, einem Pensionär aus (allerdings gewichtigen) persönlichen Gründen eine Anpassung zu versagen.

[207] *Bettermann*, RdA 1975, S. 2 ff., 8; *Richardi*, DB 1976, S. 1718 ff., 1720; *Schwerdtner*, ZFA 1978, S. 553 ff., 584; *Blomeyer*, SAE 1982, S. 15; vgl. dazu im einzelnen unten VI. 3. d).

[208] *Schwerdtner*, ZFA 1978, S. 553 ff., 567.

[209] *Fenge*, DB 1975, S. 2371 ff.; vgl. dazu u. a. auch *Konzen*, SAE 1977, S. 197, 198; *Koehler*, in: Die betriebliche Altersversorgung zu Beginn der 80er Jahre, S. 14 ff., 15; *Ortlepp*, Arbeitgeber 1978, S. 451.

Interessen der aktiven Arbeitnehmer könnten einerseits insoweit von Bedeutung sein, als eine Anpassung von Versorgungsleistungen zu im Vergleich zu vergleichbaren Aktiven überhöhten oder auch nur unangemessenen Bezügen führen würde. Dieser Problemkreis wird in Literatur und Rechtsprechung unter dem Stichwort „Obergrenze" diskutiert und in dieser Arbeit unter VII. behandelt; es geht hier wohl um einen Vergleich zwischen den Belangen des Versorgungsempfängers und den Belangen aktiver Arbeitnehmer, also ein hier zum Thema gehörendes Problem[210]. Die Interessen der Arbeitnehmer könnten allerdings auch insoweit berührt sein, als die Arbeitnehmer als die zukünftigen Pensionäre bei zu hoher Anpassungsbelastung des Arbeitgebers in irgendeiner Form um den Bestand der eigenen Altersversorgung fürchten müßten. In dieser letzten Frage ist aber wohl entweder die wirtschaftliche Lage des Arbeitgebers oder allgemein die Sorge um die weitere Ausbreitung der betrieblichen Altersversorgung angesprochen[211].

Daß die Belange anderer Versorgungsempfänger im Vergleich zu den Belangen des einzelnen Versorgungsempfängers, dessen laufende Versorgungsleistung gerade zur Prüfung und Entscheidung ansteht, eine Rolle spielen können, ist naheliegend[212]. Der Arbeitgeber ist gegenüber allen seinen Betriebsrentnern zur arbeitsrechtlichen Gleichbehandlung verpflichtet[213]; weithin kann auch der Gesamtbestand der Betriebsrenten von Bedeutung sein, wobei letzteres wieder zum Bereich der wirtschaftlichen Lage gehören dürfte.

Ein Interesse der Allgemeinheit — etwa an der allgemeinen wirtschaftlichen Entwicklung oder der Arbeitsmarktlage — wird wohl grundsätzlich innerhalb der Abwägung keine Rolle spielen dürfen, jedenfalls nicht in Form eines allgemeinen Hinweises[214]. Dagegen müssen aber aufgrund der Entstehungsgeschichte[215] das allgemeine Interesse an einer weiteren Ausbreitung der betrieblichen Altersversorgung

---

210 A. A. *Hilger*, RdA 1981, S. 6 ff., 11 und in: Soziale Sicherheit in den 80er Jahren, S. 60 ff., 74, sowie *Stumpf*, BFuP 1980, S. 571 ff., 503; vgl. auch BAG vom 25. 9. 1980, 3 AZR 937/79, AP Nr. 10 zu § 16 BetrAVG; vgl. unten VII. 1.

211 Vgl. dazu *Reuter*, ZHR 137 (1973), S. 482 ff., 500; *Fenge*, DB 1975, S. 2371 ff.; *Arend / Förster / Rößler*, DB 1976, S. 338 ff., 340; *Doetsch*, Arbeitgeber 1976, S. 359, 360; *Förster*, Perspektiven, S. 65 ff., 77; *Heubeck*, ArbuSozPol 1976, S. 369 f.; *Blum*, ZFS 1977, S. 152 ff., 156, 168; *Konzen*, SAE 1977, S. 197, 198; *Hetzel*, BB 1977, S. 653 ff., 655; *Ortlepp*, Arbeitgeber 1978, S. 451; *Köhler*, in: Die betriebliche Altersversorgung zu Beginn der 80er Jahre, S. 14 ff.

212 Vgl. auch BAG vom 16. 12. 1976, 3 AZR 761/75, AP Nr. 3 zu § 16 BetrAVG, unter II. 3 derGründe und *Konzen*, in SAE 1977, S. 197, 199 (unter III. 3).

213 Vgl. unten VIII. 2.

214 So zu Recht *Förster*, Perspektiven, S. 65 ff., 72.

215 Vgl. oben FN 211.

und die von *Schwerdtner*[216] erwähnten „ordnungspolitischen Gesichtspunkte" beachtet werden. Wenn *Schwerdtner*[217] zu Recht darauf hinweist, daß eine überzogene Sozialgesetzgebung bzw. überzogen sozialstaatlich ausgerichtete Rechtsprechung auf der einen Seite für den einzelnen oft gar nicht so sehr spürbare Erfolge erzielt und auf der anderen Seite zu nicht unerheblichen sozialen Belastungen und Nachteilen führt, so ist das genau das, was dem Gesetzgeber bei der endgültigen Fassung des § 16 bewußt war. *Fenge*[218] hat mit zahlreichen bezeichnenden Zitaten eindeutig und eindringlich die in den Beratungen vorherrschende Tendenz nachgewiesen, daß die Ausbreitung der betrieblichen Alterversorgung Priorität vor der Anpassung der bereits laufenden Versorgungsleistungen haben sollte. Diese Absicht des Gesetzgebers darf deshalb bei einer Abwägung im Rahmen der nach billigem Ermessen zu treffenden Entscheidung nicht ohne Berücksichtigung bleiben, und zwar sowohl in dem Sinn, daß das Interesse an einer Ausbreitung der betrieblichen Altersversorgung als solches bei der Prüfung und Entscheidung zusätzlich mit zu beachten ist, als auch in dem Sinn, daß bei der Konkretisierung des Begriffs „Belange des Versorgungsempfängers" das gesetzgeberische Anliegen mit herangezogen werden kann. Es wird deshalb an mehreren Stellen dieser Arbeit immer wieder auf diesen Punkt zurückzukommen sein.

---

216 *Schwerdtner*, ZFA 1978, S. 553 ff., 567 ff.

217 ZFA 1978, S. 569, 570; ähnlich auch *Blomeyer*, BetrAV 1979, S. 78 ff., 85; *Ahrend / Förster / Rößler*, DB 1976, S. 338 ff., 340, in BB-Beilage 3/1978, S. 6; *Doetsch*, Arbeitgeber 1976, S. 359, 360.

218 *Fenge*, DB 1975, S. 2371 ff.

III. Allgemeines zum Tatbestandsmerkmal „Belange des Versorgungsempfängers"

1. Der Begriff des Versorgungsempfängers

Der Begriff des „Versorgungsempfängers" findet sich an mehreren Stellen des Gesetzes, so in § 5 Abs. 2 Satz 1, § 7 Abs. 1 Satz 1 oder § 11 Abs. 3 Satz 1 BetrAVG. In § 16 ist er wohl eng im Zusammenhang mit dem Begriff der „laufenden Leistungen" zu sehen, d. h. Versorgungsempfänger ist derjenige, der bereits eine „Versorgung empfängt", also eine laufende Leistung bezieht[219]. Der sog. „technische Rentner" — Personen, die trotz Überschreitens der Altersgrenze noch für den Arbeitgeber weiterarbeiten —, der beispielsweise bei § 7 Abs. 1 in den Kreis der Versorgungsempfänger einbezogen wird[220], dürfte kein Versorgungsempfänger im Sinne von § 16 sein und somit auch keine Anpassungsprüfung seiner ihm zustehenden Versorgungsleistung verlangen können, da bei ihm eben noch keine laufende Leistung eingesetzt hat.

Im übrigen muß der Versorgungsempfänger selbstverständlich unter den Anwendungsbereich des BetrAVG (§ 17) fallen. Soweit die Versorgung zumindest teilweise in einer Stellung erdient wurde, in welcher der Versorgungsberechtigte dem persönlichen Geltungsbereich des Gesetzes nicht unterlag, soll nach der Rechtsprechung des BGH[221] für diesen Teil nicht § 16, sondern die vor Inkrafttreten des BetrAVG ergangene Rechtsprechung[222] gelten[223].

2. Der neue Begriff „Belange"

Die mehrfach zitierten BAG-Urteile vom 30. 3. 1973 hatten noch von den „Bedrängnissen" oder auch von den „Nöten und Bedrängnissen"

---

[219] Vgl. oben II. 2. b) cc).

[220] Vgl. *Höfer / Abt*, 2. Aufl., § 7, Rn. 21.

[221] BGH vom 6. 4. 1981, II ZR 252/79, AP Nr. 12 zu § 16 BetrAVG = BB 1981, S. 1154 f. = DB 1981, S. 1454 f., unter II. 1 und 4 der Gründe.

[222] BAG v. 30. 3. 1973, 3 AZR 26/72 und 3 AZR 34/72, AP Nr. 4 u. 5 zu § 242 BGB Ruhegehalt-Geldentwertung, und BGH v. 28. 5. 1973, II ZR 58/71, AP Nr. 6 zu § 242 BGB Ruhegehalt-Geldentwertung.

[223] Vgl. auch *Höfer / Abt*, 2. Aufl., § 16, Rn. 238 ff.

des Pensionärs gesprochen[224]. Der nunmehr im Gesetz verwendete Begriff „Belange“ ist demgegenüber „neutraler“ und deutet jedenfalls dem Wortlaut nach im Vergleich zu den früher gebrauchten Begriffen darauf hin, daß wohl nicht eine besonders schlechte wirtschaftliche Situation des Versorgungsempfängers gemeint ist[225].

Vom reinen Wortlaut her sind die Belange des Versorgungsempfängers dessen Angelegenheiten oder Interessen[226], eben alle die Punkte, die ihn „anbelangen“, betreffen, angehen, berühren[227]. Der Begriff komt im übrigen des öfteren vorzugsweise in arbeitsrechtlichen Bestimmungen vor, insbesondere im Betriebsverfassungsgesetz, z. B. § 60 BetrVG (Belange der jugendlichen Arbeitnehmer), § 76 Abs. 5 Satz 3 BetrVG (Belange des Betriebs) oder § 112 Abs. 4 Satz 2 BetrVG (soziale Belange). In diesen Bestimmungen werden die „Belange“ recht umfassend gesehen, allerdings unter Berücksichtigung des konkreten Zusammenhangs[228], wobei z. B. in § 112 Abs. 4 Satz 2 BetrVG („Soziale Belange“) schon wieder eine Einschränkung bzw. Abgrenzung vorgegeben ist, die in § 16 BetrAVG fehlt.

3. Bezug zur konkreten Ruhegeldzusage

Nimmt man also den reinen Wortlaut, so könnten unter die Belange des Versorgungsempfängers im Sinne des § 16 alle irgendwie denkbaren Belange, also auch die persönlichen Verhältnisse, insbesondere die sonstigen Einkommens- und Vermögensverhältnisse fallen. Dies wird man jedoch nicht uneingeschränkt so sagen können.

Bereits das BAG hatte im Urteil vom 30. 3. 1973[229] — allerdings ohne unmittelbare Begründung und eigentlich im Widerspruch zu der an anderer Stelle verwendeten Formulierung „Bedrängnisse“[230] — ausgeführt, die „sonstigen Vermögens- und Einkommensverhältnisse“ des Pensionärs sollten grundsätzlich außer Betracht bleiben, die Bedürftigkeit sei „in aller Regel nicht entscheidend“.

224 Vgl. BAG v. 30. 3. 1973, 3 AZR 26/72, AP Nr. 4 zu § 242 BGB. Ruhegehalt-Geldentwertung, Leitsatz 1 bzw. unter B. IV. 3 der Gründe.

225 Vgl. *Höhne*, in Heubeck / Höhne / Paulsdorff / Rau / Weinert, 1. u. 2. Aufl., § 16, Rn. 96.

226 Vgl. *Duden*, Bedeutungswörterbuch, S. 114.

227 Vgl. ebd., S. 40; *Textor*, Rn. 226.

228 Vgl. z. B. *Dietz / Richardi*, Band 1, 6. Aufl., § 60, Rn. 7 ff.; *Fitting / Auffarth / Kaiser*, 12. Aufl., § 60, Rn. 11; § 76, Rn. 32; *Galperin / Löwisch*, Band I, 6. Aufl., § 60, Rn. 11.

229 BAG v. 30. 3. 1973, 3 AZR 26/72, AP Nr. 4 zu § 242 BGB Ruhegehalt-Geldentwertung, unter B. V. 5 der Gründe.

230 Vgl. dazu *Höfer / Kemper*, DB 1973, S. 1347 ff., 1353; *Förster / Rößler / Fürer*, Anm. AP Nr. 5 zu § 242 BGB Ruhegehalt-Geldentwertung, unter 2.

In der Literatur wird in diesem Zusammenhang auf den „Entgeltcharakter" des Ruhegeldes abgestellt[231]. Wenngleich es grundsätzlich fraglich zu sein scheint, inwieweit man aus derartigen Charakterisierungen (Entgelt, Versorgung, Fürsorge) konkrete Folgerungen ziehen kann[232], so ist doch immerhin die Argumentation denkbar, daß im Regelfall einer Direktzusage die Betriebsrente als Gegenleistung für die geleistete Betriebstreue anzusehen ist, wobei es dann grundsätzlich nicht angeht, andere persönliche Vermögensverhältnisse — die mit der Betriebstreue und der zugesagten Altersversorgung nichts zu tun haben — in irgendeiner Weise (sei es nun zum Vor- oder Nachteil des Pensionärs) bei der Entscheidung mit zu verwenden[233].

Gegen eine Berücksichtigung privater Einkommens- und Vermögensverhältnisse spricht auch die entsprechende Anwendung des § 5 BetrAVG, der die Anrechnung privater Versorgungsbezüge bei der Festsetzung der betrieblichen Versorgungsleistung dann untersagt, wenn der Arbeitgeber sich nicht an der Finanzierung dieser Einkünfte beteiligt hat[234]. Wenn also die privaten Vermögensverhältnisse bei der Festsetzung der Leistung nicht berücksichtigt werden können, so dürfte gleiches grundsätzlich auch für die Prüfung nach § 16 gelten.

Grundsätzlich ist demnach davon auszugehen, daß die persönlichen Vermögensverhältnisse nicht zu den Belangen des Versorgungsempfängers im Sinne des § 16 BetrAVG zählen. Es sind jedoch Fälle denkbar, in denen *ausnahmsweise* derartige persönliche Verhältnisse eben doch von Bedeutung sein können[235].

Auch das BAG hat bereits in der Entscheidung vom 30. 3. 1973 festgestellt, daß die Bedürftigkeit nur „in aller Regel" und „grundsätzlich" keine Rolle spielt[236]. In der späteren Entscheidung vom 15. 9. 1977[237] hat das BAG — im Zusamenhang mit dem sog. „Hälftelungsprinzip"[238] — ausdrücklich erwähnt, der Betriebspensionär könne sich im Einzelfall auf eine besondere Notlage berufen, um mehr als nur den halben Ausgleich des Kaufkraftschwundes zu erhalten[239].

---

231 Vgl. *Hilger*, BetrAV 1973, S. 140 ff.; *Höfer*, Kommentar, 1. Aufl., § 16, Rn. 54; *Höfer / Abt*, 2. Aufl., § 16, Rn. 117.

232 Vgl. u. a. *Richardi*, DB 1976, S. 1718 ff., 1722; im einzelnen unten VI. 3. e).

233 Vgl. aber zur „Gesamtversorgungsbetrachtung" und zur „Ergänzungsfunktion" der betrieblichen Altersversorgung unten VI., insbes. VI. 3 f).

234 So *Höfer / Abt*, 2. Aufl., § 5, Rn. 27 ff., § 16, Rn. 118.

235 Vgl. dazu unten Fn 241, 242.

236 Vgl. BAG v. 30. 3. 1973, 3 AZR 26/72, unter B. V. 5 der Gründe.

237 BAG vom 15. 9. 1977 — 3 AZR 654/76, unter C. II. 2 der Gründe.

238 Vgl. dazu unten IV. 4. c).

239 Daß eine Notlage nicht ohne weiteres generell von Bedeutung ist, zeigt sich wieder in der Entscheidung des BAG v. 17. 1. 1980, 3 AZR 614/78, AP Nr. 7 zu § 16 BetrAVG, vgl. unter A. II. 2 der Gründe; vgl. dazu auch *Blomeyer*, SAE 1982, S. 15.

Aus dem Gesetzeswortlaut mit dem allgemein formulierten Begriff „Belange" und der geforderten Wahrung „billigen Ermessens" kann man — auch wenn man sich Sinn und Zweck und Entstehungsgeschichte vor Augen hält — ebenfalls nicht zwingend folgern, daß die Mitberücksichtigung persönlicher Verhältnisse unter allen Umständen ausgeschlossen sein müßte. Wenn dem Arbeitgeber schon bei der Entscheidung nach billigem Ermessen ein gewisser Spielraum verbleibt[240], so muß es im Einzelfall möglich sein, daß im Rahmen dieses Spielraums auch die persönlichen „Belange" mit in die Abwägung einbezogen werden.

Denkbar ist z. B. der Fall, daß wegen schlechter wirtschaftlicher Lage nur begrenzte Mittel für eine Anpassung zur Verfügung stehen und der Arbeitgeber bei zahlreichen Pensionären die Aufteilung dieser begrenzten Mittel so vornimmt, daß er den wirtschaftlich schwächeren Versorgungsempfängern mehr zukommen läßt[241]. Auch besondere Notlagen des Versorgungsempfängers[242] oder besonders hohe Aufwendungen eines Pensionärs z. B. für Krankenversicherung (was sich nicht ausreichend im Preisindex für die Lebenshaltung niederschlägt[243]) und eigentlich auch die Beachtung der „Gesamtversorgung"[244] sind Fälle der Berücksichtigung besonderer persönlicher Verhältnisse.

Grundsätzlich wird es jedoch — dies gilt es festzuhalten — auf derartige persönliche Gesichtspunkte nicht ankommen[245]. Insbesondere können diese Gesichtspunkte niemals allein eine positive oder negative Anpassungsentscheidung begründen.

4. „Belange des Versorgungsempfängers" gleich „Veränderung der Lebenshaltungspreise"?

In der Literatur und im Ergebnis offensichtlich auch in der neuen BAG-Rechtsprechung wird jedoch sogar die Ansicht vertreten, die Be-

---

240 Vgl. oben II. 5. b).

241 Vgl. auch *Chmurzinski*, RdA 1981, S. 18 ff., 25; *Höhne*, in Heubeck / Höhne / Paulsdorff / Rau / Weinert, 2. Aufl., § 16, Rn. 106 a.

242 Vgl. BAG vom 15. 9. 1977, 3 AZR 654/76, AP Nr. 5 zu § 16 BetrAVG unter C. II. 2 der Gründe.

243 Vgl. dazu unten IV. 3. c).

244 Vgl. *Hilger*, BetrAV 1973, S. 140 ff., 145; hierzu allerdings im einzelnen unten VI.

245 Herrschende Meinung in der Literatur, *Hilger*, BetrAV 1973, S. 140 ff., 143; *Medicus*, in Anm. AP Nr. 4 zu § 242 BGB Ruhegehalt-Geldentwertung, unter 3 c; *Höfer / Abt*, 2. Aufl., § 16, Rn. 114, 116 ff.; *Höhne*, in Heubeck / Höhne / Paulsdorff / Rau / Weinert, 1. u. 2. Aufl., § 16, Rn. 106; kritisch *Förster / Rößler / Fürer*, in Anm. AP Nr. 5 zu § 242 BGB Ruhegehalt-Geldentwertung, unter 2.

lange des Versorgungsempfängers seien gleichzusetzen mit der Veränderung der Lebenshaltungspreise[246], d. h. es müsse bei der Prüfung im Hinblick auf den Pensionär nur noch festgestellt werden, in welchem Ausmaß die Teuerung fortgeschritten sei. Diese Ansicht wird u. a. damit begründet, daß schon die BAG-Rechtsprechung vom 30. 3. 1973 vor allem auf den Preisindex für die Lebenshaltung hingewiesen hatte und es in der Begründung zu § 6 k in der vom Bundestagsausschuß für Arbeit und Sozialordnung erarbeiteten Fassung ausdrücklich hieß:

> „Als Maßstäbe für das billige Ermessen kommen insbesondere die Veränderung der Lebenshaltungskosten und die wirtschaftliche Lage des Arbeitgebers in Betracht.“

Da später in der Gesetzesfassung an die Stelle der „Veränderung der Lebenshaltungskosten“ die „Belange des Versorgungsempfängers“ getreten seien, könne mit diesen nichts anderes gemeint sein[247].

Bei dieser Argumentation wird jedoch übersehen, daß § 16 eben nicht in der Fassung des § 6 k Gesetz wurde, sondern nach eingehenden Beratungen im Bundestag in beabsichtigt geänderter Form. Gerade *Fenge*[248] hat eingehend dargelegt, daß die Abgeordneten bei den Beratungen die neue Fassung als weniger gefährlich für die weitere Ausbreitung der betrieblichen Altersversorgung ansahen. Es spricht also viel dafür — wenn es sich auch nicht expressiv verbis aus dem Gesetzgebungsverfahren ergibt —, daß die Formulierung „Belange des Versorgungsempfängers“ nicht ohne Grund gewählt wurde.

Die Verbindung des Tatbestandsmerkmals „Belange des Versorgungsempfängers“ mit der dem Arbeitgeber aufgegebenen Prüfung und Entscheidung nach billigem Ermessen deutet im übrigen darauf hin, daß die „Belange“ nicht als starre Größe vorgegeben sein sollen, sondern im Rahmen des vom Arbeitgeber zu findenden Interessen-

---

246 *Höhne / Heubeck*, Anpassung, 2. Aufl., S. 50; *Höhne*, in Heubeck / Höhne / Paulsdorff / Rau / Weinert, 1. u. 2. Aufl., § 16, Rn. 105, wobei er sich in der 2. Aufl. allerdings zu Unrecht auf *Lieb / Westhoff*, DB 1976, S. 1958 f., oder *Doetsch*, Arbeitgeber 1976, S. 359, beruft; *Glatzel / Meyer / Wein*, § 16, Anm. 8; *Schaub*, NJW 1978, S. 2076 ff., 2079, RdA 1980, S. 155 ff., 159 und Arbeitsrechts-Handbuch, 4. Aufl., S. 406; in etwa auch *Fenge*, DB 1975, S. 50, oder unter Bezugnahme auf die BAG-Entscheidungen vom 17. 1. 1980 *Blomeyer*, SAE 1982, S. 15; a. A. ausdrücklich *Schwerdtner*, ZfA 1978, S. 533, 568, 570 f.; *Doetsch*, Arbeitgeber 1978, S. 46; *Schulin*, ZFA 1979, S. 139 ff., 164; auch *Richardi*, DB 1976, S. 1718 ff., 1722 f. und DB 1977, S. 207 ff., 211, der z. B. die Gesamtrentenentwicklung als einen Gesichtspunkt „neben anderen“ unter den Belangen des Versorgungsempfängers erwähnt; vgl. auch neuerdings *Richardi*, in: Festschrift für M. L. Hilger u. H. Stumpf, S. 601 ff., 612; im Ergebnis für die Gleichsetzung auch BAG v. 15. 9. 1977, 3 AZR 654/76, AP Nr. 5 zu § 16 BetrAVG oder BAG v. 17. 1. 1980, 3 AZR 614/78 und 3 AZR 1107/78 = AP Nr. 7 und 8 zu § 16 BetrAVG.

247 Vgl. *Fenge*, DB 1975, S. 50.

248 Ebd., S. 2371 ff.

ausgleichs unter allen denkbaren und vertretbaren Gesichtspunkten in die Entscheidungsfindung einzubeziehen sind[249]. Der vom Gesetzgeber im Anschluß an die Rechtsprechung vom 30. 3. 1973 beabsichtigte Appell an den Arbeitgeber mit dem Ziel, einer inflationsbedingten Entwertung der Betriebsrenten entgegenzuwirken, spricht ebenfalls zunächst nicht für einen vollen Teuerungsausgleich, so daß es auch durchaus vertretbar erscheint, gerade den Hinweis auf die Belange des Versorgungsempfängers so aufzufassen, daß der Pensionär u. U. auch einen bestimmten Anteil der Teuerung selbst zu tragen hat[250].

Betrachtet man weiter die Gegenüberstellung von Rentner- und Arbeitgeberinteressen (Belange des Versorgungsempfängers und wirtschaftliche Lage des Arbeitgebers) und die erforderliche Abwägung, so dürfte es nicht richtig sein, von vornherein die eine Seite (nämlich die des Versorgungsempfängers) durch die Teuerungsrate festzulegen und nur noch eine Einwirkung durch das Gegeninteresse der anderen Seite zuzulassen. Dies führt dazu, daß die in Wahrheit nicht in vollem Umfang erheblichen Interessen des Pensionärs zunächst zu Unrecht in voller Höhe gewertet werden und nur noch „mühselig“ durch die Arbeitgeberinteressen eingeschränkt werden können, was eine falsche Gewichtung und somit eine unangemessene Entscheidung zur Folge hat[251].

Es ist deshalb zu eng, die Belange des Versorgungsempfängers nur auf die Lebenshaltungskostenänderung zu reduzieren. In weiteren Abschnitten der Arbeit wird im einzelnen dargelegt werden, wie sich die Belange des Versorgungsempfängers weiter konkretisieren lassen. Richtig ist allerdings, daß die z. B. vom Preisindex für die Lebenshaltung angezeigte Geldwertveränderung für den Versorgungsempfänger einen Anpassungsbedarf begründet, womit in jedem Fall die Belange des Versorgungsempfängers angesprochen sind.

---

[249] Im Ergebnis ebenso *Bode / Grabner*, BB 1975, S. 1644 ff., 1645 und DB 1977, S. 1897 ff., 1900 f.; *Lieb / Westhoff*, DB 1976, S. 1958 ff., 1960; *Richardi*, DB 1977, S. 207, 211; *Hetzel*, BB 1977, S. 652 ff.; *Schwerdtner*, ZFA 1978, S. 553 ff., 556; *Doetsch*, in: Betriebl. Altersversorgung im Umbruch, S. 87 ff., 88.

[250] So *Schwerdtner*, ZFA 1978, S. 553 ff., 568.

[251] So zutreffend *Westhoff*, in Anm. AP Nr. 10 zu § 16 BetrAVG, unter II. 3.

IV. Die Ermittlung eines Anpassungsbedarfs

1. Mögliche Methoden

Aus der BAG-Rechtsprechung kurz vor Inkrafttreten des BetrAVG und aus der gesamten Diskussion über die Anpassungsproblematik ergibt sich eindeutig, daß die „Verteuerung" oder überhaupt die Geldwertveränderung im weitesten Sinn Anlaß dafür ist, ein Interesse des Pensionärs an einer Anpassung anzunehmen und eine Anpassung ins Auge zu fassen[252]. Die Veränderung des Geldwerts läßt sich aber anhand verschiedener Erscheinungsformen ablesen.

So hat das BAG in den Entscheidungen vom 30. 3. 1973[253] gleich am Anfang seiner Begründung[254] die „Entwicklung" aufgezeigt, angesichts derer die für den Pensionär „zumutbare Stillhaltegrenze überschritten" ist, und zwar sind ausdrücklich erwähnt die Veränderung des Preisindex für die Lebenshaltung, die Entwicklung der durchschnittlichen Jahresarbeitsentgelte der Versicherten der Rentenversicherung der Arbeiter und Angestellten (Sozialrentenentwicklung) und die Entwicklung der tariflichen Angestelltengehälter (Lohn- und Gehaltsentwicklung). Diese drei „Maßstäbe" bilden denn auch den Mittelpunkt der Diskussion in der Frage, wie denn nun richtigerweise der Anpassungsbedarf nach § 16 ermittelt werden soll.

Bezüglich der verschiedenen Preisindices für die Lebenshaltung muß allerdings darauf verwiesen werden, daß eine Veränderung der jeweils vom Statistischen Bundesamt errechneten und bekanntgegebenen Werte nicht ohne weiteres gleichzusetzen ist mit Geldwertveränderung schlechthin[255]. Vielmehr erfaßt ein Preisindex die Veränderungen von Verbraucherpreisen anhand eines in bestimmter Weise zusammengestellten „Warenkorbes".

---

[252] Vgl. bereits oben II. 3. a) und II. 6. b).

[253] BAG vom 30. 3. 1973, 3 AZR 26/72 und 34/72, AP Nr. 4 und 5 zu § 242 BGB Ruhegehalt-Geldentwertung.

[254] Vgl. B. I. 3 a—d der Gründe der Entscheidung 3 AZR 26/72.

[255] Vgl. *Kunz*, BetrAV 1975, S. 71 ff., 73, 75; das BAG setzt aber Geldwertveränderung und Preisindexveränderung mehr oder weniger gleich, vgl. z. B. unter B. I. 3 der Gründe in der Entscheidung 3 AZR 26/72 vom 30. 3. 1973, AP Nr. 4 zu § 242 BGB Ruhegehalt-Geldentwertung; vgl. im einzelnen unter IV. 3.

Diskutiert wurde jedoch auch, die Preisveränderung bestimmter Realgüter — z. B. Goldpreise oder Mietpreise — als Maßstab zu verwenden[256]. Man wird aber annehmen müssen, daß ein Abstellen hierauf in der Regel zu keinem angemessenen Ergebnis führen würde, da im Gegensatz zum Preisindex die „Ausgleichswirkung der im Warenkorb enthaltenen Warenvielfalt" fehlt[257] und deshalb bereits die Auswahl eines Gutes problematisch wäre, es sei denn, aus der konkreten Versorgungszusage oder den konkreten Verhältnissen des betroffenen Pensionärs würden sich Anhaltspunkte für eine bestimmte Auswahl ergeben.

Es wird deshalb zunächst zu untersuchen sein, ob und inwieweit allein die Geldwertveränderung bzw. Teuerung (angezeigt insbesondere durch den Preisindex für die Lebenshaltung) maßgebend ist oder ob auf die Sozialrentenentwicklung oder gar die Lohn- und Gehaltsentwicklung abzustellen ist.

2. Teuerungsausgleich oder Teilhabe am Produktivitätsfortschritt?

Alle drei genannten Maßstäbe haben natürlich etwas mit Geldwertveränderung/„Inflation"/Verteuerung zu tun[258]. Während aber die Teuerung bei der Ermittlung von Preisänderungen eindeutig im Vordergrund steht[259], muß sich das Ausmaß der Steigerung der Brutto- und Nettolöhne wie auch der Sozialversicherungsrenten keineswegs auf einen Inflationsausgleich beschränken. In der Vergangenheit sind größtenteils die Löhne und diesen in zeitlicher Verzögerung folgend auch die gesetzlichen Renten wesentlich stärker angestiegen als der Preisindex für die Lebenshaltung[260]. Die Lohn- und Sozialrentenverbesserungen beinhalten für die Empfänger somit auch eine Teilhabe am allgemeinen Produktivitätsfortschritt[261]. Die Frage ist also, ob mit einer Anpassung im Sinne von § 16 BetrAVG ein Ausgleich der Teuerung

---

256 Vgl. *Höfer*, Kommentar, 1. Aufl., Rn. 44.

257 So richtig *Höfer*, Kommentar, 1. Aufl., Rn. 44.

258 Vgl. auch *Lieb / Westhoff*, DB 1976, S. 1958 ff., 1966; *Bode / Grabner*, BB 1976, S. 1324 ff., 1325.

259 Vgl. im einzelnen unten IV. 3. sowie *Kunz*, BetrAV 1975, S. 71 ff.

260 Vgl. z. B. *Bode / Grabner*, BB 1975, S. 1644 ff. oder die Tabellen bei *Höhne*, in Heubeck / Höhne / Paulsdorff / Rau / Weinert, 1. u. 2. Aufl., Rn. 52 ff., und bei *Höfer / Abt*, 2. Aufl., § 16, S. 869 und 872.

261 So zuletzt BAG v. 11. 8. 1981, 3 AZR 395/80, AP Nr. 11 § 16 BetrAVG, III. 1 der Gründe; vorher u. a. *Thomas*, BetrAV 1974, S. 34 ff., 37; *Höfer*, Kommentar, 1. Aufl., § 16, Rn. 39; *Bettermann*, RdA 1975, S. 2 ff., 8; *Höfer / Abt*, 2. Aufl., § 16, Rn. 62 ff.; *Richardi*, DB 1976, S. 1718 ff., 1720; *Sonne*, S. 289 unter Bezugnahme auf *Heißmann*, BB 1960, S. 337 ff.; *Schwerdtner*, ZFA 1978, S. 553 ff., 584; *Blomeyer*, BetrAV 1979, S. 78 ff., 84; vgl. auch *Laschke*, BB 1979, S. 379.

bzw. des Kaufkraftverlustes infolge der Teuerung[262] erreicht werden soll, oder ob § 16 auch eine Teilhabe am Produktivitätsfortschritt bezweckt.

Bereits die Entstehungsgeschichte des § 16 deutet darauf hin, daß dem Gesetzgeber lediglich an einem Teuerungsausgleich gelegen war. Die vorgesetzliche Rechtsprechung hatte — wenn auch ohne nähere Begründung — betont, daß die Pensionäre nicht verlangen könnten, daß ihre Bezüge im selben Umfang wie die Arbeitseinkommen der Aktiven oder wie die Renten der gesetzlichen Rentenversicherung gesteigert werden[263]. In der Begründung zu der eng an diese Rechtsprechung anknüpfenden Fassung des § 6 k (Bundestagsausschuß für Arbeit und Sozialordnung) wurde als Maßstab für das billige Ermessen insbesondere auf die Veränderung der Lebenshaltungskosten hingewiesen[264]. Es ist demnach anzunehmen, daß der Gesetzgeber in diesem Punkt die BAG-Rechtsprechung vom 30. 3. 1973 übernehmen wollte. Daß die endgültige Fassung des § 16 anders als § 6 k lautete, steht dieser Annahme nicht entgegen, da auch das entscheidende Anliegen in den letzten Beratungen[265] — nämlich die Sorge um die weitere Ausbreitung der betrieblichen Altersversorgung[266] — sich nicht ersichtlich auf die Lohn- oder Sozialrentenentwicklung bezog[267]. Angesichts der vorgenannten Materialien muß man wohl davon ausgehen, daß der Gesetzgeber — hätte er wirklich auf eine „Teilhabe am Produktivitätsfortschritt“ Wert gelegt — dies unmißverständlich im Gesetz zum Ausdruck hätte bringen müssen[268].

Unter Berücksichtigung der vorgesetzlichen Rechtsprechung sprechen jedoch auch Sinn und Zweck des § 16 für ein Anknüpfen an den Teuerungsausgleich. Eine Ruhegeldzusage bezweckt in aller Regel, dem Versorgungsempfänger zumindest ergänzend zu anderen Versorgungsbezügen den Lebensunterhalt nach seinem Ausscheiden zu sichern; die Pension erfüllt also Unterhaltsfunktion[269] oder: betriebliche Versorgungsleistungen sollen ganz oder zum Teil einen festgesetzten Versorgungsbedarf befriedigen[270]. Ein solcher Versorgungsbedarf kann aber

---

[262] So BAG vom 16. 12. 1976, 3 AZR 795/75, AP Nr. 4 zu § 16 BetrAVG = BB 1977, S. 96 ff. = DB 1977, S. 115 ff. unter VI. 1 der Gründe.

[263] BAG vom 30. 3. 1973, 3 AZR 26/72; AP Nr. 4 zu § 242 BG Ruhegehalt-Geldentwertung, unter B. V. 3 der Gründe.

[264] Bundestagsdrucksache 7/2843 v. 22. 11. 1974, S. 12.

[265] Vgl. *Fenge*, DB 1975, S. 2371 ff.

[266] Vgl. auch oben II. 6. c).

[267] So im Ergebnis auch *Höhne*, in Heubeck / Höhne / Paulsdorff / Rau / Weinert, 2. Aufl., § 16, Rn. 100.

[268] So auch *Höfer / Abt*, 2. Aufl., § 16, Rn. 64.

[269] So BAG vom 30. 3. 1973, 3 AZR 26/72, AP Nr. 4 zu § 242 BGB Ruhegehalt-Geldentwertung unter B. I. 1 a und B. II. 5 a der Gründe.

[270] *Höfer*, Kommentar, 1. Aufl., § 16, Rn. 34 und 37.

sinnvollerweise nur an Gütern bzw. den Preisen dieser Güter innerhalb eines Warenkorbs und nicht an der Einkommensentwicklung anderer Personen gemessen werden[271].

Der Gegenmeinung von *Schulin*[272], die auf den „Lohncharakter" der betrieblichen Altersversorgung hinweist und demzufolge auf die Lohnentwicklung abstellen will, ist nicht beizupflichten. Zwar hat auch das BAG — gerade in den neueren Entscheidungen[273] — den „Entgeltcharakter" des Ruhegeldes ausdrücklich in den Vordergrund gestellt[274], doch daraus nicht etwa eine lohnorientierte Anpassung abgeleitet.

Das BAG bezieht sich vorwiegend auf den Entgeltcharakter, um eine Berücksichtigung der Höhe der Sozialversicherungsrente bei der Frage nach der Anpassung der Betriebsrente auszuschließen[275], nicht aber, um daraus Rückschlüsse auf den „Prüfungsmaßstab"[276] bzw. die Methode der Bedarfsermittlung zu ziehen. Vielmehr geht das BAG zumindest stillschweigend davon aus, daß nach wie vor der Preisindex für die Lebenshaltung ein sachgerechter Maßstab ist.

Wollte man in diesem Zusammenhang tatsächlich Charakterisierungen als Entgelt und Versorgung heranziehen, so wäre bei der Frage des Maßstabes wohl eher auf den Versorgungscharakter abzustellen, da der Gedanke der Anpassung nur auf die Zweckbestimmung der Betriebsrente als Beitrag zum Unterhalt bzw. der Versorgung des Pensionärs zurückzuführen ist[277], der Versorgungsgedanke folglich auch bei der Bestimmung des Anpassungsbedarfs und des Maßstabes zur Ermittlung des Bedarfs von Bedeutung sein muß. Die Versorgung und der Bedarf an Versorgung knüpfen aber — wie bereits dargelegt — in sinnvoller Weise eher an den Wert von Verbrauchsgütern als an die Bewertung fremder Bezüge an. Die richtige Lösung ergibt sich somit aus dem Zweck der Anpassung von Versorgungsbezügen und — wie oben ausgeführt — der Entstehungsgeschichte des Gesetzes.

Mit einer Anpassung der laufenden Leistungen der betrieblichen Altersversorgung soll der Versorgungsempfänger also vorwiegend vor dem Kaufkraftverlust infolge der Preisentwicklung bewahrt werden, während eine Anbindung an die Lohn- und Gehaltsentwicklung oder

[271] Ebd., Rn. 34.

[272] *Schulin*, ZFA 1979, S. 139 ff., 163 ff.

[273] Z. B. BAG vom 17. 1. 1980, 3 AZR 614/78, AP Nr. 7 zu § 16 BetrAVG, unter A. I. 2 b der Gründe.

[274] Vgl. *Höfer / Abt*, 2. Aufl., ArbGr., Rn. 42; im einzelnen unten VI. 3. e).

[275] Vgl. auch *Blomeyer*, SAE 1982, S. 14.

[276] Vgl. *Höfer*, Kommentar, 1. Aufl., § 16, Rn. 33 ff.

[277] Vgl. nochmals BAG vom 30. 3. 1973, 3 AZR 26/72, unter B. I. 1 a der Gründe; der Entgeltcharakter führt an sich nur zum Rechtsanspruch auf die nominelle Leistung, vgl. unten VI. 3. e).

die Entwicklung der Renten der gesetzlichen Rentenversicherung nicht gewollt war[278]. Nur ausnahmsweise kann die Nettoeinkommensentwicklung, d. h. die Entwicklung der Nettobezüge vergleichbarer aktiver Arbeitnehmer, dann von Bedeutung sein, wenn sie hinter der Preisentwicklung zurückbleibt[279]. Dieser Ausnahmefall wird an anderer Stelle der Arbeit behandelt[280].

3. Der Preisindex für die Lebenshaltung

a) Allgemeines zur Preis- und Geldwertveränderung

Nach Meinung des BAG[281] spiegelt sich die Verteuerung in den Veränderungen des Preisindex für Lebenshaltung wider, wobei das Statistische Bundesamt je nach Verbrauchergruppen verschiedene Preisindices berechnet[282]. Der Genauigkeit halber muß allerdings darauf hingewiesen werden, daß der jeweils anzuwendende Index nicht schlechthin alle Preis- und Geldwertveränderungen erfassen kann, also keinen „allgemeinen Preis- und Geldwertbarometer" darstellt[283].

Einmal ist zu beachten, daß Verbraucherpreise nur ein Teil aller in der Volkswirtschaft gezahlten Preise sind. Zum anderen muß zwischen Preisänderungen und Veränderungen des allgemeinen Geldwertes nicht immer ein unmittelbarer Zusammenhang bestehen, z. B. im Falle einer durch Preisstopp „gestauten Inflation"[284]. Weiterhin ist es möglich, daß sich im Preisindex Faktoren niederschlagen, die nicht zu einer *inflationsbedingten* Geldwertminderung führen, z. B. die Erhöhung von Marktordnungspreisen in der Landwirtschaft oder außenwirtschaftliche Faktoren[285].

---

278 So BAG vom 16. 12. 1976, 3 AZR 795/75, AP Nr. 4 zu § 16 BetrAVG, unter VI. 1 der Gründe, ebenso *Fenge*, DB 1975, S. 50 ff., 57 f.; *Höhne / Heubeck*, Anpassung, S. 54; *Glatzel / Meyer / Wein*, § 16, Anm. 8; *Höfer*, Kommentar, 1. Aufl., § 16, Rn. 8; *Höfer*, Leitfaden, DB-Beilage 1/77, S. 4; *Höfer / Abt*, 2. Aufl., § 16, Rn. 62; *Richardi*, DB 1976, S. 1718 ff., 1720; *Thomas*, Arbeitsrecht der Gegenwart, Band 13 (1976), S. 53 ff., 69; *Höhne*, in Heubeck / Höhne / Paulsdorff / Rau / Weinert, 1. Aufl., § 16, Rn. 11, u. 2. Aufl., § 16, Rn. 100; *Hilger*, in: Soziale Sicherheit in den 80er Jahren, S. 60 ff., 73; *Blum*, ZfS 1977, S. 152 ff., 158.

279 Vgl. dazu *Höfer / Abt*, 2. Aufl., § 16, Rn. 64, 70 a ff.; *Höhne*, in Heubeck / Höhne / Paulsdorff / Rau / Weinert, 2. Aufl., § 16, Rn. 154 ff.

280 Vgl. unten VII. 4.

281 BAG vom 16. 12. 1976, 3 AZR 795/75, AP Nr. 4 zu § 16 BetrAVG, unter VI. 1 der Gründe.

282 Vgl. im einzelnen unten b).

283 So *Kunz*, BetrAV 1975, S. 71 ff., 74.

284 Vgl. ebd., S. 73 f. unter Bezugnahme auf das Gutachten der Deutschen Bundesbank, v. 21. 7. 1965, veröffentlicht in: Monatsberichte der Deutschen Bundesbank, März 1968, S. 3 ff.

Die Frage, ob man wegen solcher Sonderfaktoren einen Preisindex nicht mehr für die Ermittlung des Anpassungsbedarfs verwenden kann oder ob im Einzelfall ein bestimmter Zeitraum auf solche Sonderfaktoren hin zu überprüfen ist, ist jedoch grundsätzlich zu verneinen. Wenn es auch richtig ist, daß Statistik und Preisindex Fehlerquellen oder nicht inflationsbedingte Faktoren enthalten, so muß dies doch in Kauf genommen werden, da dem Arbeitgeber normalerweise keine anderen Zahlen zur Verfügung stehen[286]. Dem Arbeitgeber ist es jedenfalls nicht zuzumuten, etwa ein gesondertes Gutachten der Deutschen Bundesbank einzuholen. Im übrigen kann es auf die Ursachen von Preisveränderungen im einzelnen auch grundsätzlich deswegen nicht ankommen, weil bei erhöhten Preisen die Kaufkraft unabhängig von der Ursache betroffen ist[287], der Pensionär also im Regelfall[288] mit dem gleichen Geldbetrag nur noch einen geringeren Versorgungsbedarf befriedigen kann[289].

Es wird deshalb im allgemeinen billigem Ermessen entsprechen, den Anpassungsbedarf anhand eines vom Statistischen Bundesamt bekanntgegebenen Preisindex für die Lebenshaltung zu ermitteln. Lediglich in krassen Ausnahmefällen — etwa Preisstopp[290] über einen längeren Zeitraum hinweg — erscheint ein Abweichen und die evtl. Pflicht zur Heranziehung eines anderen Maßstabes denkbar.

b) Auswahl des richtigen Index

Da das Statistische Bundesamt verschiedene Indices errechnet und fortschreibt, stellt sich die Frage nach dem richtigen Preisindex, dessen Anwendung billigem Ermessen entspricht.

Vom Statistischen Bundesamt werden geführt:

— Preisindex für die Lebenshaltung aller privaten Haushalte,

— Preisindex für 4-Personen-Arbeitnehmer-Haushalte mit mittlerem Einkommen,

— Preisindex für 4-Personen-Haushalte von Angestellten und Beamten mit höherem Einkommen,

---

[285] Vgl. auch Arbeitsring/Leitlinien ,RdA 1977, S. 35 ff., 36 = BetrAV 1976, S. 190 ff., 192.

[286] So auch schon BAG v. 30. 3. 1973, 3 AZR 26/72, AP Nr. 4 zu § 242 BGB Ruhegehalt-Geldentwertung, unter B. I. 3 a der Gründe.

[287] So *Blomeyer*, in: AR-Blattei, (D) Entsch. 6, unter IV.

[288] Vgl. allerdings unten c).

[289] Vgl. BAG vom 16. 12. 1976, 3 AZR 795/75, AP Nr. 4 zu § 16 BetrAVG, unter VI. 2 b der Gründe.

[290] Vgl. *Kunz*, BetrAV 1975, S. 71 ff., 73.

Preisindex für 2-Personen-Haushalte von Renten- und Sozialhilfeempfängern.

Das BAG hat bereits in den Entscheidungen vom 30. 3. 1973[291] ebenso wie der BGH in der Entscheidung vom 28. 5. 1973[292] auf den „Preisindex für die Lebenshaltung von 4-Personen-Arbeitnehmer-Haushalten mit mittlerem Einkommen" abgestellt. Nach Inkrafttreten des Gesetzes hat dann das BAG in der Grundsatzentscheidung vom 16. 12. 1976[293] ausdrücklich klargestellt, daß an diesem Index festzuhalten sei. Auch in den nachfolgenden Anpassungsentscheidungen ist der genannte Index entweder ausdrücklich oder stillschweigend zugrunde gelegt worden[294].

Für die Auswahl des Preisindex für 4-Personen-Arbeitnehmer-Haushalte mit mittlerem Einkommen spricht, daß Personenkreis, Einkommensverhältnisse („mittleres Einkommen") und Verbraucherverhalten wohl in vielen Fällen den tatsächlichen Verhältnissen bei Empfängern betrieblicher Ruhegelder entsprechen[295]. Demgegenüber dürften die beim Index für Renten- und Sozialhilfeempfänger[296] einbezogenen Umstände in vielen Fällen nicht voll übertragbar sein, und zwar wohl insbesondere im Hinblick auf die vom Index miterfaßten Sozialhilfeempfänger mit einem höheren prozentualen Anteil der Ausgaben für die reine Lebenshaltung[297].

Die Bedeutung dieses Problems sollte aber nicht überschätzt werden[298], da ein Vergleich der langjährigen Entwicklung der verschiedenen Indices zeigt, daß keine wesentlichen Unterschiede bestehen[299]. So

---

[291] BAG vom 30. 3. 1973, 3 AZR 26/72 und 3 AZR 34/72, AP Nr. 4 und 5 zu § 242 BGB Ruhegehalt-Geldentwertung.

[292] BGH v. 28. 5. 1973, II ZR 58/71, AP Nr. 6 zu § 242 BGB Ruhegehalt-Geldentwertung.

[293] BAG vom 16. 12. 1976, 3 AZR 795/75, AP Nr. 4 zu § 16 BetrAVG, unter VI. 1 der Gründe; zustimmend *Richardi*, Anm. AP Nr. 3 u. 4 zu § 16 BetrAVG, unter IV 1.

[294] So u. a. BAG vom 15. 9. 1977, 3 AZR 654/76, AP Nr. 5 zu § 16 BetrAVG, unter B. II. 1 der Gründe und BGH vom 5. 10. 1978, II ZR 53/77, AP Nr. 6 zu § 16 BetrAVG, unter 4 der Gründe.

[295] So auch BAG v. 16. 12. 1976 (vgl. FN 293); für diesen Index auch u. a. *Fenge*, DB 1975, S. 50 ff., 58; *Kemper*, in: Neuregelung der betrieblichen Altersversorgung, S. 23 ff., 25; *Kiefer / Giloy*, § 16, Rn. 3; *Glatzel / Meyer / Wein*, § 16, Anm. 8.

[296] Für die Anwendung dieses Index plädieren insbes. *Förster / Rößler / Fürer*, Anm. AP Nr. 5 zu § 242 BGB Ruhegehalt-Geldentwertung, unter 5; *Förster*, Perspektiven, S. 65 ff., 70; *Ahrend / Förster / Rößler*, DB 1976, S. 338 ff., 340; *Kunz*, BetrAV 1975, S. 71 ff.; *Höfer / Kemper*, DB 1974, S. 1573 ff., 1575; *Höfer*, Kommentar, 1. Aufl., § 16, Rn. 38; insoweit zustimmend auch *Richardi*, in Anm. AP Nr. 3 und 4 zu § 16 BetrAVG, unter IV. 1; *Sonne*, S. 294 ff.

[297] So wohl zu Recht *Höhne*, in Heubeck / Höhne / Paulsdorff / Rau / Weinert, 1. u. 2. Aufl., § 16, Rn. 32; a. A. *Sonne*, S. 295.

[298] So auch *Kunz*, BetrAV 1975, S. 71 ff., 72.

hat sich z. B. zwischen 1962 und 1970 der Index für Renten- und Sozialhilfeempfänger geringfügig stärker erhöht als der Index für 4-Personen-Arbeitnehmer-Haushalte mit mittlerem Einkommen, nämlich von 80,5 Punkten auf 102 (Basis 1970 = 100)[300] gegenüber 82,8 auf 100,0 Punkte[301], was dadurch bedingt war, daß in dieser Zeit die Freigabe der Altbaumieten fiel und Rentner und Sozialhilfempfänger häufiger als andere Gruppen in Altbauwohnungen leben[302]. Seit 1970 steigen dagegen die beiden Indices fast genau im gleichen Verhältnis[303].

Wenn deshalb dennoch — und zwar einheitlich — auf nur einen Preisindex abgestellt werden soll, so rechtfertigt sich dies einmal aus dem Gesichtspunkt der Rechtsklarheit[304], zum anderen aus Gründen der Vereinfachung zugunsten des prüfungspflichtigen Arbeitgebers.

Gerade wenn ein Arbeitgeber die laufenden Leistungen zahlreicher Versorgungsempfänger zu überprüfen hat, so hat er ein Interesse daran, bei der Feststellung des Anpassungsbedarfs einen einheitlichen Maßstab verwenden zu können — genau wie er ein Interesse an einem einheitlichen Prüfungszeitpunkt hat[305]. Der Arbeitgeber sollte also nicht von vornherein gezwungen sein, bei jedem Versorgungsempfänger im Hinblick auf dessen persönliche Verhältnisse (Einkommen, Verbrauchergewohnheiten) unterschiedliche Preisindices heranzuziehen. Vielmehr wird man in Übereinstimmung mit dem BAG davon ausgehen dürfen, daß die einheitliche Verwendung des Preisindex für die Lebenshaltung von 4-Personen-Arbeitnehmer-Haushalten mit mittlerem Einkommen bei der Überprüfung des Anpassungsbedarfs — allerdings auch nur hier — billigem Ermessen entspricht[306], daß also insoweit auch grundsätzlich die Anforderungen einer „umfassenden Prüfung"[307] gewahrt sind. Zur Klarstellung: Dies bedeutet nicht, daß damit alle denkbaren Belange des Versorgungsempfängers erschöpfend gewürdigt sind, sondern nur, daß damit das den Anpassungsbedarf anzeigende Ausmaß der Teuerung geklärt ist.

---

[299] So auch BAG vom 16. 12. 1976, 3 AZR 795/75, VI. 1 der Gründe; ähnlich *Thomas*, BetrAV 1974, S. 34, 35.

[300] Zur „Umbasierung" auf 1976 = 100 vgl. *Höfer / Kemper*, DB 1980, S. 541 ff., 542; *Höfer / Abt*, 2. Aufl., § 16, Rn. 72; *Höhne*, in Heubeck / Höhne / Paulsdorff / Rau / Weinert, 2. Aufl., § 16, Rn. 34.

[301] Vgl. Tabelle bei *Höfer / Abt*, 2. Aufl., S. 869.

[302] Vgl. *Kunz*, BetrAV 1975, S. 71 ff., 72.

[303] Abweichung 1970 bis 1980 nur 0,2 Punkte, vgl. Tabelle bei *Höfer / Abt*, S. 869.

[304] So *Höfer / Abt*, 2. Aufl., § 16, Rn. 61.

[305] Vgl. oben II. 4. e).

[306] Ähnlich *Medicus*, in Anm. AP Nr. 4 zu § 242 BGB Ruhegehalt-Geldentwertung, unter 5 a.

[307] Vgl. oben II. 4. b).

Fehlt dagegen das genannte Interesse des Arbeitgebers an einer einheitlichen Prüfung, so ist kein Grund ersichtlich, im Einzelfall einen vom Arbeitgeber gewählten anderen Maßstab für unbillig zu halten, wenn dieser die Besonderheiten des Einzelfalles angemessen berücksichtigt hat[308]. Hat beispielsweise ein Arbeitgeber nur die Pension eines leitenden Angestellten mit hohen Bezügen zu überprüfen und liegen in diesem konkreten Fall vergleichbare Umstände wie beim Preisindex für 4-Personen-Haushalte von Angestellten und Beamten mit höherem Einkommen vor, so muß auch die Verwendung dieses Index zulässig sein.

c) Berücksichtigung besonderer Verbrauchsgewohnheiten

In diesem Zusamenhang stellt sich auch die Frage, ob im Einzelfall eine Verpflichtung des Arbeitgebers angenommen werden kann, besondere Verbrauchsgewohnheiten oder -umstände der Versorgungsempfänger zu berücksichtigen. Der jeweilige Preisindex gibt ja immer nur einen Durchschnittswert[309] wieder, während der tatsächliche Verbrauch des einzelnen höchst unterschiedlich aussehen kann.

Grundsätzlich wird man vom Arbeitgeber aus den oben bereits dargelegten Gründen (einheitlicher Maßstab) nicht verlangen können, derartig zu differenzieren. In krassen Fällen sind jedoch u. U. Ausnahmen denkbar. So hat *Kunz*[310] auf das Beispiel von Betriebspensionären hingewiesen, die nicht in der gesetzlichen Krankenversicherung versichert sind. Die starke Verteuerung im Gesundheitswesen kommt im Preisindex nur in sehr geringem Umfang zum Ausdruck. Bei unverhältnismäßig starken Erhöhungen z. B. der Aufwendungen für Krankenversicherungsbeiträge[311] könnte es zu unbilligen Ergebnissen führen, wenn derartige Besonderheiten des Einzelfalles nicht berücksichtigt würden.

Man wird jedoch im Ergebnis sagen müssen, daß das genannte Beispiel zunächst nicht unbedingt etwas mit der Feststellung jedenfalls des inflationsbedingten Anpassungsbedarfs zu tun hat. Dieser ist grundsätzlich anhand des Preisindex für die Lebenshaltung zu ermitteln. Sonstige Besonderheiten des Einzelfalles — etwa übermäßige Aufwendungen für die Krankenversicherung oder u. U. erhebliche wirtschaftliche Besonderheiten[312] — können bei der weiteren Überprüfung der Belange des Versorgungsempfängers und bei der Entscheidung nach billigem Ermessen eine Rolle spielen[313].

---

308 So wohl auch *Sonne*, S. 296.

309 Im einzelnen *Kunz*, BetrAV 1975, S. 71 ff.

310 Ebd., S. 72.

311 Beispiel bei *Kunz* (FN 309): Erhöhung seit Mitte der 50er Jahre von ca 30 DM auf ca. 500—600 DM.

312 Vgl. oben III. 3.

4. Nur teilweiser Ausgleich der Teuerung?

In Literatur und Rechtsprechung ist in verschiedener Hinsicht diskutiert worden, ob bei der Anpassungsprüfung grundsätzlich das anhand des Preisindex festgestellte Teuerungsausmaß zugrunde zu legen ist, oder ob nicht gewisse „Abschläge“ vorgenommen werden können, die von vornherein zu einem nur teilweisen Ausgleich der Teuerung führen.

a) „Normale Geldentwertung“

In der Literatur in Erwägung gezogen[314] und von BAG und BGH abgelehnt[315] wurde der Gedanke, den Kaufkraftverlust insoweit zu „bereinigen“, als die im Preisindex inbegriffene mögliche Fehlerquelle von 1 — 2 % von vornherein als „Abschlag“ vom Versorgungsempfänger hinzunehmen sei.

Der höchstrichterlichen Rechtsprechung ist im Ergebnis insoweit zuzustimmen, als die Möglichkeit der Fehlerquelle an sich noch keine Begründung dafür sein kann, gerade dem Pensionär ein Nachgeben zuzumuten. Die Teuerungsrate muß irgendwie berechnet werden und bei keiner Berechnungsmethode sind Ungenauigkeiten und Fehlerquellen völlig auszuschließen. Der im Ergebnis vorhandene Fehler kann sich für Arbeitgeber und Versorgungsempfänger positiv oder negativ auswirken, wobei u. U. gar nicht festzustellen sein wird, wer von beiden wie betroffen ist. Es ist deshalb nicht sachgerecht, einseitig dem Versorgungsempfänger die Möglichkeit der Fehlberechnung anzulasten[316].

Abzulehnen ist auch die Argumentation, eine „als normal zu bezeichnende Geldentwertung“ sei voraussehbar und müsse deshalb „nach dem Grundsatz der Vertragstreue“ hingenommen werden[317]. *Blomeyer*[318] hat zu Recht darauf hingewiesen, daß auch eine höhere Teuerungsrate als 1 % oder 2 % voraussehbar ist und daß, wer so argumentiert, das

[313] Vgl. auch oben II. 4. b) und c).

[314] *Höfer / Kemper*, DB 1973, S. 1347 ff., 1351 = BetrAV 1974, S. 48 ff., 51; *Höfer*, Kommentar, 1. Aufl., Rn. 49; *Bode / Grabner*, BB 1975, S. 1644 ff., 1645; Arbeitsring/Leitlinien, RdA 1977, S. 35 ff., 36; ablehnend *Höhne / Heubeck*, Anpassung, S. 69.

[315] BAG v. 16. 12. 1976, 3 AZR 795/75, unter VI. 2 a der Gründe; BGH v. 4. 11. 1976, II ZR 148/75, unter 3 a, b der Gründe; zustimmend *Blomeyer*, in: AR-Blattei, (D) Entscheidung 6 unter IV; *Schoden*, Die betriebl. Altersversorgung, Rn. 236; *Schaub*, RdA 1980, S. 155, 159; *Konzen*, SAE 1977, S. 197, 199 (unter III. 3 a); *Höhne*, BB 1977, S. 508 ff., 509.

[316] So im Ergebnis auch *Höfer / Abt*, 2. Aufl., § 16, Rn. 67.

[317] So ArbGer. Hannover, Urteil vom 15. 1. 1974, 4 Ca 371/73, DB 1974, S. 1116, 1117.

[318] *Blomeyer*, in: AR-Blattei, (D) Entscheidung 6 unter IV. 3.

Faktum zur Norm erhebt. Abschläge mit der Begründung „normale Geldentwertung" sind also grundsätzlich vom Pensionär nicht hinzunehmen[319].

b) „Opfergrenze"

Weiter ist aber — und dies in konkreter Anlehnung an die vorgesetzliche BAG-Rechtsprechung vom 30. 3. 1973 — diskutiert worden, ob dem Versorgungsempfänger nicht überhaupt eine Stillhalte- oder Opfergrenze zugemutet werden kann, und zwar in dem Sinn, daß eine Anpassung der Betriebsrente erst dann in Betracht kommt, wenn ein bestimmtes Teuerungsausmaß überschritten ist.

Das BAG hat die Zulässigkeit einer solchen Opfergrenze verneint[320]. Im einzelnen wird dieser Problemkreis jedoch wegen der m. E. erheblichen Bedeutung für die Auslegung des § 16 in einem gesonderten Abschnitt der Arbeit[321] behandelt.

c) Das „Hälftelungsprinzip" des BAG

In der Entscheidung vom 15. 9. 1977[322] hat das BAG für sog. „Altrenten" entschieden, daß der hälftige Teuerungsausgleich „regelmäßig" billigem Ermessen entspricht. In einer Entscheidung vom 17. 1. 1980[323] hat das BAG dies aber entgegen manchen Erwartungen[324] dahin eingeschränkt, daß das „Hälftelungsprinzip" nur für die erste Prüfung (zum 1. 1. 1975) gelten soll und für Folgeprüfungen der halbe Teuerungsausgleich nicht mehr generell billigem Ermessen entspricht. Die Frage ist also, ob § 16 auch so ausgelegt werden kann, daß die Halbierung des eigentlich angefallenen Anpassungsbedarfs in der Regel ausreicht.

Die rechtliche Begründung des BAG für die Zulassung des halben Ausgleichs ist freilich wenig überzeugend. So ist beim Hinweis des BAG etwa auf § 920 Abs. 1 BGB oder § 736 Abs. 1 Satz 2 HGB[325] nicht recht ersichtlich, was Grundstücksgrenzstreitigkeiten oder der Schiffsverkehr mit der Betriebsrentenanpassung zu tun haben sollen. Viel besser läßt sich wohl damit argumentieren, daß der Wortlaut des § 16

---

[319] Im Ergebnis ebenso *Konzen*, SAE 1977, S. 197 ff., 199; *Schaub*, RdA 1980 S. 155 ff., 159.

[320] BAG v. 16. 12. 1976, 3 AZR 795/75, AP Nr. 4 zu § 16 BetrAVG.

[321] Vgl. unten V.

[322] BAG v. 15. 9. 1977, 3 AZR 654/76, AP Nr. 5 zu § 16 BetrAVG, Leitsatz 3.

[323] BAG v. 17. 1. 1980, 3 AZR 614/78, AP Nr. 7 zu § 16 BetrAVG, unter B. der Gründe.

[324] Vgl. *Höfer*, DB 1977, S. 1893 ff., 1897 f.; *Ahrend / Förster / Rößler*, BB-Beilage 3/1978, S. 10, u. BB-Beilage 6/1980, S. 3 f.; *Ahrend / Rühmann*, S. 86 f.; *Konzen*, SAE 1978, S. 222 ff., 225; *Andresen / Gassner*, DB 1980, S. 1340 f., 1349.

[325] Vgl. BAG v. 15. 9. 1977, 3 AZR 654/76, unter C. II. 1 der Gründe.

die Interessen des Arbeitgebers ebenso wahrt wie die des Versorgungsempfängers, ein Vorrang einer dieser Interessen also nicht erkennbar ist und somit ein halber Teuerungsausgleich durchaus im Rahmen des Normzwecks liegen könnte[326].

Das BAG hat am 15. 9. 1977[327] aber vor allem betont, daß in den ersten Jahren nach Inkrafttreten des BetrAVG das Problem der Berücksichtigung der Gesamtversorgung[328] im Schrifttum überwiegend anders gelöst worden war als letztlich von der Rechtsprechung, daß deshalb viele Arbeitgeber noch keine Anpassung vorgenommen hätten und dies unverzüglich tun müßten, daß aber zur Vermeidung aufwendiger Erhebungen und damit weiterer Verzögerungen die pauschale Hälftelung das einfachste sei. Schließlich hat das BAG auch auf die besondere Belastung der Arbeitgeber wegen der erstmalig erforderlichen Anpassung von länger laufenden Altrenten mit hohem Anpassungsbedarf hingewiesen[329]. Vereinfachung im Interesse einer Beschleunigung und eine gewissermaßen überschlägige Anerkennung der Arbeitgeberbelange waren also die Motive des BAG für das „Hälftelungsprinzip", alles Gesichtspunkte, die bei Folgeprüfungen nicht mehr die gleiche Bedeutung haben konnten, wie das BAG denn auch am 17. 1. 1980[330] klargestellt hat.

Aus der Begründung des BAG vom 15. 9. 1977[331] wird aber immerhin deutlich, daß die Berücksichtigung verschiedener Umstände (nämlich beispielsweise das Interesse des Pensionärs an einer beschleunigten Behandlung der Anpasungsprüfung oder das Interesse des Arbeitgebers an einer nicht zu hohen Gesamtbelastung) zu einer Entscheidung führen kann, die weder eine volle Anpassung noch eine Null-Anpassung zum Ergebnis hat. Dabei muß das richtige Ergebnis nicht unbedingt „halbe Anpassung" lauten[332]; insoweit — allerdings auch nur insoweit — ist dem BAG zuzustimmen. Es mag zwar Fälle geben, in denen das Hälftelungsprinzip zu einer in etwa sachgerechten Lösung führt, es kann aber auch sein, daß eine derartige Anpassung als überzogen oder als nicht ausreichend zu bewerten ist[333].

---

326 So *Blomeyer*, SAE 1982, S. 13; ähnlich *Westhoff*, Anm. AP Nr. 10 zu § 16 BetrAVG, unter III. 2 a.

327 BAG v. 15. 9. 1977, 3 AZR 654/76, unter C. I. der Gründe.

328 Vgl. im einzelnen unten VI.

329 Vgl. dazu auch *Höhne*, BB 1980, S. 944 ff., 945 und in Heubeck / Höhne / Paulsdorff / Rau / Weinert, 2. Aufl., Rn. 139; *Höfer / Abt*, 2. Aufl., § 16, Rn. 89; *Werner*, 4. Aufl., S. 124.

330 BAG v. 17. 1. 1980, 3 AZR 614/78, AP Nr. 7 zu § 16 BetrAVG unter B. I. der Gründe.

331 BAG v. 15. 9. 1977, 3 AZR 654/76, unter C. I. der Gründe.

332 Vgl. auch die Entscheidung des BAG v. 25. 9. 1980, 3 AZR 937/79, AP Nr. 10 zu § 16 BetrAVG, Leitsatz 3, und unter III der Entscheidungsgründe, wonach der Arbeitgeber, wenn ihm das im Einzelfall günstiger erscheint, nicht ohne Grund das Hälftelungsprinzip anwenden kann.

Um die richtige Lösung im Einzelfall[334] zu finden, muß dem Arbeitgeber der bereits erwähnte Ermessensspielraum verbleiben[335], d. h. die Beachtung billigen Ermessens erfordert die genaue Erfassung aller entscheidungserheblicher Fakten und eine sachgerechte Abwägung. Die Lösung kann also nicht dahin gehen, daß generell nur der halbe Kaufkraftverlust auszugleichen ist. Der Kaufkraftverlust als solcher ist vielmehr grundsätzlich anhand des Preisindex für die Lebenshaltung zu ermitteln. Ob die Anpassungsentscheidung dann zu einem vollen oder nur anteiligen Ausgleich dieses Verlustes führt, hängt von *allen* nach § 16 relevanten Umständen ab.

5. Der zu berücksichtigende Zeitraum

Steht fest, mit welchem Maßstab die Teuerungsrate zu berechnen ist, so stellt sich die weitere Frage, für welchen Zeitraum sie ermittelt werden soll. Diese Frage läßt sich weiter zunächst danach aufgliedern, auf welchen Zeitpunkt bei erstmaligen Prüfungen zurückzurechnen ist, und danach, welcher Zeitraum bei Folgeprüfungen maßgeblich ist. Daran anschließend stellt sich jedoch auch die weitere Frage, inwieweit im Rahmen einer Prüfung frühere oder zwischenzeitliche Erhöhungen des Ruhegeldes berücksichtigt werden können.

a) Erstprüfung

Bei der ersten Prüfung — und zwar sowohl bei sog. Alt- wie auch Neurenten — käme in Betracht, den maßgeblichen Zeitraum bereits mit Erteilung der Versorgungszusage oder zumindest mit der letzten Absprache über die Versorgungsleistung beginnen zu lassen. Der Zeitpunkt der „letzten Absprache über die Ruhegeldregelung"[336] war für die vorgesetzliche Rechtsprechung der Ausgangspunkt gewesen, wobei dieser nicht mit dem Einsetzen der Versorgungsleistung übereinzustimmen brauchte[337]. Nicht eindeutig geklärt war allerdings nach dieser

---

[333] Vgl. dazu auch *Bode / Grabner*, DB 1977, S. 1897 ff., 1901, oder ABA, BetrAV 1978, S. 56.

[334] Vgl. dazu oben II. 4. e) cc).

[335] Vgl. oben II. 5. b).

[336] Vgl. BAG vom 30. 3. 1973, 3 AZR 26/72, AP Nr. 4 zu § 242 BGB Ruhegehalt-Geldentwertung, Leitsatz 1.

[337] Die BAG-Entscheidungen v. 30. 3. 1973, 3 AZR 26/72 und 3 AZR 34/72, AP Nr. 4 u. 5 zu § 242 BGB Ruhegehalt-Geldentwertung, betrafen Fälle, in denen die Höhe der Rente einige Zeit nach dem erstmaligen Bezug durch Vereinbarung geändert worden war, so daß es durchaus vernünftig war, auf den Zeitpunkt der letzten Absprache abzustellen, vgl. auch *Höhne*, in Heubeck / Höhne / Paulsdorff / Rau / Weinert, § 16, Rn. 110 (1. Aufl.).

Rechtsprechung, ob damit auch Zeiträume vor Einsetzen erfaßt werden sollten[338].

Unter der Geltung des § 16 dürfte jedoch einer Einbeziehung in die Anwartschaftsphase fallender Zeiträume wohl der eindeutige Wortlaut des Gesetzes entgegenstehen, der nur die „Anpassung der laufenden Leistungen der betrieblichen Altersversorgung" erfaßt. Ein Abstellen auf den Zeitpunkt der Versorgungszusage bzw. den der letzten Absprache (vor Einsetzen der laufenden Leistung)[339] würde dazu führen, daß auch die Anpassung von Anwartschaften überprüft würde, was im Gesetz nicht vorgesehen und folglich abzulehnen ist[340].

Nicht möglich ist auch die Argumentation, daß eine Prüfungspflicht für laufende Leistungen noch nicht ausschließe, das Ausmaß der Geldwertveränderung auch für den Anwartschaftszeitraum mit zu ermitteln, da im Ergebnis eben doch eine nachträgliche Überprüfung von Anwartschaften vorliegen würde[341]. Weiter spricht auch der in § 16 geregelte Prüfungs- und Entscheidungszeitpunkt für eine Ausklammerung des Anwartschaftszeitraums[342], da die erste Pflichtprüfung bei Neurentnern erst 3 Jahre nach Leistungsbeginn einsetzt und bei „Altrenten" ja ein mindestens dreijähriges „Laufen" erforderlich ist[343].

Zwar hat der BGH in der Entscheidung vom 23. 5. 1977[344] die Ansicht vertreten, es könne im Einzelfall[345] auch auf die letzte Absprache an-

---

338 Vgl. BGH v. 28. 5. 73, II ZR 58/71, AP Nr. 6 zu § 242 BGB Ruhegehalt-Geldentwertung, unter VI. 1 der Gründe, wo die Frage letztlich offenbleiben konnte.

339 Für den Fall einer Absprache nach Einsetzen vgl. unten c.

340 Herrschende Rechtsprechung und herrschende Meinung, vgl. insbes. BAG vom 1. 7. 1976, 3 AZR 791/75, u. 3 AZR 37/76, AP Nr. 1 u. 2 zu § 16 BetrAVG, unter II. bzw. C. I. 2 b der Gründe; BAG v. 15. 9. 1977, 3 AZR 654/76, AP Nr. 5 zu § 16 BetrAVG, unter B. II. 2 der Gründe; *Fenge*, DB 1975, S. 50 ff., 58; *Mertens-Welte*, BABl 1975, S. 83 ff., 91; *Höfer*, Kommentar, 1. Aufl., § 16, Rn. 11; *Höhne*, in Heubeck / Höhne / Paulsdorff / Rau / Weinert, 1. Aufl., § 16, Rn. 112; *Schaub / Schusinski / Ströer*, S. 91 u. 93; *Hanau*, ZFA 1976, S. 485 ff., 490; *Blomeyer*, in: AR-Blattei, (D) Entsch. 14 unter III. 5 a u. in BetrAV 1979, S. 78 ff., 84; *Ahrend / Förster / Rößler*, BB-Beil. 3/1978, S. 3; *Höfer / Kemper*, DB 1980, S. 541 ff., 542; *Chmurzinski*, RdA 1981, S. 18 ff., 21; *Höfer / Abt*, 2. Aufl., § 16, Rn. 77; *Höhne*, in Heubeck / Höhne / Paulsdorff / Rau / Weinert, 2. Aufl., § 16, Rn. 111 f.; — einschränkend *Schaub*, RdA 1980, S. 155 ff., 159; *Roth*, in Münchener Kommentar, § 242, Rn. 564 — a. A. vor Inkrafttreten des Gesetzes *Hilger*, BetrAV 1973, S. 140 ff., 144; offengelassen bei *Thomas*, BetrAV 1974, S. 34 ff., 37; vor Inkrafttreten des Gesetzes bereits i. S. der jetzt h. M. *Förster / Rößler / Fürer*, Anm. AP Nr. 5 zu § 242 BGB Ruhegehalt-Geldentwertung, unter 6; *Höfer / Kemper*, DB 1973, S. 1347 ff., 1349 u. DB 1974, S. 1573 ff., 1574.

341 Vgl. BAG v. 15. 9. 1977, 3 AZR 654/76, unter B. II. 2 a der Gründe.

342 So *Höfer / Abt*, 2. Aufl., § 16, Rn. 77.

343 Vgl. auch die BAG-Entscheidungen vom 16. 12. 1976, 3 AZR 761/75 u. 795/75, AP Nr. 3 u. 4 zu § 16 BetrAVG, unter III. 2 bzw. I. 1 der Gründe, vgl. auch *Konzen*, SAE 1977, S. 197, 198 unter II. und III. 2.

344 BGH v. 23. 5. 1977, II ZR 44/76, AP Nr. 8 zu § 242 BGB Ruhegehalt-Geldentwertung, unter 3 der Gründe.

kommen. Aus dieser Entscheidung wird man aber wohl keine wesentlichen Folgerungen für die Auslegung des § 16 ziehen dürfen, da dieser Entscheidung die Rechtslage vor Inkrafttreten des BetrAVG zugrunde lag[346].

Für den Geltungsbereich des § 16 dürften die Argumente des BGH jedenfalls nicht stichhaltig sein. Der BGH hat seinen Standpunkt einer teilweisen Einbeziehung des Anwartschaftszeitraumes vor allem damit begründet, daß der Berechtigte während der verbleibenden Anwartschaftszeit aufgrund seines Ausscheidens „nichts mehr einzusetzen habe"[347]. Dem ist zunächst entgegenzuhalten, daß im Falle des BGH der Empfänger der Versorgungszusage nach seinem Ausscheiden bei einem anderen Unternehmen unter Erwerb eines zusätzlichen Versorgungsanspruchs tätig war, also seine Arbeitskraft noch verwerten konnte[348]. Im übrigen kann es aber auf die weitere „Verwertung der Arbeitskraft" grundsätzlich nicht ankommen.

Gleichgültig ob ein Arbeitnehmer nach einer Versorgungszusage im gleichen Betrieb weiterarbeitet, den Betrieb wechselt oder überhaupt zu arbeiten aufhört: Die theoretische Chance, durch Einsatz der Arbeitskraft eine weitere oder verbesserte Versorgungszusage zu bekommen, besteht immer, es sei denn, der Arbeitnehmer wäre durch dauernde Arbeitsunfähigkeit verhindert, was aber wohl im Regelfall zum Eintritt des Versorgungsfalles führen dürfte[349]. Der Arbeitnehmer ist also grundsätzlich nicht schutzbedürftig und § 16 will nicht ihn schützen, sondern den Rentner[350].

Schließlich ist in diesem Zusammenhang auch auf den in § 2 Abs. 5 BetrAVG zum Ausdruck kommenden Gedanken hingewiesen worden[351]. § 2 Abs. 5 BetrAVG geht davon aus, daß die Höhe des Versorgungsanspruches sich anteilig an der Dauer der Betriebszugehörigkeit orientiert, woraus sich auch ergibt, daß die aufrechterhaltene Anwartschaft gleichsam „einfriert" und an der zukünftigen Einkommensentwicklung nicht teilnimmt[352]. Eine Einbeziehung des Anwartschaftszeitraumes im

---

345 Nämlich einer Rentenzusage im Zeitpunkt des Ausscheidens des noch aktiven Arbeitnehmers aus dem Betrieb.

346 Vgl. BAG v. 15. 9. 1977, 3 AZR 654/76, unter B. II. 2 c der Gründe.

347 Zu den ebenfalls nicht stichhaltigen Argumenten der Unterscheidung „statische/halbdynamisierte Rente" und der Unterscheidung zwischen Arbeits- und Dienstverhältnissen vgl. die zutreffenden Ausführungen von *Blomeyer*, in: AR-Blattei, (D) Entsch. 14 unter III. 3 a, c.

348 So zutreffend *Höfer / Abt*, 2. Aufl., § 16, Rn. 79.

349 Lediglich dann, wenn trotz Erwerbsunfähigkeit nach der konkreten Versorgungszusage kein Versorgungsfall eintritt, wäre an die Möglichkeit der Einbeziehung des Anwartschaftszeitraumes zu denken, obwohl auch dann noch der Wortlaut des § 16 entgegenstehen dürfte.

350 So zutreffend *Blomeyer*, in: AR-Blattei, (D) Entsch. 14 unter III. 3 b.

351 Vgl. BAG v. 15. 9. 1977, 3 AZR 654/76, unter B. II. 2 b.

Rahmen der Prüfung und Entscheidung nach § 16 würde somit Sinn und Zweck der Regelung in § 2 Abs. 5 widersprechen[353].

Es ist somit festzuhalten, daß bei der ersten Prüfung das Teuerungsausmaß jeweils ab Einsetzen der laufenden Leistungen zu ermitteln ist, und zwar bis zum jeweiligen Prüfstichtag[354].

b) *Folgeprüfungen*

Es stellt sich jedoch die weitere Frage, wie bei Folgeprüfungen zu verfahren ist. Es gibt dabei grundsätzlich zwei Möglichkeiten, nämlich entweder entsprechend dem in § 16 festgelegten Dreijahresturnus immer nur den innerhalb der letzten drei Jahre entstandenen Kaufkraftverlust zu errechnen, oder aber bei jedem Prüfungstermin immer auf das Einsetzen der laufenden Leistungen, also den „Eintritt des Versorgungsfalles"[355], zurückzugehen.

Für die letzte Ansicht wird angeführt, § 16 bezwecke den Ausgleich der seit Leistungsbeginn eingetretenen Teuerung; es sei deshalb unsachgemäß, die Teuerungsrate bei Folgeprüfungen nur für den Zeitraum seit der letzten Prüfung zu ermitteln[356]. Vor allem aber habe die Beschränkung auf den letzten Dreijahreszeitraum zur Folge, daß ein einmal unterlassener Teuerungsausgleich nie mehr ausgeglichen würde, was der Gesetzgeber nicht gewollt habe[357].

Demgegenüber wird die grundsätzliche Beschränkung auf den Zeitraum der letzten drei Jahre vor der Prüfung vor allem damit begründet, daß auch eine nicht zu voller Anpassung führende Entscheidung „streitbeendenden Charakter" habe[358] und daß die aktuellen laufenden Leistungen anläßlich der letzten Prüfung und Entscheidung abschließend festgesetzt worden seien[359], ähnlich wie die Festlegung bei der

---

[352] Vgl. ebd., mit Hinweis auf die Begründung im Gesetzgebungsverfahren, Bundestagsdrucksache 7/1281, S. 26 f.

[353] Vgl. ebd.; zustimmend *Schwerdtner*, ZFA 1978, S. 553 ff., 555; *Höfer / Abt*, 2. Aufl., § 16, Rn. 79, *Höhne*, in Heubeck / Höhne / Paulsdorff / Rau / Weinert, 2. Aufl., § 16, Rn. 112 b; gegen die Verwendung des Arguments aus § 2 Abs. 5 *Blomeyer*, in: AR-Blattei, (D) Entsch. 14, III. 5 b.

[354] Zur Zulässigkeit eines einheitlichen Stichtags für alle Pensionäre eines Unternehmens vgl. oben II. 4. a).

[355] So die Formulierung in § 5 Abs. 1 BetrAVG; vgl. aber auch *Höfer*, Kommentar, 1. Aufl., § 16, Rn. 45 bzw. *Höfer / Abt*, 2. Aufl., § 16, Rn. 74.

[356] *Höfer / Kemper*, DB 1980, S. 541 ff., 542 u. *Höfer / Abt*, 2. Aufl., § 16, Rn. 85.

[357] Vgl. *Höfer / Kemper*, DB 1980, S. 541 ff., 542; *Höfer / Abt*, 2. Aufl., § 16, Rn. 85; *Schaub / Schusinski / Ströer*, S. 91, Ziff. 3, S. 93, Ziff. 6; *Schaub*, NJW 1978, S. 2076, 2080.

[358] So *Lieb / Westhoff*, DB 1976, S. 1958 ff., 1969 f., die allerdings die Nichtanpassung wegen schlechter wirtschaftlicher Lage ausnehmen (vgl. S. 1970).

Versorgungszusage selbst. *Blomeyer*[360] hat weiter darauf hingewiesen, daß nach dem Gesetzeswortlaut nur die Prüfung der laufenden Leistungen, nicht aber der zugesagten oder der ursprünglich zu beanspruchenden Leistungen verlangt werde. Es sprechen also durchaus gewichtige Argumente dafür, daß bei Folgeprüfungen nur der Kaufkraftverlust für die letzten drei Jahre vor der Prüfung zu ermitteln ist[361].

Dieses Ergebnis hätte weiter zunächst für den Arbeitgeber den Vorteil, daß er bei der Feststellung der Teuerungsrate seine Überprüfung auf einen überschaubaren Zeitraum beschränken könnte und nicht — gerade bei bereits länger laufenden Leistungen — auf länger zurückliegende zeitliche Abschnitte zurückrechnen müßte[362]. Die Beschränkung würde weiter verschiedene Komplizierungen vermeiden, die beim Abstellen auf das erstmalige Einsetzen der laufenden Leistungen auftreten können, z. B. das ständige Weiterführen der einmal für zulässig erklärten Halbanpassung bei Folgeprüfungen („Vortrag auf laufende Rechnung" zugunsten des Arbeitgebers)[363]. Im übrigen könnte die besondere Betroffenheit des Pensionärs durch frühere Null- oder Minderanpassungen im Einzelfall insofern Berücksichtigung finden, als die in den letzten drei Jahren entstandene Teuerungsrate voll auszugleichen wäre[364], was aber immerhin festhalten würde, daß eine den Teuerungsausgleich der letzten drei Jahre übersteigende Anpassung (also eine „Nachholung") nicht verlangt werden könnte[365].

Gleichwohl ist es fraglich, ob diese Beschränkung auf den Zeitraum der letzten 3 Jahre immer zu dem von § 16 geforderten billigen Ergebnis führt. „Prüfung" i. S. d. § 16 ist grundsätzlich eine „umfassende Prüfung"[366] und auch bei Folgeprüfungen ist es zumindest nach dem Wortlaut des § 16 nicht von vornherein ausgeschlossen, daß eine billigem Ermessen entsprechende Prüfung und Entscheidung u. U. beachtenswerte Belange des Versorgungsempfängers auch dann einzubeziehen hat, wenn diese in einen länger als drei Jahre zurückliegenden

---

359 Ebd., S. 1970, unter Bezugnahme auf die BAG-Rechtspr. v. 30. 3. 1973; *Blomeyer*, SAE 1982, S. 16; ähnlich bereits *Förster / Rößler / Fürer*, Anm. AP Nr. 5 zu § 242 BGB Ruhegehalt-Geldentwertung, unter 6.

360 *Blomeyer*, SAE 1982, S. 16.

361 Im Ergebnis so auch *K. Heubeck*, DB 1980, S. 831 ff.; 832; *Andresen / Gassner*, DB 1980, S. 1346 ff., 1347.

362 So auch *Blomeyer*, SAE 1982, S. 16.

363 Vgl. *Höfer / Abt*, Komm. 2. Aufl., § 16, Rn. 88 ff., 91; zu weiteren Einzelfällen vgl. auch *Höfer*, Leitfaden, DB-Beil. 1/77, S. 3 ff.; *Höfer / Kemper*, DB 1980, S. 541 ff., 543 f.

364 Vgl. dazu BAG v. 17. 1. 1980, 3 AZR 614/78, AP Nr. 7 zu § 16 BetrAVG unter B. I. 3 a der Gründe.

365 So *Blomeyer*, SAE 1982, S. 16.

366 Vgl. oben II. 4. b).

Zeitraum gehören. Auch das BAG[367] will offensichtlich eine Einbeziehung zurückliegender Zeiträume nicht völlig ausschließen, wenn es darauf hinweist, daß bei der ersten Anpassung (nämlich zum 1. 1. 1975) der Kaufkraftverlust der Pension des Klägers nur zur Hälfte ausgeglichen worden ist und der Kläger deshalb bei der konkreten Prüfung zum 1. 1. 1978 „in noch größerem Umfange betroffen" sei. Das BAG gibt damit zu erkennen, daß die Frage des Ausmaßes einer früheren Anpassung trotz der Rechtmäßigkeit der früheren Anpassungsentscheidung („streitbeendender Charakter") später noch eine Rolle spielen kann.

Es kann verschiedene Gründe haben, die in der Vergangenheit zu einer Teil- oder gar Nichtanpassung geführt haben. Die Hauptfälle sind jedoch die schlechte wirtschaftliche Lage des Arbeitgebers oder die Anwendung der Lehre der sog. „Opfergrenze"[368]. Nimmt man den Fall, daß wegen schlechter wirtschaftlicher Lage eine Anpassung völlig unterbleibt, so erscheint es in der Tat unbillig, bei einem Folgeprüfungstermin bei nunmehr z. B. guter wirtschaftlicher Lage nur noch eine Anpassung bezüglich der zuletzt aufgetretenen Teuerung zu überprüfen. Bei einer völligen Nichtanpassung kann man wohl auch nicht mehr von „streitbeendendem Charakter" der Anpassungsentscheidung sprechen, da eine derartige Lösung nicht als „Extremfall eines Interessenausgleichs", sondern nur als „Nicht-Ausgleich" verstanden werden kann[369].

Noch deutlicher wird die Problematik beim Anwendungsfall „Opfergrenze". Nimmt man — entgegen der neueren Rechtsprechung, aber doch mit ernstzunehmenden Argumenten[370] — an, daß auch unter der Geltung des § 16 BetrAVG eine positive Anpassungsentscheidung erst ab einem bestimmten Teuerungsgrad verlangt werden kann, daß also unterhalb einer „Opfergrenze" der Rentner eine Nichtanpassung hinnehmen muß, so könnte die Beschränkung auf den Zeitraum der letzten drei Jahre dazu führen, daß eine Anpassung so gut wie nie in Betracht kommt. Der Arbeitgeber müßte dann nur noch anpassen, wenn innerhalb eines Prüfungszeitraums die Teuerung so rasch fortgeschritten wäre, daß die Opfergrenze überschritten wäre. Bei der gegenwärtigen Größenordnung der Inflationsrate würde dann eine Anpassung regelmäßig ausscheiden[371].

---

367 BAG vom 17. 1. 1980, 3 AZR 614/78, AP Nr. 7 zu § 16 BetrAVG, unter B. I. 3 a der Gründe.

368 Vgl. unten V.

369 So wohl zutreffend *Lieb / Westhoff*, DB 1976, S. 1958 ff., 1970.

370 Vgl. unten V.

371 Vgl. dazu die Zahlenbeispiele in der Entscheidung des BAG v. 16. 12. 1976, 3 AZR 793/75, unter IV. 2 der Gründe.

Im Ergebnis ist deshalb trotz tatsächlicher Schwierigkeiten im Einzelfall[372] und trotz entgegenstehender Argumete der Meinung zuzustimmen, die bei der Ermittlung des Teuerungsausmaßes grundsätzlich auf das Einsetzen der laufenden Leistungen zurückrechnet[373].

c) *Berücksichtigung zwischenzeitlicher Erhöhungen*

Die eben im Ergebnis vertretene Ansicht kann allerdings nicht bedeuten, daß der Arbeitgeber jeweils das volle Teuerungsmaß seit Leistungsbeginn zugrunde zu legen hätte. Zu berücksichtigen sind in jedem Fall alle zwischenzeitlichen Absprachen, insbes. alle Erhöhungen.

Eine Anrechnung von Erhöhungen ist in der Weise denkbar, daß der jeweils gewährte Anpassungsbetrag auf den nach dem vollen Teuerungsausmaß errechneten Soll-Anpassungsbetrag verrechnet wird[374]. Es handelt sich hierbei also eigentlich nicht direkt um die Frage der Feststellung der Teuerungsrate, sondern darum, inwieweit die aus der Teuerungsrate zu ziehenden Konsequenzen (Anpassung) von anderen Gesichtspunkten beeinflußt werden können. Da es im Ergebnis, aber auch bei der Frage der Anrechnung von Erhöhungen bzw. der Berücksichtigung von Absprachen oder Festsetzungen ebenso wie bei der Frage nach dem zu berücksichtigenden Zeitraum, darum geht, ob und in welchem Umfang ein Anpassungsbedarf besteht, erscheint es richtig, diesen Problemkreis hier an dieser Stelle zu behandeln.

Die Verteuerung selbst ist demnach anhand des Preisindex für die Lebenshaltung festzustellen, und zwar ab Leistungsbeginn[375]; ob grundsätzlich ein Anpassungsbedarf entsprechend dem festgestellten Teuerungsausmaß besteht, richtet sich weiter nach den zwischenzeitlichen Erhöhungen[376]. Da alle derartigen Erhöhungen in Beziehung zum vollen Teuerungsausgleich seit Leistungsbeginn gesetzt werden, kommen sie genau entsprechend ihrem Anteil an diesem Ausgleich zur Aus-

---

372 Vgl. oben FN 363.

373 Dies unterstellen auch stillschweigend die Befürworter der Beibehaltung einer Opfergrenze unter Geltung des § 16, vgl. z. B. *Ahrend / Förster / Rößler*, DB 1976, S. 338 ff., unter IV. 2, wenn sie ausführen, daß die Opfergrenze nach den gegenwärtigen Daten wohl frühestens nach dem Ablauf von zwei Prüfungszeiträumen (also nach 6 Jahren) erreicht oder überschritten sein wird; ähnlich *Lieb / Westhoff*, DB 1976, S. 1958 ff., 1961; *Hetzel*, BB 1977, S. 652 ff., 653; *Schwerdtner*, ZfA 1978, S. 553 ff., 570.

374 Vgl. *Höhne*, in Heubeck / Höhne / Paulsdorff / Rau / Weinert, 2. Aufl., § 16, Rn. 113 a, b u. *Höfer / Abt*, 2. Aufl., § 16, Rn. 37, jeweils unter Bezugnahme auf BAG v. 1. 7. 1976, 3 AZR 791/75, AP Nr. 1 zu § 16 BetrAVG, unter I. 2 a der Gründe.

375 Vgl. oben IV. 5. b).

376 Vgl. u. a. das Beispiel bei *Höhne*, in Heubeck / Höhne / Paulsdorff / Rau / Weinert, 2. Aufl., § 16, Rn. 113 c.

wirkung, d. h. bei geringfügigen Anhebungen bleibt noch u. U. Raum für eine „Nachholung“[377], überproportionale Steigerungen können den Arbeitgeber entsprechend entlasten[378]. Dabei muß allerdings — um Mißverständnissen vorzubeugen — betont werden, daß diese Überlegungen nur die Ermittlung des grundsätzlichen Anpassungsbedarfs betreffen. Ob der so gefundene Anpassungsbedarf auch tatsächlich voll ausgeglichen werden muß, steht damit noch nicht fest; dies ist vielmehr unter Berücksichtigung aller weiteren Umstände im Rahmen der Entscheidung nach billigem Ermessen festzulegen.

Im Zusammenhang mit der Anrechnung zwischenzeitlicher Erhöhungen stellen sich jedoch weitere Fragen. So ist es bereits problematisch, ob Anhebungen unabhängig von ihrem Zweck Berücksichtigung finden können. Bereits in der erwähnten Entscheidung des BAG vom 1. 7. 1976[379] wurde ausgeführt, daß die *zum Ausgleich der Teuerung* aufgewendeten Mehrleistungen angerechnet werden können. Im sog. „Strukturürteil“ vom 17. 1. 1980[380] hat das BAG dies aber weiter dahin präzisiert, daß eine Anrechnung nach dem Zweck von § 16 *nur dann* erfolgen könne, wenn die Versorgungsleistungen angehoben worden seien, „um den Kaufkraftverlust auszugleichen“; Erhöhungen „aufgrund struktureller Änderungen“ hätten nichts mit der Verteuerung zu tun und müßten demnach außer Betracht bleiben.

Diese Einschränkung des BAG erscheint zunächst grundsätzlich richtig, da § 16 jeweils in bezug zur Geldwertveränderung zu setzen ist[381] und mit Erhöhungen aus anderen Motiven (z. B. zur Verbesserung des Leistungsniveaus) auch beabsichtigt sein kann, daß diese Erhöhungen dem Versorgungsempfänger unabhängig von der Anpassungsregelung zugute kommen sollen. Allerdings wird es in der Praxis im Einzelfall schwierig sein, genau zwischen einer „Strukturänderung“ und einer Anhebung „zum Ausgleich der Teuerung“ zu differenzieren[382]. Im Regelfall wird man sogar annehmen müssen, daß eine Erhöhung der laufenden Betriebsrente die Versorgungssituation des Rentners verbessert und somit auch dazu beiträgt, den Kaufkraftverlust auszugleichen,

---

[377] Vgl. *Höhne*, in Heubeck / Höhne / Paulsdorff / Rau / Weinert, 2. Aufl. § 16, Rn. 113 a; *Höfer / Abt*, 2. Aufl., § 16, Rn. 85; gegen die „Nachholung“ *Blomeyer*, SAE 1982, S. 16.

[378] Vgl. dazu *Höfer / Abt*, 2. Aufl., § 16, Rn. 87.

[379] BAG v. 1. 7. 1976, 3 AZR 791/75, AP Nr. 1 zu § 16 BetrAVG, unter I. 2 a der Gründe.

[380] BAG v. 17. 1. 1980, 3 AZR 1018/78, BB 1980, S. 419 ff. = DB 1980, S. 545 ff.

[381] Vgl. oben II. 3. a).

[382] So auch *Höfer / Kemper*, DB 1980, S. 541 ff., 544; *Ahrend / Förster / Rößler*, BB-Beil. 6/1980, S. 5, und in Anm. AP Nr. 7 u. 8 zu § 16 BetrAVG unter V.; *Höfer / Abt*, 2. Aufl., § 16, Rn. 81; *Höhne*, in Heubeck / Höhne / Paulsdorff / Rau / Weinert, 2. Aufl., § 16, Rn. 113 d.

ohne daß es hierzu eines ausdrücklichen Hinweises bedarf[383]. Nur bei eindeutigen Erklärungen, daß eine Verbesserung der Versorgungszusage und gerade kein Inflationsausgleich beabsichtigt sei, wäre demnach von einer innerhalb des § 16 nicht anrechnungsfähigen Erhöhung auszugehen, wobei derartig eindeutige Erklärungen wohl die Ausnahme sein dürften[384]. Dieser einschränkenden Auslegung des „Strukturteils" vom 17. 1. 1980[385] entspricht im übrigen auch die spätere BAG-Entscheidung vom 11. 8. 1981[386], in der ebenfalls darauf hingewiesen wird, daß Verbesserungen in der Regel auch dem Teuerungsausgleich dienen sollen und daß für eine anderslautende Zweckbestimmung besondere Anhaltspunkte sprechen müßten[387].

Eine weitere Frage ist die, ob bei festen Anpassungsabsprachen zwischen Arbeitgeber und Versorgungsempfänger nach Einsetzen der laufenden Leistung und entsprechend gewährten Mehrbeträgen, die bis dahin eingetretene Verteuerung nicht als ausgeglichen anzusehen sein müßte, und zwar unabhängig davon, ob die Erhöhung tatsächlich rein rechnerisch dem Teuerungsausmaß entspricht. Wollte man dies bejahen, wäre insoweit eine spätere „Nachholung" ausgeschlossen. Die Frage stellt sich in erster Linie bei Erstprüfungen[388], da bei Folgeprüfungen wohl auch die vorhergehenden Anpassungsentscheidungen des Arbeitgebers — sei es, daß der Versorgungsempfänger ausdrücklich oder stillschweigend zugestimmt hat, oder daß die Entscheidung auf Veranlassung des Versorgungsempfängers richtig getroffen wurde[389] — mit einer Vereinbarung gleichzusetzen sind, wobei die Ansicht der Maßgeblichkeit nur des letzten Prüfungszeitraumes aber bereits oben im Ergebnis abgelehnt wurde[390].

Die Absicht der Begrenzung einer „Nachholung" ergibt sich in diesem Zusammenhang auch aus dem „Hälftelungsprinzip" des BAG[391], wobei in der Literatur die Ansicht vertreten wird, daß diese einmal für zulässig erklärte Einschränkung eines vollen Teuerungsausgleichs

---

[383] So *Ahrend / Förster / Rößler*, BB-Beil. 6/1980, S. 5; ähnlich *Höfer / Abt*, 2. Aufl., § 16, Rn. 81.

[384] *Blomeyer*, SAE 1982, S. 15 f., hält im Hinblick auf die Festlegung der Belange des Versorgungsempfängers durch die Geldentwertung überhaupt den Vergleich der eingetretenen Verteuerung mit jeder erfolgten Anhebung für zulässig.

[385] BAG v. 17. 1. 1980, 3 AZR 1018/78.

[386] BAG v. 11. 8. 1981, 3 AZR 395/80, AP Nr. 11 zu § 16 BetrAVG = BB 1981, S. 1835 ff. = DB 1981, S. 2331 ff., vgl. unter II. der Gründe.

[387] Vgl. auch *Höfer / Abt*, 2. Aufl., § 16, Rn. 83 a.

[388] Vgl. auch die vorgesetzlichen BAG-Entscheidungen v. 30. 3. 1973, 3 AZR 26/72 u. 3 AZR 34/72, vgl. oben IV. 5. a) FN 337.

[389] Vgl. oben II. 4. c).

[390] Vgl. oben IV. 5. b).

[391] Vgl. oben IV. 4. c).

bei allen nachfolgenden Prüfungsterminen „fortwirken" kann[392]. Dementsprechend wäre es folgerichtig, jede einvernehmliche Erhöhung nach Einsetzen der laufenden Versorgungsleistung als abschließenden Ausgleich der Teuerung zu werten.

Der vom Gesetzgeber gewählte Weg der Prüfungs- und Entscheidungspflicht und das Wesen von Anpassungsprüfung und -entscheidung[393] lassen dies aber m. E. nicht ohne weiteres zu. Sicherlich spricht eine Vereinbarung über die aktuelle Höhe der Betriebsrente dafür, daß damit der Bedarf für die Vergangenheit befriedigt ist. Im Regelfall wird man auch bei der Anpassungsentscheidung nach § 16 zum Ergebnis kommen müssen, daß es nicht unbillig ist, den dadurch teilweise nicht ausgeglichenen Kaufkraftschwund außer Acht zu lassen. Es ist jedoch nach der hier vertretenen Ansicht nicht ausgeschlossen, daß im Rahmen der Anpassungsentscheidung nach billigem Ermessen auch der Gesichtspunkt eine Rolle spielen kann, daß der Versorgungsempfänger in einem bestimmten Zeitraum, trotz Einigung mit dem Arbeitgeber, eben noch keinen vollen Teuerungsausgleich erhalten hat. Im Hinblick auf den Ermessensspielraum des Arbeitgebers[394] läßt sich insoweit jedoch keine „Patentlösung" entwickeln; der Arbeitgeber hat vielmehr alle verwertbaren Kriterien zusammenzustellen, zu würdigen und abzuwägen.

Als eines dieser Kriterien kommt auch die Beachtung einer sog. Opfer- oder Stillhaltegrenze in Betracht, was im folgenden Abschnitt näher behandelt werden soll.

---

[392] *Höfer / Kemper*, DB 1980, S. 541 ff., 543 f.; *Höfer / Abt*, 2. Aufl., § 16, Rn. 92.

[393] Vgl. oben II. 4. b) und c).

[394] Vgl. oben II. 5. b).

V. Die Opfer- oder Stillhaltegrenze

1. Die BAG-Rechtsprechung vom 30. 3. 1973

Die Diskussion über die sog. Opfer- oder Stillhaltegrenze geht — so wie sie bis zuletzt geführt wurde — im wesentlichen auf die BAG-Rechtsprechung vom 30. 3. 1973[395] zurück, wenngleich der Gedanke auch schon vorher in Literatur und Rechtsprechung erörtert wurde[396].

Das BAG hatte damals ausgeführt, daß jedenfalls bei einer 40 %igen Verteuerung der Lebenshaltungskosten, die dem Pensionär „zumutbare Stillhaltegrenze" überschritten worden sei, der Arbeitgeber sich dann nicht mehr einfach auf den Grundsatz des Nominalismus berufen könne, vielmehr „mit dem Pensionär in einer nach der jeweiligen Situation geeigneten Form über eine Angleichung der Versorgung verhandeln" müsse und „nach billigem Ermessen" darüber zu entscheiden habe, „ob und in welcher Höhe er das Ruhegehalt der Verteuerung anpaßt"[397]. Diese Verhandlungs- und Entscheidungspflicht — so im wesentlichen die Begründung des BAG — seien Folgen der Anwendung des § 242 BGB und des Verfassungsgrundsatzes der sozialen Rechtsstaatlichkeit; mindestens bei einer Verteuerung von über 40 % sei der Wert der Pension gegenüber dem, was ursprünglich versprochen war, in ein derartiges Mißverhältnis geraten, daß die Verweigerung eines Ausgleichs das Gerechtigkeitsempfinden in unerträglicher Weise verletze[398].

---

[395] BAG v. 30. 3. 1973, 3 AZR 26/72 u. 34/72, AP Nr. 4 u. 5 zu § 242 BGB Ruhegehalt-Geldentwertung.

[396] Vgl. u. a. BAG v. 12. 3. 1965, 3 AZR 516/63, AP Nr. 99 zu § 242 BGB Ruhegehalt; *Herberger*, NJW 1954, S. 1919 u. NJW 1966, S. 192 f.; *Larenz*, Geschäftsgrundlage und Vertragserfüllung, 3. Aufl. 1963, S. 87; *Stötter*, DB 1967, S. 1163; *Großmann*, BB 1972, S. 1193 ff., 1195 f.; *Duve*, S. 135 ff.; *Höfer / Kemper*, DB 1973, S. 130 ff., 135; vgl. auch *Sonne*, S. 135 ff., m. w. Nw.

[397] Vgl. insbes. Leitsatz der Entscheidung 3 AZR 26/72, sowie unter B. II.—IV. der Gründe.

[398] Vgl. B. II. 4 a der Gründe der Entscheidung vom 30. 3. 1973, 3 AZR 26/72; zur dogmatischen Begründung im einzelnen u. a.: *Hilger*, BetrAV 1973, S. 140 ff., 142; *Höfer / Kemper*, DB 1973, S. 130 ff., 133 und S. 1347 ff.; *Medicus*, Anm. AP Nr. 4 zu § 242 BGB, Ruhegehalt-Geldentwertung, insbes. unter 3; *Förster / Rößler / Fürer*, Anm. AP Nr. 5 zu § 242 BGB Ruhegehalt-Geldentwertung, unter 2; *Reuter*, ZHR 137 (1973), S. 482 ff.; *Bettermann*, RdA 1975, S. 2 ff., 7, 8; *Ahrend / Förster / Rößler*, DB 1976, S. 338 ff., 340, 341.

Nach dieser Rechtsprechung konnte also eine Verhandlungspflicht und darauf folgend eine Entscheidungspflicht erst dann angenommen werden, wenn eine Opfergrenze von ca. 40 % überschritten war, wobei mehrfach in der Literatur eine Ermäßigung dieser Grenze erwogen wurde[399]. Die Opfergrenze hatte dabei sowohl Bedeutung als Auslösefaktor für das Einsetzen der Verhandlungspflicht („formelle Opfergrenze")[400] als auch insofern, als eine Anpassungsverpflichtung erst dann in Betracht kommen sollte, wenn die Grenze überschritten war („materielle Opfergrenze")[401], wobei sich das BAG in den Entscheidungen vom 30. 3. 1973 nicht festgelegt hatte, daß die materielle Opfergrenze genau bei 40 % liege, sondern nur, daß sie jedenfalls bei 40 % überschritten sei.

Es stellt sich nun die Frage, inwieweit die Opfer- oder Stillhaltegrenze in dem geschilderten Sinnn auch unter der Geltung des § 16 BetrAVG noch von Bedeutung ist.

2. Änderung durch § 16 BetrAVG?

a) Opfergrenze und „Belange des Versorgungsempfängers"

Vorab ist allerdings kurz zu prüfen, ob der Problemkreis „Opfergrenze" unter Berücksichtigung der Themenstellung dieser Arbeit überhaupt mit zum Tatbestandsmerkmal „Belange des Versorgungsempfängers" gehört. Nimmt man nämlich die Opfergrenze als einen das Anpassungsbegehren des Versorgungsempfängers einschränkenden, also die Belange des Versorgungsempfängers eingrenzenden Faktor, so könnte man im Hinblick auf die Tendenz der jüngsten BAG-Entscheidungen[402] folgern, die Opfergrenze gehöre zum „Korrekturfaktor wirtschaftliche Lage"[403]. Dies ist m. E. jedoch nicht richtig.

Die Opfergrenze betrifft das Ausmaß der Teuerung[404], die Teuerung führt zum Wertverlust der Rente, trifft also den Pensionär. Es geht somit auch bei der Frage, ob die Teuerung sofort und uneingeschränkt oder erst unter bestimmten Voraussetzungen auszugleichen ist, um die

[399] Vgl. u. a. *Hilger*, BetrAV 1973, S. 140 ff., 142; *Thomas*, BetrAV 1974, S. 34 ff., 35; dazu näher unten V. 2. c) cc).

[400] Vgl. *Blomeyer*, SAE 1982, S. 15.

[401] Vgl. *Lieb / Westhoff*, DB 1976, S. 1958; *Blomeyer*, SAE 1982, S. 15.

[402] Grundsätzlich voller Teuerungsausgleich, es sei denn, die schlechte wirtschaftliche Lage des Arbeitgebers steht entgegen, vgl. z. B. BAG v. 17. 1. 1980, 3 AZR 614/78, AP Nr. 7 zu § 16 BetrAVG, u. 3 AZR 518/78, BB 1980, S. 419 f.; vgl. auch oben unter II. 6. b).

[403] Vgl. zu dieser Frage *Blomeyer*, SAE 1982, S. 15.

[404] Vgl. Leitsatz BAG v. 30. 3. 1973, 3 AZR 26/72: „40%ige Verteuerung der Lebenshaltungskosten."

Belange des Versorgungsempfängers. Teilweise wird ja sogar die Meinung vertreten, mit den Belangen des Versorgungsempfängers sei nur die Verteuerung in Form der Änderung des Preisindex für die Lebenshaltung gemeint[405], wie denn auch das BAG seit der Entscheidung vom 17. 1. 1980[406] bei den Belangen des Versorgungsempfängers nichts anderes mehr gelten läßt als das Ausmaß der Teuerung. Die Begrenzung oder Beeinträchtigung der Belange des Versorgungsempfängers durch die Opfergrenzenlehre hat ihren Grund aber nicht in der — schlechten — wirtschaftlichen Lage des Arbeitgebers. Das BAG hat in den Entscheidungen vom 30. 3. 1973[407] auf das Mißverhältnis zwischen ursprünglich versprochener Leistung und späterem Wert der Leistung abgestellt[408], also auf einem Umstand, der zunächst den Pensionär als Gläubiger und nicht den Arbeitgeber als Schuldner der Versorgungsleistung betrifft. Daß dann später bei der Billigkeitsentscheidung über die Höhe der Anpassung auch wirtschaftliche Interessen des Arbeitgebers von Bedeutung sein können[409], ändert nichts daran, daß die Frage der Opfergrenze sich als solche unabhängig von der wirtschaftlichen Lage des Arbeitgebers stellt und diese Grenze, wenn sie dem Versorgungsempfänger zuzumuten ist, seine Belange betrifft.

Im übrigen muß auch an dieser Stelle daran erinnert werden, daß es bei einer sinnvollen anpassungsbegrenzenden und eine „Dynamisierung“ verhindernden Opfergrenze gar nicht so sehr um Arbeitgeberinteressen geht als um die Belange der aktiven Arbeitnehmer und späteren Pensionäre, deren Anwartschaften und zukünftige Renten ohne eine solche Opfergrenze gefährdet würden[410].

b) Formelle Opfergrenze

Während nach der vorgesetzlichen Rechtsprechung die Überschreitung der Opfergrenze für den Arbeitgeber Anlaß sein sollte, mit dem Pensionär über eine Anpassung zu verhandeln, bestimmt § 16, daß der Arbeitgeber „alle drei Jahre“ eine Anpassung zu prüfen hat. Daraus wird gefolgert, daß die auf das Ausmaß der Verteuerung abstellende Rechtsprechung insoweit hinfällig geworden und vom Gesetzgeber durch einen festen Dreijahresturnus ersetzt worden ist[411]. Unter der

[405] Vgl. dazu oben III. 4., FN 246.

[406] BAG v. 17. 1. 1980, 3 AZR 614/78, AP Nr. 7 zu § 16 BetrAVG: Aufgabe des „Hälftelungsprinzips“.

[407] BAG v. 30. 3. 1973, 3 AZR 26/72 u. 34/72, s. o.

[408] Vgl. die Entscheidung 3 AZR 26/72, unter B. II. 4 a der Gründe.

[409] Vgl. BAG v. 30. 3. 1973, 3 AZR 26/72, unter B. V. 6 der Gründe.

[410] Vgl. insbes. *Hetzel*, BB 1977, S. 652 ff., 653; *Schwerdtner*, ZfA 1978, S. 553 ff., 568 f., 589, 596; vgl. auch oben II. 6. c) und unten VII. 1. u. VIII.

[411] So bereits beiläufig vom BAG ausgesprochen in der Entsch. v. 1. 7. 1976,

Geltung von § 16 darf demnach der Arbeitgeber mit der Prüfung nicht warten, bis eine bestimmte Opfergrenze überschritten ist, er muß vielmehr unabhängig vom Ausmaß der Verteuerung alle drei Jahre eine Überprüfung der laufenden Leistungen vornehmen.

Der h. M. ist zuzustimmen, da der Wortlaut des Gesetzes insoweit eindeutig ist. Wenn der Gesetzgeber eine Prüfung im dreijährigen Turnus vorschreibt und dabei nichts von der Überschreitung einer Opfergrenze erwähnt, so muß in der Tat die Prüfung in der vorgeschriebenen Weise und unabhängig vom Lösungsweg der vorgesetzlichen Rechtsprechung erfolgen. Aus dem Gesetzgebungsverfahren ergeben sich keinerlei Anhaltspunkte, daß etwa der dreijährige Turnus irgendwie unterbrochen oder außer Kraft gesetzt werden könnte[412].

Lieb / Westhoff[413] — die allerdings in erster Linie für die materielle Opfergrenze eintreten[414] — wollen demgegenüber, um eine Verschlechterung der Situation des Versorgungsempfängers gegenüber dem vorgesetzlichen Zustand zu verhindern, ausnahmsweise auch unabhängig vom Dreijahresturnus den Arbeitgeber zur Prüfung verpflichten, wenn beispielsweise im ersten Prüftermin mangels Erreichens der Opfergrenze eine negative Anpassungsentscheidung getroffen wurde, dann aber zwischen erstem und zweitem Termin die Opfergrenze überschritten wird[415]. Dem steht jedoch wiederum der klare Wortlaut des Gesetzes entgegen, selbst wenn im Einzelfall eine Verschlechterung gegenüber der früheren Rechtsprechung nicht auszuschließen ist[416], wie über-

3 AZR 37/76, AP Nr. 2 zu § 16 BetrAVG, unter C. I. 2 a der Gründe und ausdrücklich bestätigt in der Entscheidung vom 16. 12. 1976, 3 AZR 795/75, AP Nr. 4 zu § 16 BetrAVG, unter II. der Gründe; ebenso *Höfer*, Komm., 1. Aufl., § 16, Rn. 35; *Höfer / Abt*, 2. Aufl., § 16, Rn. 54, 55; *Höhne*, in Heubeck / Höhne / Paulsdorff / Rau / Weinert, 1. Aufl., § 16, Rn. 70 u. 2. Aufl., § 16, Rn. 70 f., 118; *Höhne*, BB 1977, S. 508 ff., 509; *Thomas*, Arbeitsrecht der Gegenwart, Band 13, S. 53 ff., 68; *Richardi*, DB 1976, S. 1718 ff., 1719, DB 1977, S. 207 ff., 208 f., und in Anmerkung AP Nr. 3 u. 4 zu § 16 BetrAVG, unter III.; *Ahrend / Förster / Rößler*, in Anm. AP Nr. 1 u. 2 zu § 16 BetrAVG; *Schwerdtner*, ZfA 1978, S. 553 ff., 570; *Blomeyer*, BetrAV 1979, S. 78 ff., 84 u. SAE 1982, S. 15; *Chmurzinski*, RdA 1981, S. 18 ff., 23; a. A. *Lieb / Westhoff*, DB 1976, S. 1958 ff., 1961; wohl auch *Doetsch*, Arbeitgeber 1976, S. 359; vgl. auch oben II. 4. e) bb).

412 Unklar ist allerdings, weshalb im Gesetzgebungsverfahren gerade ein Dreijahreszeitraum gewählt wurde; § 6 k i. d. F. des Ausschusses für Arbeit und Sozialordnung enthielt bereits die Verhandlungspflicht im dreijährigen Turnus, wobei speziell für den Dreijahreszeitraum eine Begründung fehlt, vielmehr nur auf die „regelmäßigen Zeitabstände" verwiesen ist, vgl. Bundestagsdrucksache 7/2843, S. 5 u. 12; vgl. auch *Konzen*, SAE 1977, S. 200, oder *Hetzel*, BB 1977, S. 652 ff., 654.

413 *Lieb / Westhoff*, DB 1976, S. 1958 ff., 1961; ähnlich wohl auch *Doetsch*, Arbeitgeber 1976, S. 359.

414 Vgl. nachfolgend c).

415 Vgl. dazu auch *Richardi*, in Anmerkung AP Nr. 3 u. 4 zu § 16 BetrAVG, unter III. 1.

416 So auch *Schwerdtner*, ZFA 1978, S. 553 ff., 570; auch bei Nichtanpassung wegen schlechter wirtschaftlicher Lage führt eine spätere Verbesserung der

haupt der dreijährige Turnus an sich immer wieder zu Ungerechtigkeiten führen kann[417].

Die vorstehenden Ausführungen beziehen sich aber nur auf die formelle Opfergrenze, also die Frage, ob ein bestimmtes Teuerungsausmaß die Anpassungsprüfung erst auslösen kann. Mit der Beantwortung dieser Frage ist noch nichts darüber ausgesagt, ob vom Arbeitgeber auch alle drei Jahre eine Anpassung gefordert werden kann oder ob der Versorgungsempfänger einen bestimmten Teuerungsgrad als zumutbar hinzunehmen hat.

c) *Materielle Opfergrenze*

aa) Das BAG hat in der Entscheidung vom 16. 12. 1976[418] allerdings der Opfergrenze unter der Geltung des § 16 BetrAVG insgesamt eine Absage erteilt, wobei jedoch in dieser Entscheidung nicht immer klar genug zwischen formeller und materieller Opfergrenze bzw. zwischen Prüfung, Entscheidung und Anpassung unterschieden wird[419]. Wenn das BAG aber ausführt, es könne der Ansicht nicht folgen, wonach die Ablehnung einer Anpassung mit der Begründung einer unterhalb der Opfergrenze liegenden Verteuerung nicht unbillig sei, oder das Ausmaß der Verteuerung könne bei der Billigkeitsentscheidung nach § 16 BetrAVG i. S. einer Opfergrenze keine Rolle mehr spielen[420], so wird klar, daß auch die materielle Opfergrenze vom BAG voll abgelehnt wird.

Das BAG bringt für diese Ablehnung im wesentlichen zwei Argumente, nämlich einmal die Behauptung, der Gesetzgeber habe die vorgefundene Rechtsprechung ablösen und die betriebliche Altersversorgung „in einigen wesentlichen Punkten verbessern" wollen, zum andern ein Rechenexempel in bezug auf die damalige Teuerungsrate (in drei Jahren etwa 20 %) mit dem Schluß, bei diesen „vom Gesetzgeber vorgefundenen Verhältnissen" ergebe eine Stillhaltegrenze von 40 % keinen Sinn. Beide Argumente sind jedoch m. E. nicht überzeugend.

bb) In keiner Weise legt das BAG näher dar, woraus konkret sich ergeben soll, der Gesetzgeber habe die Rechtsprechung zur Opfergrenze „ablösen" wollen. Das BAG erwähnt zwar in der Entscheidung vom 16. 12. 1976[421] ausdrücklich seine vorhergehenden Entscheidungen vom

---

wirtschaftlichen Lage nicht zur „Nachholung" außerhalb des dreijährigen Turnus, vgl. *Höfer / Abt*, 2. Aufl., § 16, Rn. 56.

417 Vgl. oben II. 4. e) bb).

418 BAG v. 16. 12. 1976, 3 AZR 795/75, AP Nr. 4 zu § 16 BetrAVG, Leitsatz 2 2 a und unter II. u. IV. der Gründe.

419 Vgl. dazu auch oben II. 4. a) und unten V. 2. c) dd).

420 Vgl.BAG v. 16. 12. 1976, 3 AZR 795/75, unter IV. u. IV. 3 der Gründe.

421 BAG v. 16. 12. 1976, 3 AZR 795/75, AP Nr. 4 zu § 16 BetrAVG.

1. 7. 1976[422] mit der lapidaren Feststellung: „Das hat der Senat bereits in seinen Entscheidungen vom 1. 7. 1976 (zu I. 1 a bzw. B. I. 1 a der Gründe) näher dargelegt." Überprüft man jedoch diese angegebenen Stellen, so findet sich so gut wie nichts, was eine Ablösung der vorgesetzlichen Rechtsprechung begründen könnte.

Im Gegenteil, das BAG formuliert in beiden Entscheidungen vom 1. 7. 1976 gleichlautend wie folgt:

> „Die hierzu vorliegende Rechtsprechung hat der Gesetzgeber nicht mißbilligt, sondern er ist von ihr ausgegangen und hat sie bei seiner Regelung in Rechnung gestellt. Die Lösungswege, die von der Rechtsprechung beschritten waren, sollten daher nicht abgebrochen oder gar gesperrt werden. Vielmehr sollte, auch im Interesse der Rechtssicherheit, sich ein nahtloser Übergang auf die gesetzliche Regelung vollziehen."

Es wird vom BAG also ein Zitat angeführt, das genau das Gegenteil von dem besagt, was bewiesen werden sollte, abgesehen davon, daß die Entscheidungen vom 1. 7. 1976 vorwiegend die Frage des Zeitpunkts der erstmaligen Anpassungsprüfung nach Inkrafttreten des Gesetzes[423] und nur am Rande[424] die Frage der Opfergrenze betrafen.

Aus den Entscheidungen vom 1. 7. 1976 läßt sich für die Argumentation des BAG lediglich der Satz verwenden, der Gesetzgeber habe, „was schon die Bezeichnung des Gesetzes aussagt", die betriebliche Altersversorgung verbessern wollen. Dabei ist es aber wohl äußerst fraglich, inwieweit aus einer Gesetzesüberschrift wie „Gesetz zur Verbesserung der betrieblichen Altersversorgung" konkrete Folgerungen für die Auslegung einer einzelnen Vorschrift gezogen werden können[425]. Die durchaus vielschichtige Frage, wie und wodurch „die betriebliche Altersversorgung" verbessert werden könnte[426], stellt sich zunächst ganz unabhängig von der Anpassungsproblematik. Es kommt auch nicht darauf an, daß der Gesetzgeber die betriebliche Altersversorgung „in einigen wesentlichen Punkten" verbessern wollte[427], sondern nur auf die Auslegung des § 16 BetrAVG[428].

---

[422] Gemeint sind wohl die Entscheidungen vom 1. 7. 1976, 3 AZR 791/75 und 3 AZR 37/76, AP Nr. 1 u. 2 zu § 16 BetrAVG, wie sich aus den zitierten Abschnitten der Entscheidungsgründe (I. 1 a bzw. B. I. 1 a) ergibt.

[423] *Höfer*, DB 1977, S. 1893 ff., 1894, u. *Schwerdtner*, ZfA 1978, S. 553 ff., 561, weisen zutreffend darauf hin, daß das BAG hier das gleiche Argument in verschiedene Richtungen einsetzt.

[424] Nämlich für die Zeit vor Inkrafttreten des Gesetzes, vgl. C. I. 1 der Gründe der Entsch. v. 1. 7. 1976, 3 AZR 37/76, AP Nr. 2 zu § 16 BetrAVG.

[425] Vgl. allgemein zur Regelungsabsicht des Gesetzgebers im Zusammenhang mit Überschriften u. ä. *Larenz*, Methodenlehre, S. 319 f.; kritisch speziell im Zusammenhang mit § 16 *Hetzel*, BB 1977, S. 652 ff., 653; *Konzen*, SAE 1977, S. 200; *Schwerdtner*, ZfA 1978, S. 553 ff., 561.

[426] Vgl. dazu u. a. oben II. 6. c).

[427] So BAG v. 16. 12. 1976, 3 AZR 795/75, AP Nr. 4 zu § 16 BetrAVG, unter IV. 2 der Gründe.

Wenn man zur Auslegung der Vorschrift schon auf die Entstehungsgeschichte und den mutmaßlichen Willen des Gesetzgebers abstellen will, so kann man wohl nicht daran vorbeigehen, daß es das wesentliche Anliegen in den parlamentarischen Beratungen war, im Interesse einer weiteren Verbreitung der betrieblichen Altersversorgung eine Formulierung zu finden, die auch nur den Anschein einer Dynamisierung vermeiden sollte[429]. Merkwürdigerweise erwähnt auch das BAG — bei seinen Ausführungen zur formellen Opfergrenze[430] — diesen „roten Faden" der Beratungen, ohne jedoch daraus die entsprechenden Schlüsse zu ziehen.

Auch *Richardi*[431] — im Ergebnis voll die Linie des BAG vertretend — nimmt durchaus die Absicht der Vermeidung eines Abschreckungseffekts zur Kenntnis, meint aber, deswegen sei an Stelle der Verhandlungspflicht die allein dem Arbeitgeber übertragene Prüfung und Entscheidung getreten. Er verkennt dabei wohl, daß im Hinblick auf den zu vermeidenden Effekt eine formelle Frage (keine Verhandlungspflicht) im Gegensatz zu der materiellen Verpflichtung (Anpassungspflicht ohne Opfergrenze) praktisch bedeutungslos sein dürfte[432]. Daß der Gesetzgeber aber mit der äußerst vorsichtigen Formulierung des § 16 die auf den Grundsatz von Treu und Glauben gegründete Opfergrenzenrechtsprechung vom 30. 3. 1973 — die einen Anpassungsanspruch nur bei erheblichen Wertverschiebungen bejahte — ablösen wollte und dem Arbeitgeber eine gegenüber der bisherigen Rechtsprechung verschärfte materielle Verpflichtung auferlegen wollte, kann man keinesfalls annehmen, jedenfalls ist dies nicht aus der Entstehungsgeschichte abzuleiten.

cc) Ernstzunehmender ist schon das weitere Argument des BAG[433], nämlich der Hinweis auf den sog. „Nulleffekt"[434] mit dem Rechenbeispiel, daß bei einer jährlichen Steigerung des Preisindex für die Lebenshaltung von etwa 6 % in der Phase des Gesetzgebungsverfahrens, sich in drei Jahren eine Verteuerung von etwa 20 % ergibt. Gehe man „von diesen vom Gesetzgeber vorgefundenen Verhältnissen aus, dann ließe sich kein Ziel mehr darin finden, die Prüfung über die Anpassung im Abstand von 3 Jahren vorzuschreiben, wenn gleichzeitig eine Stillhaltegrenze von 40 % gewollt gewesen wäre".

---

[428] So zutreffend *Hetzel*, BB 1977, S. 652 ff., 653.

[429] Vgl. insbes. *Fenge*, DB 1975, S. 2371 ff.; s. a. oben II. 6. c).

[430] II. 1 der Gründe der Entsch. v. 16. 12. 1976, 3 AZR 795/75.

[431] *Richardi*, DB 1977, S. 207.

[432] So zutreffend *Hetzel*, BB 1977, S. 652 ff., 653, FN 4.

[433] BAG v. 16. 12. 1976, 3 AZR 795/75, unter IV. 2 der Gründe; zustimmend *Richardi*, DB 1977, S. 207, 208 und in Anmerkung AP Nr. 3 u. 4 zu § 16 BetrAVG, unter III., und *Schaub*, NJW 1978, S. 2076 ff., 2078.

[434] So formuliert von *Richardi*, DB 1976, S. 1718 ff., 1720.

Der Gedanke scheint zunächst einleuchtend zu sein; allerdings muß man nach dem dürftigen Inhalt der Materialien doch sehr zweifeln, ob der Gesetzgeber tatsächlich so genau wie später das BAG gerechnet hat und die gleichen Erwägungen angestellt hat[435]. Aus den Materialien ergeben sich keinerlei Hinweise, daß die Auswahl des dreijährigen Turnus irgendwie in Beziehung zum Ausmaß der Verteuerung zu setzen wäre[436]. Die Einführung eines Turnus erklärt sich vielmehr allein dadurch, daß die Initiative dem Arbeitgeber übertragen wurde[437] und der Arbeitgeber verpflichtet werden sollte, in regelmäßigen Zeitabständen tätig zu werden[438].

Die Prüfungspflicht alle drei Jahre ist im übrigen nicht gleichbedeutend mit einer Anpassungspflicht, d. h., es ist ohne weiteres denkbar, daß die Prüfung in regelmäßigen Zeitabständen vorzunehmen ist, die Entscheidung aber negativ ausfallen kann[439]. Es zeigt sich hier, daß das BAG nicht genau zwischen Prüfung und Entscheidung zu differenzieren versteht[440]. Im übrigen ist es keinesfalls so, daß der Dreijahresturnus unter Beachtung einer Opfergrenze immer zu einem „Nulleffekt" führen müßte. Das Gesetz ist nicht nur für die zur Zeit des Gesetzgebungsverfahrens herrschenden Verhältnisse gemacht, sondern gilt allgemein[441], also auch für Zeiten mit — durchaus denkbar — höherer Inflationsrate[442]. Vor allem aber hat das BAG[443] bei seiner Argumentation nicht beachtet, daß die Stillhaltegrenze keinesfalls definitiv bei 40 % liegen muß[444]. Auch die BAG-Entscheidungen vom 30. 3. 1973 haben nur festgestellt, daß jedenfalls bei diesem Wert die Grenze überschritten ist; offen geblieben ist, ob sie nicht auch niedriger angesetzt werden kann.

Für eine „weiterentwickelte Opfergrenze" haben sich zahlreiche Stimmen in der Literatur ausgesprochen[445]. Der BGH geht in seiner

---

435 Vgl. *Schwerdtner*, ZfA 1978, S. 553 ff., 562.

436 Vgl. oben V. 2. b), FN 412.

437 So *Hetzel*, BB 1977, S. 652 ff., 654.

438 Vgl. Bundestagsdrucksache 7/2843, S. 12.

439 Vgl. im einzelnen unten dd).

440 So auch *Hetzel*, BB 1977, S. 652 ff., 654; *Schwerdtner*, ZfA 1978, S. 553 ff., 565.

441 Vgl. dazu auch *G. Müller*, DB 1981, S. 93 ff., 98.

442 Daß Bundesregierung und Bundestag die Bekämpfung der Verteuerung als eines ihrer Hauptanliegen bezeichnet haben — so BAG v. 16. 12. 1976, 3 AZR 795/75 — steht dem in keiner Weise entgegen.

443 BAG v. 16. 12. 1976, 3 AZR 795/75.

444 So zutreffend *Ahrend / Förster / Rößler*, in Anm. AP Nr. 1 und 2 zu § 16 BetrAVG, unter 5 a; *Hetzel*, BB 1977, S. 652 ff., 654.

445 *Hilger*, BetrAV 1973, S. 140 ff., 142; *Thomas*, BetrAV 1974, S. 34 ff., 35; *Medicus*, in Anm. AP Nr. 4 zu § 242 BGB Ruhegehalt-Geldentwertung, unter 3 c; *Fürer / Förster / Rößler*, DB 1974, S. 776 ff., 777 f.; *Kemper*, in: Neurege-

Entscheidung vom 4. 11. 1976[446] offensichtlich bei einem Kaufkraftverlust von über 25 % davon aus, daß die Stillhaltegrenze überschritten ist. Zuletzt hat sich sogar das BAG[447] nicht abschließend festlegen wollen, ob nicht doch eine 20 %ige Opfergrenze gelten könne. Es ist allerdings kaum damit zu rechnen, daß das BAG in absehbarer Zeit eine solche Opfergrenze anerkennen würde[448].

Der Argumentation des BAG in der Entscheidung vom 16. 12. 1976[449], der dreijährige Prüfungsturnus gebe bei Anwendung einer Opfergrenze keinen Sinn, kann jedenfalls nicht gefolgt werden. Bei einer maßvollen Stillhaltegrenze tritt keinesfalls ein „Nulleffekt" ein; ein solcher war im übrigen auch nicht mit der vorgesetzlichen Rechtsprechung verbunden[450]. Voraussetzung zur Vermeidung des „Nulleffekts" ist allerdings, daß bei Folgeprüfungen nicht nur die im zurückliegenden Dreijahresraum entstandene Teuerung berücksichtigt wird, sondern grundsätzlich auf das Einsetzen der laufenden Leistung unter Anrechnung zwischenzeitlicher Anpassungen zurückgerechnet wird[451], also die bei einem Termin nicht ausgeglichenen Prozentpunkte sozusagen auf „laufende Rechnung" vorgetragen und bei den folgenden Prüfungsterminen berücksichtigt werden[452].

dd) Für die Beibehaltung einer maßvollen Opfergrenze spricht im übrigen auch der Wortlaut des § 16 selbst, wonach der Arbeitgeber eine Anpassung lediglich zu prüfen hat und hierüber nach billigem Ermessen zu entscheiden hat.

Die Auffassung des BAG[453] und von *Richardi*[454] berücksichtigt nicht, daß Prüfung i. S. des § 16 noch nicht unbedingt zu einer positiven Anpassungsentscheidung führen muß[455]. Das Gesetz bestimmt nur, daß

lung der betriebl. Altersversorgung, S. 23 ff., 26; *Höfer*, Kommentar, 1. Aufl., § 16, Rn. 48, 49; *Höhne*, in Heubeck / Höhne / Paulsdorff / Rau / Weinert, 1. Aufl., § 16, Rn. 122; *Schaub / Schusinski / Ströer*, S. 91 (6.); *Förster*, Perspektiven, S. 65 ff., 70; *Ahrend / Förster / Rößler*, DB 1976, S. 338 ff., 341; *Lieb / Westhoff*, DB 1976, S. 1958 ff., 1960 f.; *Hetzel*, BB 1977, S. 652 ff., 654; *Konzen*, SAE 1978, S. 223 u. SAE 1977, S. 199, 200.

446 BGH v. 4. 11. 1976, II ZR 148/75, AP Nr. 7 zu § 242 BGB Ruhegehalt-Geldentwertung = DB 1977, S. 170 ff.

447 BAG v. 17. 1. 1980, 3 AZR 614/78, AP Nr. 7 zu § 16 BetrAVG, unter B. I. 3 a der Gründe.

448 So zutreffend *Blomeyer*, SAE 1982, S. 15.

449 BAG v. 16. 12. 1976, 3 AZR 795/75.

450 Vgl. die von *Heubeck* entwickelten Modelle I u. II bei *Höhne / Heubeck*, Anpassung, S. 103, oder *Bode / Grabner*, BB 1975, S. 1644 ff., u. DB 1977, S. 1555 ff.

451 Vgl. oben IV. 5. c).

452 So *Hetzel*, BB 1977, S. 652 ff., 654.

453 BAG v. 16. 12. 1976, 3 AZR 795/75.

454 *Richardi*, DB 1976, S. 1718 f., 1719, DB 1977, S. 207 ff., und in Anm. AP Nr. 3 u. 4 zu § 16 BetrAVG, unter III.

455 Vgl. auch oben II. 4. c).

nach der Prüfung eine Entscheidung nach billigem Ermessen zu treffen ist. Es liegt also das „wie" und das „ob" dieser Entscheidung im billigen Ermessen des Arbeitgebers[456]. Die Auffassung des BAG bzw. von *Richardi* führt dagegen dazu, daß dem Grunde nach alle drei Jahre immer ein Anpassungsanspruch gegeben sein soll, was sich dem Gesetz aber gerade nicht entnehmen läßt[457]. Der Anpassungsanspruch ist vielmehr nach dem Gesetzeswortlaut davon abhängig, daß das billige Ermessen bei der Entscheidung des Arbeitgebers eine Anpassung erfordert[458].

Es ist also nicht so, daß von vornherein ein Anpassungsanspruch gegeben wäre; vielmehr kann auch eine negative Entscheidung noch billigem Ermessen entsprechen. Die Beachtung einer angemessenen Opfergrenze liegt aber noch im Rahmen des billigen Ermessens, da nicht jeder Teuerungsgrad schon eine Anpassung erfordert. Die gegenteilige Meinung führt dazu, daß von vornherein das Entwertungsrisiko dem Arbeitgeber auferlegt wäre und insoweit für eine Billigkeitsentscheidung kein Raum mehr bliebe[459].

Zu beachten ist zwar, daß Prüfung i. S. des § 16 grundsätzlich eine umfassende Prüfung zu sein hat[460], daß also allein die Feststellung, daß die Teuerung eine bestimmte Opfergrenze noch nicht überschritten hat, für eine billige Entscheidung normalerweise noch nicht ausreichen dürfte. Jedoch muß es möglich sein, daß unter mehreren Kriterien ein besonders schwerwiegendes den Ausschlag gibt. Für das Thema „Opfergrenze" kommt insoweit in Betracht, je nach erreichtem bzw. überschrittenem Teuerungsgrad zu differenzieren, was nachfolgend noch dargestellt werden soll. Als Ergebnis gilt es vorerst festzuhalten, daß Entstehungsgeschichte und Wortlaut des § 16 für die Beibehaltung einer wohl noch näher zu bestimmenden Opfergrenze sprechen, die unter die Belange des Versorgungsempfängers einzuordnen ist und im Rahmen der Prüfung und Entscheidung nach billigem Ermessen zu berücksichtigen ist.

---

456 So richtig *Lieb / Westhoff*, DB 1976, S. 1958 ff., 1960; zustimmend *Schwerdtner*, ZfA 1978, S. 553 ff., 565 f.

457 Wie hier auch *Doetsch*, Arbeitgeber 1976, S. 46; *Bode / Grabner*, DB 1977, S. 1807 ff., 1000.

458 Vgl. *Lieb / Westhoff*, S. 1960; unverständlich sind in diesem Zusammenhang die Ausführungen von *Sonne*, S. 317 f., der die Opfergrenze mit der Begründung ablehnen will, nicht der Anpassungsanspruch werde durch Billigkeitserwägungen begrenzt, sondern die Anpassungsentscheidung, zumal *Sonne* auf S. 332 richtigerweise auf den Entscheidungsspielraum des Arbeitgebers hinweist.

459 So zutreffend *Lieb / Westhoff*, S. 1960 ff.; zustimmend *Ahrend / Förster / Rößler*, in Anm. AP Nr. 1 u. 2 zu § 16 BetrAVG, unter 5 a; mit Einschränkung *Höhne*, in Heubeck / Höhne / Paulsdorff / Rau / Weinert, 2. Aufl., § 16, Rn. 121 a.

460 Vgl. oben II. 4. b).

3. Die richtige Lösung im Rahmen des billigen Ermessens

Das BAG hatte in seiner vorgesetzlichen Rechtsprechung vom 30. 3. 1973[461] das exakte Ausmaß des dem Versorgungsempfänger aufzuerlegenden Opfers nicht abschließend festgelegt, sondern mit 40 % denjenigen Punkt angegeben, an dem jedenfalls die Opfergrenze überschritten war. Daß die Grenze u. U. auch niedriger liegen kann, ist deshalb nicht ausgeschlossen und wurde ja auch diskutiert[462]. Im Rahmen von § 16 stellt sich nun die Frage, bei welchen Teuerungsgraden welche Entscheidung noch billigem Ermessen entspricht. Es bietet sich dabei an, einerseits auf die 40 % des BAG, andererseits auf einen niedrigeren Wert abzustellen.

Zunächst wird man auch unter Geltung des § 16 sagen können, daß bei einer Verteuerung von 40 % die Opfer- oder Stillhaltegrenze in jedem Fall überschritten ist. Der Arbeitgeber kann also bei derartig hohen Werten nicht mit einer vom Versorgungsempfänger hinzunehmenden Teuerungsrate argumentieren, so daß in diesem Fall eine allein mit der Begründung „Opfergrenze" ablehnende Entscheidung von vornherein unbillig wäre. Bei einer 40 %igen Verteuerung kann auch nicht etwa allein im Hinblick auf die Opfergrenzenproblematik ein „Abschlag" oder eine teilweise Kürzung um einen „Eigenanteil" vorgenommen werden oder gar eine Anpassung nur noch insoweit geprüft werden, als die Opfergrenze überschritten ist[463]. Die Idee der Opfergrenze besagt zunächst nur, daß der Versorgungsempfänger eine bestimmte anpassungslose *Zeitspanne* hinzunehmen hat, nicht aber, daß dem Pensionär auf Dauer eine Beteiligung an der Entwertung auferlegt werden soll[464]. Ob im Endergebnis Abschläge und somit das Verbleiben einer Anpassungseinschränkung zum Nachteil des Rentners zulässig sind, kann sich nur anhand anderer, im Rahmen der Abwägung zu berücksichtigender Kriterien ergeben.

Weiter wird man aber fragen müssen, wo die Grenze liegen könnte, bis zu der der Kaufkraftschwund vom Versorgungsempfänger in der Regel als zumutbar hingenommen werden muß. Versteht man Prüfung i. S. von § 16 als umfassende Vorbereitung der Entscheidung[465], so ver-

---

[461] BAG v. 30. 3. 1973, 3 AZR 26/72 u. 34/72, AP Nr. 4 u. 5 zu § 242 BGB Ruhegehalt-Geldentwertung.

[462] Vgl. oben V. 2. c) cc).

[463] So aber noch *Höfer*, Kommentar, 1. Aufl., § 16, Rn. 68.

[464] So zutreffend *Lieb / Westhoff*, DB 1976, S. 1958 ff., 1961; ebenso BAG v. 16. 12. 1976, 3 AZR 795/75, AP Nr. 4 zu § 16 BetrAVG, unter VI. 2 c der Gründe; zustimmend auch *Richardi*, DB 1977, S. 207 ff.; 209 und in Anm. AP Nr. 4 zu § 16 BetrAVG unter V. 2; *Schwerdtner*, ZFA 1978, S. 553 ff., 570; *Höhne*, in Heubeck / Höhne / Paulsdorff / Rau / Weinert, 2. Aufl., § 16, Rn. 123; im Ergebnis ebenso *Hanau*, ZFA 1976, S. 485 ff., 491.

[465] Vgl. oben II. 4. b).

bietet sich an sich eine allein auf die Opfergrenze abstellende Anpassungsentscheidung. Bedenkt man jedoch, daß ein von der Rechtsprechung entwickelter gewichtiger Gesichtspunkt letztlich trotz anderer Überlegungen den Ausschlag geben kann, und hält man sich weiter die Entstehungsgeschichte[466] vor Augen, so ist es durchaus vertretbar, bis zu einer bestimmten — jedenfalls unter 40 % liegenden — Grenze nicht von „anpassungsrelevanten Belangen des Versorgungsempfängers“[467] zu sprechen.

Diese Grenze könnte man mit *Konzen*[468] bei etwa 20 % Kaufkraftverlust ansetzen, also der Rate, die sich nach den zum Zeitpunkt des Gesetzgebungsverfahrens gültigen Zahlen in drei Jahren in etwa ergeben hat[469]. Da der Gesetzgeber eng an die vorgesetzliche Rechtsprechung anknüpfen wollte, diese die Verhandlungspflicht von einem bestimmten Teuerungsgrad abhängig gemacht hatte, der Gesetzgeber allerdings die Prüfungspflicht in dreijährigem Turnus vorschreibt, könnte man in etwa die im Dreijahreszeitraum auftretende Verteuerung für die Frage nach der Opfergrenze heranziehen. Die Bedenken des BAG bezüglich des angeblichen „Nulleffekts“[470] dürften bei einer 20 %igen Grenze wohl nicht ohne weiteres eingreifen. Freilich hat sich der Gesetzgeber speziell zu diesem Problem offensichtlich keine näheren Gedanken gemacht; die Materialien enthalten jedenfalls insoweit keinerlei Anhaltspunkte[471]. Gleichwohl ist zu beachten, daß die vorgesetzliche Rechtsprechung von einer Opfergrenze bis zu 40 % ausging und daß der Gesetzgeber jedenfalls nicht zu Lasten der Arbeitgeber von dieser Rechtsprechung abweichen wollte[472]. Eine materielle Opfergrenze bei einem Teuerungsausmaß von 20 % mit der Folge, daß unterhalb dieser Grenze in der Regel keine Anpassung verlangt werden kann, dürfte deshalb grundsätzlich billigem Ermessen entsprechen[473].

---

466 „Roter Faden“, vgl. u. a. oben II. 6. c) oder V. 2. c) bb).

467 Vgl. *Schwerdtner*, ZfA 1978, S. 553 ff., 571.

468 *Konzen*, SAE 1978, S. 223, vgl. auch SAE 1977, S. 199.

469 Ablehnend *Schulin*, Anm. EzA, § 16 BetrAVG Nr. 7—9, unter 6., und *Blomeyer*, SAE 1982, S. 15, mit der Begründung, die Opfergrenze sei in den Belangen des Versorgungsempfängers „nicht angelegt“ und § 16 müsse insofern als abschließende Kodifikation verstanden werden; vgl. dazu aber oben V. 2. c) bb).

470 Vgl. oben V. 2. c) cc); BAG v. 16. 12. 1976, 3 AZR 795/75, und *Richardi*, DB 1976, S. 1718 ff., DB 1977, S. 207 ff. und in Anmerkung AP Nr. 3 u. 4 zu § 16 BetrAVG.

471 Vgl. insbes. Bundestagsdrucksache 7/2843, S. 5, 12, oder das Beratungsprotokoll, auszugsweise abgedruckt in BetrAV 1974, S. 59 ff.; vgl. auch *Paulsdorff*, BetrAV 1974, S. 38 ff., 39.

472 Vgl oben V. 2. c) bb).

473 Wobei die Verteuerung jeweils ab Beginn der laufenden Leistung zu berechnen ist, nicht nur etwa innerhalb des letzten Dreijahreszeitraums, vgl. oben IV. 5. b).

Bei Teuerungsraten zwischen 20 und 40 % wird es dagegen auf alle weiteren einschlägigen Gesichtspunkte ankommen, die der Arbeitgeber bei der Billigkeitsentscheidung zu berücksichtigen hat, wobei auch die Tatsache, daß die Verteuerung noch unter 40 % liegt, mitherangezogen werden muß. Je mehr der Teuerungsgrad an die Unzumutbarkeitsschwelle von 40 % heranreicht, desto weniger wird der Arbeitgeber ohne triftige andere Gründe eine Anpassung ablehnen oder einschränken können. In diesem Bereich wird es also auch möglich sein, nur Teilanpassungen zu gewähren, was allerdings keinesfalls bedeuten soll, daß nur der über 20 % hinausgehende Teuerungsfaktor auszugleichen wäre[474]. Vielmehr wird der Arbeitgeber unter Abwägung aller zu verwertender Kriterien zu einer Entscheidung kommen müssen, wobei ihm ein Ermessensspielraum zuzugestehen ist[475]. Die Unbilligkeit der Entscheidung kann also nur erfolgreich geltend gemacht werden, wenn ein Ermessensfehler vorliegt, z. B. die Nichtberücksichtigung eines für den Versorgungsempfänger sprechenden Gesichtspunktes.

In Anbetracht der Vielzahl der möglichen Gesichtspunkte läßt sich keine generell gültige Lösung anbieten; es wird vielmehr auf die Entscheidung im Einzelfall ankommen. Dabei ist eines der mit in die Abwägung einzubeziehenden Kriterien auch die Gesamtversorgungssituation des Pensionärs, womit ebenfalls die Belange des Versorgungsempfängers angesprochen sind. Dieser Problemkreis soll im folgenden Abschnitt behandelt werden.

---

474 Vgl. oben FN 464.

475 Vgl oben II. 5. b).

VI. Das Abstellen auf die Gesamtversorgung

1. Problemstellung

Die Mehrzahl der Versorgungsempfänger bezieht nicht nur Leistungen der betrieblichen Altersversorgung, sondern auch Renten aus der gesetzlichen Rentenversicherung. Dies ist bereits deswegen der Fall, weil Arbeiter ohne Rücksicht auf die Höhe ihres Einkommens und Angestellte mit Einkommen bis zur sog. Pflichtversicherungsgrenze Pflichtmitglieder der gesetzlichen Rentenversicherung sind[476]. Da die Sozialversicherungsrente regelmäßig nicht unerheblich niedriger ausfällt als das letzte Arbeitseinkommen[477], soll die vom Arbeitgeber zusätzlich zugesagte Betriebsrente dazu dienen, die Differenz zwischen letztem Arbeitseinkommen und Sozialrenteneinkommen auszugleichen. Dies war in den Anfängen der betrieblichen Altersversorgung mit ein wesentliches Motiv für betriebliche Versorgungszusagen[478]. Man spricht in diesem Zusammenhang von der „Ergänzungsfunktion" der betrieblichen Altersversorgung[479], und zwar nicht nur dann, wenn die Versorgungszusage unmittelbar eine Anrechnung der Sozialversicherungsrente vorsieht oder einen direkten Bezug zur Sozialversicherung erkennen läßt, sondern auch im Fall der nur mittelbaren oder stillschweigenden Einbeziehung der Sozialversicherungsrente bei der Bestimmung der durch die betriebliche Leistung zu schließenden Versorgungslücke[480]. Auch

---

[476] Vgl. bereits *Weiß*, in: Handbuch der betriebl. Altersversorgung, S. 13; *Höhne / Heubeck*, Anpassung, 2. Aufl., S. 83; *Höhne*, in Heubeck / Höhne / Paulsdorff / Rau / Weinert, 1. u. 2. Aufl., § 16, Rn. 124.

[477] *Ahrend*, BFuP 1978, S. 385 ff., 392; zum Problem der sog. „Überversorgung" vgl. allerdings *Heubeck / Schröder*, BB 1973, S. 755 ff., *Bennewitz*, BB 1973, S. 950 ff., *Dellefant*, BetrAV 1978, S. 43 ff., und neuerdings *Dieterich*, in: Festschrift für M. L. Hilger und H. Stumpf, S. 77 ff.

[478] Vgl. u. a. *Weiß*, in: Handbuch der betriebl. Altersversorgung, S. 13 f.; *Heißmann*, Die betrieblichen Ruhegeldverpflichtungen, 4. Aufl., S. 4, 12.

[479] Vgl. BAG v. 15. 9. 1977, 3 AZR 654/76, AP Nr. 5 zu § 16 BetrAVG unter B. I. 5 a der Gründe; *Höfer / Kemper*, DB 1973, S. 1347 ff., 1352; *Höfer / Abt*, 2. Aufl., ArbGr Rn. 39 f.; *Bischoff*, BetrAV 1976, S. 77 ff., 78; *Ruland*, DB 1978, S. 1833 f.; *Schoden*, Kommentar, Rn. 328 ff.; *Bode / Grabner*, BB 1976, S. 1324 ff.; *Lieb / Westhoff*, DB 1976, S. 1958 ff., 1962 ff.; *Höfer*, DB 1977, S. 1142; *Ahrend*, in: Soziale Sicherheit in den 80er Jahren, S. 28 ff., 33.

[480] Differenzierend je nach „Inhalt der Versorgungszusage" bzw. „Gesamtversorgungsvorstellung", *Richardi*, DB 1976, S. 1718 ff., 1722 f., DB 1977, S. 207 ff., 210 f., und in Anmerkung AP Nr. 3 und 4 zu § 16 BetrAVG unter VI; dagegen grundsätzlich für Ergänzungsfunktion *Kemper*, in: Neuregelung der

der Gesetzgeber war sich dessen bewußt, da es in der Begründung zum Regierungsentwurf[481] ausdrücklich heißt, daß immer dann, wenn der Empfänger gleichzeitig Sozialversicherungsrente bezieht, die betriebliche Versorgungsleistung von den Parteien als Zusatzversorgung oder ergänzendes Sicherungssystem der durch die Sozialversicherung gewährten Alterssicherung begriffen wird.

Seit der Rentenreform von 1957, insbes. aber in den 60er und 70er Jahren, hat sich nun gezeigt, daß die gesetzlichen Renten wesentlich stärker gestiegen sind als die am Preisindex für die Lebenshaltung gemessene Verteuerung[482]. In Literatur und Rechtsprechung ist deshalb im Rahmen der Anpassungsproblematik die Frage diskutiert worden, ob und inwieweit es bei den Belangen von Versorgungsempfängern mit einer aus betrieblicher Versorgungsleistung und gesetzlicher Rente zusammengesetzten „Gesamtversorgung" eine Rolle spielen kann, daß die Anpassung der gesetzlichen Rente ausreicht, um die Kaufkraft der Gesamtversorgung zu erhalten. § 16 schweigt zu dieser zum Zeitpunkt des Gesetzgebungsverfahrens durchaus schon bekannten Frage[483], sondern beschränkt sich bekanntlich auf die dem Arbeitgeber übertragene Entscheidung nach billigem Ermessen und den Hinweis auf die Belange des Versorgungsempfängers.

Es ist deshalb im Wege der Auslegung des § 16 zu klären, ob der Arbeitgeber bei seiner nach billigem Ermessen zu treffenden Entscheidung berücksichtigen darf, daß der durch die Sozialrentenerhöhung bedingte Anstieg der Gesamtversorgung bereits den aufgrund der Veränderung des Preisindex für die Lebenshaltung sich ergebenden Kaufkraftschwund ganz oder teilweise ausgleicht. Da die Entwicklung des Gesamtrenteneinkommens unmittelbar die Interessen des Versorgungsempfängers berührt, geht es also im Rahmen der Prüfung und der Billigkeitsentscheidung des § 16 darum, ob die Beachtung der „Belange des Versorgungsempfängers" eine Berücksichtigung der Gesamtrentenentwicklung des einzelnen Versorgungsempfängers verlangt[484].

---

betrieblichen Altersversorgung, S. 23 ff., 27 f.; *Förster*, Perspektiven, S. 65 ff., 70 f.; *Bode / Grabner*, BB 1975, S. 1644 ff. und BB 1976, S. 1324 ff.; Arbeitsring/Leitlinien, BetrAV 1976, S. 190 ff., 192 = RdA 1977, S. 35 ff., 37; *Lieb / Westhoff*, DB 1976, S. 1958 ff., 1963 f.; *Höfer*, DB 1977, S. 1142 f.; vgl. auch unten VI. 3. f).

481 Bundestagsdrucksache 7/1281, S. 19.

482 Vgl. dazu u. a. *Bode / Grabner*, BB 1975, S. 1644 ff.; *Höhne / Heubeck*, Anpassung, Tabellen 7 u. 8, S. 40, 41 u. S. 45; *Höhne*, in Heubeck / Höhne / Paulsdorff / Rau / Weinert, 1. Aufl., § 16, Rn. 29, 52 ff. u. 2. Aufl., Rn. 52 ff., inbes. Tabelle 7 zu Rn. 55 und Tabellen 8 und 9 zu Rn. 55 b und 55 c; *Höfer / Abt*, 2. Aufl., § 16, Tabellen S. 869 u. 872; *Schaub / Schusinski / Ströer*, Tabellen S. 92 u. 94.

483 Vgl. Bundestagsdrucksache 7/1281, S. 10.

484 Vgl. *Höfer*, Komm., 1. Aufl., § 16, Rn. 51.

In der Literatur ist mit zahlreichen Rechenbeispielen, Tabellen und Modellen veranschaulicht worden, wie sich im einzelnen die Sozialrentensteigerungen auf die Gesamtversorgung von Betriebsrentnern auswirken[485]. Es soll davon abgesehen werden, im Rahmen dieser Arbeit die verschiedenen Modelle näher zu behandeln. Wesentlich ist, daß bei den Berechnungen klar zum Ausdruck kommt, daß in vielen Fällen bereits die vergleichsweise überproportionalen Steigerungen der gesetzlichen Renten den Kaufkraftverlust ausgleichen, wobei Gesamtversorgungssysteme mit hohem Sozialrentenanteil jedenfalls bisher häufig durch die Dynamisierung der Sozialrenten zu Versorgungsbezügen führten, die im Vergleich zum Nettoeinkommen vergleichbarer aktiver Arbeitnehmer überhöht waren[486].

2. Der Meinungsstand in Literatur und Rechtsprechung bis zur BAG-Entscheidung vom 15. 9. 1977

Die Frage, inwieweit bei der Anpassung betrieblicher Ruhegeldleistungen auf die Gesamtversorgung abzustellen ist, ist aktuell im heutigen Sinne wohl erst seit der vorgesetzlichen BAG-Rechtsprechung vom 30. 3. 1973[487], da erst mit diesen Entscheidungen die mögliche Verpflichtung des Arbeitgebers zur Anpassung deutlich gemacht wurde[488]. Das Bundesarbeitsgericht war sich in diesen Entscheidungen der Problematik der Gesamtversorgungsbetrachtung durchaus bewußt. Es hat dazu folgendes ausgeführt[489]:

> „Es wird auch eine nicht unbedeutende Rolle spielen, inwieweit die Verteuerung durch die jährliche Steigerung der Renten aus der gesetzlichen Rentenversicherung ausgeglichen wird. Das gilt jedenfalls dann, wenn die betriebliche Versorgung auf der gesetzlichen Rente aufbaut und diese ergänzen soll, wie es weithin üblich ist. Man wird jedoch bei der Frage

---

[485] Vgl. u. a. *Heubeck / Schröder*, BB 1973, S. 755 ff.; 759; *Bennewitz*, BB 1973, S. 950; *Fürer / Förster / Rößler*, DB 1974, S. 776 ff., 777; *G. Heubeck*, BB 1975, S. 1121 ff = BetrAV 1975, S. 145 ff.; *K. Heubeck*, DB 1978, S. 345 ff., 346, 347; *Höhne*, in Heubeck / Höhne / Paulsdorff / Rau / Weinert, 1. Aufl., § 16, Rn. 125, 126, u. 2. Aufl., § 16, Rn. 125; *Höfer*, Kommentar, 1. Aufl., § 16, Rn. 66 ff.; *Bode / Grabner*, DB 1974, S. 1961; BB 1975, S. 1644 ff., u. DB 1977, S. 1555 ff., 1557.

[486] Vgl. *Höhne*, in Heubeck / Höhne / Paulsdorff / Rau / Weinert, 2. Aufl., § 16, Rn. 129; vgl. dazu auch unten VII.

[487] BAG v. 30. 3. 1973, 3 AZR 26/72 u. 3 AZR 34/72, AP Nr. 4 u. 5 zu § 242 BGB Ruhegehalt-Geldentwertung.

[488] Wenngleich die Problematik im Zusammenhang mit dem „Ergänzungscharakter" auch schon vorher bekannt war, vgl. z. B. *Heißmann*, Die betriebl. Altersversorgung im Spannungsfeld der Sozialpolitik, S. 10 ff.; *ders.*, in: Betriebliche Ruhegeldverpflichtungen, 6. Aufl., S. 8 ff. u. S. 522 ff., u. in RdA 1968, S. 126, oder *Stötter*, DB 1967, S. 1163 ff., 1165.

[489] Vgl. B. V. 4 der Gründe der Entscheidung 3 AZR 26/72, AP Nr. 4 zu § 242 BGB Ruhegehalt-Geldentwertung.

der Anpassung nicht unterschiedslos von der Gesamtversorgung (betriebliche Leistungen und Renten aus gesetzlicher Pflichtversicherung) ausgehen dürfen. Bei der Vielfalt der Tatbestände lassen sich, wenigstens zur Zeit, solange die Praxis noch nicht in ausreichendem Maße verallgemeinerungsfähige Modelle erarbeitet hat, auch hier keine allgemeingültigen Regeln aufstellen. Treu und Glauben verlangen die Berücksichtigung aller Umstände des Falles."

Das BAG wollte also — wie überhaupt mehrfach in diesen Entscheidungen betont — vorwiegend auf die Umstände des Einzelfalles abstellen, insbes. wohl auch auf den genauen Inhalt der jeweiligen Versorgungszusagen. Immerhin hat das BAG aber damals klar zum Ausdruck gebracht, daß der Tatbestand der Sozialrentensteigerung mit in die Erwägungen einzubeziehen ist.

In der Literatur wurde die Frage der Maßgeblichkeit der Gesamtversorgung überwiegend bejaht, und zwar in erster Linie unter Hinweis auf den Ergänzungscharakter der betrieblichen Altersversorgung, weiterhin auch im Hinblick auf § 5 Abs. 2 BetrAVG[490]. *Höfer*[491] hatte auf die BAG-Rechtsprechung anläßlich der Rentenreform 1957 verwiesen[492], wonach bei der Prüfung des Wegfalls der Geschäftsgrundlage ebenfalls die Summe aus Sozialrente und Betriebsrente herangezogen worden war. Teilweise wurde jedoch auch dahin differenziert, daß im Stadium der reinen Teuerungsermittlung die Änderung der Gesamtversorgung noch keine Rolle spielen dürfe, sondern erst im Rahmen der Abwägung aller Umstände bei der Entscheidung nach billigem Ermessen[493]. Lediglich vereinzelt wurde auf die unterschiedliche Zielsetzung von Betriebsrentenanpassung einerseits und Dynamisierung der Sozialversicherung andererseits verwiesen[494]. Diskutiert wurde auch,

---

[490] Vgl. *Heubeck / Schröder*, BB 1973, S. 755 ff.; *Bennewitz*, BB 1973, S. 990 ff., 991; *Höfer / Kemper*, DB 1973, S. 1347 ff., 1351; *Bode / Grabner*, DB-Beilage 1/1974, unter V. 3 u. 4, DB 1974, S. 1577 ff., BB 1975, S. 1644 ff., BB 1976, S. 1324 ff. und DB 1977, S. 1555 ff.; *Kemper*, Neuregelung der betriebl. Altersversorgung, S. 27; *Paulsdorff*, Arbeitgeber 1974, S. 940; *Kiefer / Giloy*, § 16, Rn. 3; *Höfer*, Kommentar, 1. Aufl., § 16, Rn. 51 f. u. DB-Beilage 1/77, S. 5 u. DB 1977, S. 1142; *Heubeck*, BB 1975, S. 1121 f. u. BB 1975, S. 2333, u. Arb.u.Soz.Pol. 1976, S. 369 f., 370; *Bischoff*, BetrAV 1976, S. 77 ff., 81. *Doetsch*, Arbeitgeber 1976, S. 359; *Ahrend / Förster / Rößler*, DB 1976, S. 338 ff., 340; *Lieb / Westhoff*, DB 1976, S. 1958 ff., 1966; Arbeitsring/Leitlinien, RdA 1977, S. 35.

[491] *Höfer*, Kommentar, 1. Aufl., § 16, Rn. 53.

[492] Vgl. BAG vom 10. 4. 1962, 3 AZR 346/61, AP Nr. 83 zu § 242 BGB Ruhegehalt.

[493] So insbes. *Thomas*, BetrAV 1974, S. 34 ff., 35, der zu Recht darauf hinweist, daß auch das BAG in den Urteilen vom 30. 3. 1973 den Einfluß der Sozialrentensteigerung erst bei den Umständen der Billigkeitsentscheidung erwähnt; ähnlich später bei § 16 auch *Richardi*, DB 1977, S. 207 ff., 210, u. in Anm. AP Nr. 3 u. 4 zu § 16 BetrAVG unter III.

[494] Vgl. *Richardi*, DB 1976, S. 1718 ff., 1720 f.; *Bettermann*, RdA 1975, S. 2 ff., 8, der aber das eigentliche Gesamtversorgungsproblem nicht behandelt, also

nur die halbe Sozialrentenleistung zu berücksichtigen, und zwar im wesentlichen mit der Begründung, daß Arbeitnehmer und Arbeitgeber jeweils zur Hälfte mit Beiträgen die Sozialversicherungsrente begründet haben und deswegen eine hälftige Anrechnung der Sozialrentensteigerung angemessen sei bzw. daß die mit der Sozialrentenanpassung verbundene Beteiligung des Rentners am Produktivitätsfortschritt nicht uneingeschränkt bei der Betriebsrentenanpassung angerechnet werden dürfte[495].

In seinen ersten Urteilen nach Inkrafttreten des BetrAVG hatte das BAG die Frage noch offen gelassen, ausdrücklich z. B. in der Entscheidung vom 16. 12. 1976, 3 AZR 795/75[496]. Im Schrifttum erwartete man nach diesem Urteil durchaus noch eine positive Haltung des BAG zur Gesamtversorgungsbetrachtung[497]. In der Grundsatzentscheidung vom 15. 9. 1977[498] enttäuschte das BAG aber alle Erwartungen und gab der Gesamtversorgungstheorie eine eindeutige Absage, indem es bereits in Leitsatz 1 folgendermaßen formulierte:

> „Bei der Anpassung von Leistungen der betrieblichen Altersversorgung nach § 16 BetrAVG bleibt die Dynamisierung der Renten aus der Sozialversicherung außer Betracht."

In den späteren Entscheidungen vom 17. 1. 1980[499] und vom 11. 8. 1981[500] bestätigte das BAG seine ablehnende Haltung, wobei es zwar auch kritische Stimmen im Schrifttum erwähnte, sich aber keineswegs eingehend mit allen Argumenten befaßte[501]. Im folgenden sollen nun

---

von *Höhne* zu Unrecht als „a. A." zitiert wird, vgl. Heubeck / Höhne / Paulsdorff / Rau / Weinert, 2. Aufl., § 16, Rn. 130.

495 Vgl. u. a. *Fürer / Förster / Rößler*, DB 1974, S. 776 ff., 777 u. *Schaub / Schusinski / Ströer*, S. 95 (8), vgl. unten VI. 3. g).

496 Vgl. BAG v. 16. 12. 1976, 3 AZR 795/75, AP Nr. 4 zu § 16 BetrAVG, unter VI. 3 der Gründe: „Offen bleiben muß insbesondere die im Schrifttum in den Vordergrund gerückten Frage, ob und in welcher Weise es eine Rolle spielt, daß die Sozialversicherungsrenten durch die bei ihnen erfolgenden Anpassungen den Kaufkraftverlust ganz oder teilweise ausgleichen, wenn man die Entwicklung der aus Sozialversicherungsrente und Betriebsrente zusammengesetzten Gesamtversorgung betrachtet."

497 Z. B. *Doetsch*, Arbeitgeber 1976, S. 500 f.; *Bode / Grabner*, DB 1977, S. 1555 ff., 1558; *Hetzel*, DB 1977, S. 652 ff., 655; vgl. aber *Schwerdtner*, ZFA 1978, S. 553, 574, der nachträglich meinte, nach der Argumentation von der Nichtweitergeltung einer Opfergrenze habe das BAG konsequenterweise gar nicht mehr die Gesamtversorgung berücksichtigen können.

498 BAG v. 15. 9. 1977, 3 AZR 654/76, AP Nr. 5 zu § 16 BetrAVG = BB 1977, S. 1550 ff. = DB 1977, S. 1903 ff.

499 BAG v. 17. 1. 1980, 3 AZR 614/78, unter A. I. der Gründe, 3 AZR 1107/78, unter I. 1 der Gründe, AP Nr. 7 u. 8 zu § 16 BetrAVG.

500 BAG v. 11. 8. 1981, 3 AZR 395/80, AP Nr. 11 zu § 16 BetrAVG, unter III. 1 der Gründe.

501 So auch *Ahrend / Förster / Rößler*, Anm. AP Nr. 7 u. 8 zu § 16 BetrAVG, unter I., und in BB-Beilage 6/1980, S. 3.

die Argumente des BAG unter Heranziehung der wesentlichen Stimmen in der Literatur einer kritischen Würdigung unterzogen werden.

3. Kritische Auseinandersetzung mit den Argumenten des BAG in den Entscheidungen vom 15. 9. 1977, 17. 1. 1980 und 11. 8. 1981

a) Der mit § 16 verfolgte Zweck

Mehrfach erwähnt das BAG in den Urteilen vom 15. 9. 1977, 17. 1. 1980 und vom 11. 8. 1981 den mit § 16 verfolgten Zweck und verwendet diesen Zweck als Begründung für die Ablehnung der Gesamtrentenbetrachtung. So heißt es etwa, § 16 wolle „den kaufkraftmäßigen Wert der Betriebsrente erhalten“[502] oder gar, § 16 bestimme „die Fortschreibung der betrieblichen Versorgungsleistungen im Hinblick auf mögliche Kaufkrafteinbußen“[503]. In die gleiche Richtung zielen die Äußerungen in der Literatur, die ausdrücklich oder konkludent den „Teuerungsausgleich“ als vertraglich geschuldete Leistung bezeichnen[504]. Differenzierter klingt dann schon die Formulierung des BAG, der Gesetzgeber habe die Rechtsprechung vom 30. 3. 1973 und „ihr Anliegen, die Entwertung der Leistungen der betrieblichen Altersversorgung nach Möglichkeit zu verhindern oder abzumildern“ aufgegriffen[505].

In diesem Zusammenhang muß jedoch einmal mehr an die Entstehungsgeschichte des § 16 erinnert werden. Während der Entwurf der Bundesregierung die Anpassungsproblematik ausgeklammert hatte, hieß es im Bericht zum Antrag des Ausschusses für Arbeit und Sozialordnung u. a. folgendermaßen[506]:

> „Der Ausschuß war ferner übereinstimmend der Meinung, daß das Gesetz auch eine Aussage zur Anpassung der betrieblichen Altersversorgung enthalten sollte ... Der Ausschuß lehnte jedoch eine gesetzliche Indexierung der Versorgungsleistungen — der auch der Ausschuß für Wirtschaft in seiner gutachtlichen Stellungnahme widersprochen hatte — ausdrücklich ab. Dagegen wurde der von der Rechtsprechung — insbesondere des Bundesarbeitsgerichts — entwickelte Gedanke einer Verhandlungspflicht des Arbeitgebers mit den Versorgungsempfängern übernommen.“[507]

---

[502] Vgl. unter B. I. 4 b der Gründe der Entscheidung v. 15. 9. 1977, 3 AZR 654/76, AP Nr. 5 zu § 16 BetrAVG.

[503] Vgl. unter A. I. 1 c der Entscheidung vom 17. 1. 1980, 3 AZR 614/78, AP Nr. 7 zu § 16 BetrAVG.

[504] So bereits vor Inkrafttreten des Gesetzes *Hilger*, BetrAV 1973, S. 140 ff., 145; ähnlich nach Inkrafttreten *Richardi*, DB 1976, S. 1718 ff., und in Anm. AP Nr. 4 zu § 16 BetrAVG, unter V; *Stumpf*, in: Betriebliche Altersversorgung im Umbruch, S. 199 ff., 201.

[505] Vgl. unter B. I. 1 der Gründe der Entsch. v. 15. 9. 1977, 3 AZR 654/76, unter Bezugnahme auf die Entsch. v. 1. 7. 1976, 3 AZR 791/75, AP Nr. 1 zu § 16 BetrAVG unter I. 1 a der Gründe.

[506] Vgl. Bundestagsdrucksache 7/2843, S. 5.

Der Gesetzgeber wollte demnach sicherlich an die BAG-Rechtsprechung vom 30. 3. 1973 (Verhandlungspflicht) anknüpfen und es war sicherlich Intention dieser Rechtsprechung, einer „Entwertung" der Betriebsrenten entgegenzuwirken oder eine solche „abzumildern"[508]. Daraus aber zu folgern, § 16 bezwecke den *Werterhalt* oder gar die *Fortschreibung* der Betriebsrente, ist m. E. unzulässig[509]. Es ist ein Unterschied, ob dem Arbeitgeber der Tatbestand der Entwertung gewissermaßen ans Herz gelegt werden soll und ihm eine Abwägung der beiderseitigen Interessen[510] aufgegeben wird, oder ob schlichtweg Werterhalt gefordert wird. Dabei ist es auch nicht möglich, dahin zu argumentieren, der Gesetzgeber habe die BAG-Rechtsprechung „fortführen" und im Sinne einer Verstärkung des Rentnerschutzes weiterentwickeln wollen[511]. Im Gegenteil: Vor der endgültigen Fassung des § 16 war die Tendenz in den Beratungen unverkennbar, auch die sehr eng an die Rechtsprechung vom 30. 3. 1973 anknüpfende Regelung des § 6 k noch im Sinne der weiteren Verbreitung der betrieblichen Altersversorgung abzumildern[512]. Zweck des § 16 sollte also nicht ohne weiteres sein, den Wert der betrieblichen Versorgungsleistung zu „erhalten", sondern nur, dem Arbeitgeber die Prüfung und die Entscheidung nach billigem Ermessen aufzugeben, wobei *nach Möglichkeit* eine inflationsbedingte Entwertung eingeschränkt oder abgemildert werden sollte. § 16 kann also nur als Vorschrift zur *Milderung von Härten* aus der prinzipiellen Fortgeltung des Nominalwertprinzips verstanden werden[513].

Wenn im übrigen der Werterhalt oder der Teuerungsausgleich als von vornherein unterstellter Zweck des § 16 zur Begründung für die Unmaßgeblichkeit der Gesamtversorgungsbetrachtung angeführt wird, so wird damit etwas als Begründung vorgebracht, was selbst erst zu beweisen wäre[514]. Eine Verpflichtung des Arbeitgebers zum vollen Teuerungsausgleich steht zunächst keineswegs fest. Bei der Frage, ob

507 Ähnlich auch die Formulierung in den Erläuterungen zu § 6 k, vgl. Bundestagsdrucksache 7/2843, S. 12.

508 Vgl. oben FN 505.

509 Sinngemäß ebenso *Schwerdtner*, ZFA 1978, S. 553 ff., 563; *Lieb / Westhoff*, DB 1976, S. 1958 ff., 1963 f.; *Höfer*, DB 1977, S. 1893 ff., 1894; *Bode / Grabner*, DB 1977, S. 1555; *Ruland*, DB 1978, S. 1833 ff., 1837 f.; *Konzen*, SAE 1978, S. 222 ff.; *Doetsch*, Arbeitgeber 1978, S. 46 ff., 47; *Sonne*, S. 358; *Ahrend / Förster / Rößler*, BB-Beilage 3/1978, S. 6 und BB-Beilage 6/1980, S. 3.

510 So auch die Formulierung in Bundestagsdrucksache 7/2843, S. 5.

511 So aber offensichtlich das BAG in der Entsch. v. 15. 9. 1977, 3 AZR 654/76, unter B. I. 1 der Gründe mit insoweit unberechtigtem Hinweis auf das Urteil v. 1. 7. 1976, 3 AZR 791/75; vgl. auch oben V. 2. c) bb).

512 Vgl. *Fenge*, DB 1975, S. 2371 ff., 2372.

513 So richtig *Höfer*, Kommentar, 1. Aufl., § 16, Rn. 1, und DB 1977, S. 1893 ff., 1894; *Höfer / Abt*, 2. Aufl., § 16, Rn. 1; *Sonne*, S. 358.

514 So zutreffend *Lieb / Westhoff*, DB 1976, S. 1958 ff., 1966; zustimmend *Ahrend / Förster / Rößler*, BB-Beilage 3/1978, S. 6.

überproportionale Steigerungen der Sozialversicherungsrenten zu berücksichtigen sind, geht es ja gerade darum, *inwieweit* nach § 16 BetrAVG die Teuerung ausgeglichen werden oder *inwieweit* der Wert der Betriebsrente erhalten werden soll. Es ist deshalb nicht möglich, die Nichtberücksichtigung der Sozialrentensteigerungen damit zu begründen, § 16 bezwecke den (vollen) Werterhalt.

b) Leerlauf im Regelfall?

Eines der entscheidenden Argumente des BAG im Urteil vom 15. 9. 1977 geht dahin, § 16 liefe „für die Regelfälle leer, wenn man der Gesamtversorgungsbetrachtung folgen würde“[515]. Das BAG verweist darauf, daß es für den Gesetzgeber offenkundig gewesen sei, daß betriebliche Versorgungsleistungen in der Masse der Fälle weniger als ein Drittel der Gesamtversorgung ausmachen und daß zum damaligen Zeitpunkt noch bei einem Anteil der Betriebsrente von 33 % die Gesamtversorgung stärker gestiegen war als zum Kaufkrafterhalt notwendig. Daß aber „in der Masse der Fälle“ keine Anpassung erforderlich sei, könne der Gesetzgeber nicht gewollt haben[516].

Es handelt sich hierbei also in etwa um das gleiche Argument, das gegen die Weitergeltung der Opfergrenze vorgebracht wurde, dort als „Nulleffekt“ bezeichnet[517]. Die Argumentation ist jedoch wiederum nicht überzeugend. Selbst wenn man die Richtigkeit der Prämisse des BAG — nämlich das Leerlaufen „im Regelfall“ — unterstellen wollte, ist bereits die Folgerung nicht gerechtfertigt, das habe der Gesetzgeber auf keinen Fall gewollt. Wenn das BAG anführt, im Gesetzgebungsverfahren finde sich keine Äußerung, „die die Annahme erlaubt, eine Auswirkung des § 16 BetrAVG sei in Kauf genommen worden, wie sie sich bei einer Gesamtversorgungsbetrachtung zwangsläufig ergeben würde“, so könnte man daraus wohl allenfalls schließen, daß sich der Gesetzgeber eben keine näheren Gedanken über das Problem und die Auswirkungen gemacht hatte[518]. Dies würde also weder für noch gegen die Maßgeblichkeit der Gesamtversorgung sprechen[519]. Allerdings ist auch an dieser Stelle wieder auf den „roten Faden“ des Gesetzgebungsverfahrens zu verweisen[520], wonach eine Gesetzesfassung vermieden

---

[515] Vgl. B. I. 3 b der Entscheidungsgründe BAG v. 15. 9. 1977, 3 AZR 654/76.

[516] Ähnlich wiederum in der Entsch. v. 11. 8. 1981, 3 AZR 395/80, AP Nr. 11 zu § 16 BetrAVG, unter III. 1 der Gründe.

[517] Vgl. oben V. 2. c) cc).

[518] So insbes. *Konzen*, SAE 1978, S. 222; *Schwerdtner*, ZFA 1978, S. 553 ff., 562.

[519] So auch *Ahrend / Förster / Rößler*, BB-Beilage 3/1978, S. 4.

[520] Vgl. oben II. 5. a), II. 6. c) und VI. 3. a), insbes. auch *Fenge*, DB 1975, S. 2371 ff.

werden sollte, die der weiteren Ausbreitung der betrieblichen Altersversorgung entgegenwirken konnte. Diese eindeutig nachweisbare Tendenz des Gesetzgebungsverfahrens läßt es aber durchaus nicht als ausgeschlossen erscheinen, daß auch die vom BAG herausgestellte Auswirkung einer Gesamtversorgungsbetrachtung „in Kauf genommen" worden sein könnte[521].

Dabei darf man aber nicht übersehen, daß sich die überschlägigen statistischen Berechnungen des BAG ja nur auf einen bestimmten und begrenzten Zeitraum beziehen, während § 16 BetrAVG ja allgemein und für zunächst nicht bestimmte Zeit konzipiert ist[522]. Es ist ja keineswegs so, daß sich die Gesamtversorgung stets in einem die normale Teuerungsrate deutlich übersteigenden Maße erhöhen muß, wie sich auch bereits bei den jüngsten Anpassungen der gesetzlichen Renten schon gezeigt hat[523]. Weiterhin gibt es auch — wenn auch sicherlich in der Minderzahl — Rentner mit ausschließlicher oder anteilmäßig überwiegender betrieblicher Altersversorgung, bei denen sich die Sozialrentenentwicklung gar nicht oder nur geringfügig auswirkt. Es ist deshalb von vornherein nicht richtig, von einem Leerlaufen „im Regelfall" oder davon zu sprechen, die Anpassung wäre „weitgehend gegenstandslos"[524].

Das Argument des „Leerlaufens" spricht im übrigen auch nicht zwingend dafür, bei der Anpassung von Betriebsrenten die Dynamisierung der Sozialversicherung völlig außer Betracht zu lassen[525]. Zur Verhinderung eines weitgehenden Leerlaufs wäre es ja immerhin möglich, die Sozialrentenentwicklung nur teilweise zu berücksichtigen[526]. Daß die Teuerung nach § 16 immer — auch und gerade bei Gesamtversorgungszusagen — voll auszugleichen wäre, ergibt sich aus Wortlaut, Sinn, Zweck und Entstehungsgeschichte der Vorschrift gerade nicht.

---

[521] Vgl. *Höfer*, DB 1977, S. 1893 ff., 1897; *Ahrend / Förster / Rößler*, BB-Beilage 3/1978, S. 4, 6; vgl. a. *Höfer*, DB 1977, S. 1142, der darauf hinweist, daß der Gesetzgeber in § 5 Abs. 2 BetrAVG bei der viel gravierenderen Frage, ob überhaupt eine Betriebsrente zu gewähren ist, einen „Nulleffekt" zugelassen hat; ebenso *Höfer / Abt*, 2. Aufl., § 16, Rn. 124.

[522] Vgl. *G. Müller*, DB 1981, S. 93 ff., 98, der von der „offenen Norm" des § 16 spricht.

[523] So auch *Bode / Grabner*, DB 1976, S. 1324 ff., 1325; *Gumpert*, AR-Blattei, (D) Entsch. 13, unter 1 a; vgl. auch *Richardi*, DB 1977, S. 207 ff., 210, der die Problematik als „zeitbedingt" bezeichnet; vgl. auch *Ahrend*, in: Soziale Sicherheit in den 80er Jahren, S. 28 ff., 43.

[524] So BAG v. 15. 9. 1977, 3 AZR 654/76, unter B. I. 3 b, c der Gründe.

[525] So Leitsatz 1 der Entsch. v. 15. 9. 1977, 3 AZR 654/76; Leitsatz 2 der Entsch. v. 17. 1. 1980, 3 AZR 614/78; Leitsatz 1 der Entsch. v. 11. 8. 1981, 3 AZR 395/80.

[526] Wie etwa *Fürer / Förster / Rößler*, DB 1974, S. 776 ff., 777; *Förster / Rößler / Fürer*, in Anm. AP Nr. 5 zu § 242 BGB Ruhegehalt-Geldentwertung, unter 7; *Schaub / Schusinski / Ströer*, S. 95 (8); *Heubeck*, BB 1975, S. 1121 ff., die eine „Mindestanpassung" vorsehen.

c) *Folgerungen aus § 5 BetrAVG*

Das BAG begründet seine gegenüber der Gesamtversorgungstheorie ablehnende Haltung weiter damit, die seiner Ansicht nach dem § 16 BetrAVG zu entnehmende Wertung entspreche auch dem, „was der Gesetzgeber im übrigen für das Verhältnis von Betriebsrente und Sozialversicherungsrente im BetrAVG zum Ausdruck gebracht hat". Damit ist in erster Linie die Vorschrift des § 5 BetrAVG gemeint.

§ 5 Abs. 1 bestimmt, daß die bei Eintritt des Versorgungsfalles unter Berücksichtigung anderer Versorgungsbezüge einmal festgesetzten Leistungen der betrieblichen Altersversorgung später nicht dadurch gemindert werden dürfen, daß diese anderen Versorgungsbezüge — z. B. die Sozialversicherungsrente — während ihrer Laufzeit sich durch „Anpassung an die wirtschaftliche Entwicklung" erhöhen (sog. Auszehrungsverbot)[527]. § 5 Abs. 2 Satz 1 verbietet bei der erstmaligen Festsetzung von Leistungen die Kürzung durch Anrechnung oder Berücksichtigung anderer Versorgungsbezüge, soweit sie auf eigenen Beiträgen des Versorgungsempfängers beruhen (sog. Anrechnungsverbot)[528]. § 5 Abs. 2 Satz 2 nimmt allerdings auf Pflichtbeiträgen beruhende gesetzliche Renten und sonstige Versorgungsbezüge, die mindestens zur Hälfte auf Beiträgen oder Zuschüssen des Arbeitgebers beruhen, vom Anrechnungsverbot aus[529].

Das BAG erwähnt in der Entscheidung vom 15. 9. 1977[530] zunächst § 5 Abs. 2 BetrAVG und weist dabei auch auf die „Ergänzungsfunktion" der Betriebsrente hin[531], ohne jedoch insoweit konkrete Folgerungen für die Gesamtversorgungsfrage zu ziehen. Anschließend stellt das BAG aber vor allem auf § 5 Abs. 1 ab und will aus dieser Vorschrift den Willen des Gesetzgebers ableiten, die Betriebsrenten nach der erstmaligen Festsetzung von der weiteren Entwicklung der Sozialversicherungsrenten zu lösen[532]. Das BAG verkennt zwar nicht, daß § 5 Abs. 1

---

527 Vgl. *Höfer / Abt*, 2. Aufl., § 5, Rn. 35 ff.; *Höhne*, in Heubeck / Höhne / Paulsdorff / Rau / Weinert, 2. Aufl., § 5, Rn. 11 ff.

528 Vgl. *Höfer / Abt*, 2. Aufl., § 5, Rn. 4, 67 ff.; *Höhne*, in Heubeck / Höhne / Paulsdorff / Rau / Weinert, 2. Aufl., § 5, Rn. 42 ff., 53 ff.

529 Vgl. *Höfer / Abt*, 2. Aufl., § 5, Rn. 5, 67 ff., *Höhne*, in Heubeck / Höhne / Paulsdorff / Rau / Weinert, 2. Aufl., § 5, Rn. 66 ff.

530 BAG v. 15. 9. 1977, 3 AZR 654/76.

531 Vgl. dazu unten VI. 3. f).

532 Vgl. BAG v. 15. 9. 1977, 3 AZR 654/76, unter D. I. 4 der Gründe; vgl. auch die Beziehung „Abkoppelungstheorie" u. a. bei *Bode / Grabner*, DB 1977, S. 1555 u. DB 1977, S. 1897 ff., 1899; *Schaub*, NJW 1978, S. 2076 ff., 2079; *Ahrend / Förster / Rößler*, in Anm. AP Nr. 7 u. 8 zu § 16 BetrAVG unter I. u. BB-Beilage 6/1980 S. 3; *Koehler*, in: Die betriebliche Altersversorgung zu Beginn der 80er Jahre, S. 14 ff., 19; *Blomeyer*, in: Die betriebliche Altersversorgung zu Beginn der 80er Jahre, S. 23 ff., 31; *Höhne*, in Heubeck / Höhne / Paulsdorff / Rau / Weinert, 2. Aufl., § 16, Rn. 133.

die Frage der Kürzung, § 16 grundsätzlich die Frage der Erhöhung der Betriebsrente betrifft; es will jedoch unter der Prämisse, „daß nach dem Willen des Gesetzgebers der Kaufkraftverlust grundsätzlich ausgeglichen werden soll", eine „gleiche Interessenlage" sehen. Aus dem Kürzungsverbot des § 5 Abs. 1 folge somit, daß der Gesetzgeber „die Dynamisierung der Sozialversicherungsrenten für den in § 16 BetrAVG geforderten Werterhalt nicht berücksichtigt wissen wollte". In der Literatur ist diese Argumentation noch in der Weise präzisiert worden, daß der Wert der Betriebsrente sich aus dem zugesagten Betrag und dem gesetzlich angeblich vorgeschriebenen Anpassungsbetrag zusammensetze, daß also eine Gesamtversorgungsbetrachtung die Betriebsrente zwar nicht in ihrem Nominalbetrag, wohl aber in ihrem Teuerungsausgleich berühre[533]; eine Kürzung des den (vollen) Teuerungsausgleich bewirkenden Anpassungsbetrages widerspreche dem Grundgedanken des § 5 Abs. 1 BetrAVG.

Diese Argumentation geht jedoch von einer falschen Voraussetzung aus, nämlich der, daß § 16 tatsächlich den vollständigen Ausgleich des Kaufkraftverlustes bezwecke. Insoweit kann auf die obigen Ausführungen zum Zweck des § 16 verwiesen werden[534]. Stellt man nämlich die nicht näher begründete Prämisse des BAG in Frage, so muß man wohl eher eine entsprechende Anwendung des § 5 Abs. 1 ablehnen. § 5 und § 16 behandeln verschiedene Fragen; die gesetzliche Regelung bei der Frage der Kürzung (§ 5 Abs. 1) ist also nicht ohne weiteres auf die Regelung der Anpassung im Sinne einer Erhöhung (§ 16) übertragbar. Es spricht also viel dafür, daß ein Umkehr- und nicht ein Analogieschluß zu ziehen ist[535]. Hinzu kommt, daß dem Gesetzgeber das Problem der Beeinflussung der Betriebsrente durch die Höhe der Sozialversicherungsrenten durchaus bekannt war[536]. Wenn deshalb in § 5 dieses Problem ausdrücklich behandelt ist, in § 16 der Gesetzgeber dagegen schweigt, so spricht dies von vornherein gegen einen Analogieschluß[537]. Zu beachten ist schließlich auch, daß § 5 Abs. 1 nur verlangt,

---

[533] So *Hilger*, BetrAV 1973, S. 140 ff., 145; *Schwerdtner*, ZFA 1978, S. 553 ff., 582 f.; ähnlich *Ruland*, DB 1978, S. 1833 ff., 1838.

[534] Vgl. oben VI. 3. a).

[535] Vgl. *Höfer*, Kommentar, 1. Aufl., § 16, Rn. 52, u. in DB 1977, S. 1893 ff., 1894; *Höfer / Abt*, 2. Aufl., § 16, Rn. 124; *Ahrend / Förster / Rößler*, DB 1976, S. 338 ff., 341, u. BB-Beilage 3/1978, S. 6; *Sonne*, S. 359; *Lieb / Westhoff*, DB 1976, S. 1958 ff., 1966; insoweit zustimmend auch *Richardi*, DB 1977, S. 297 ff., 211; a. A. *Schulin*, EzA, § 16 BetrAVG, Nr. 6, S. 75 ff.; weder für Analogieschluß noch für Umkehrschluß *Konzen*, SAE 1978, S. 224, der im Ergebnis aber den Gedanken des § 5 Abs. 1 nicht auf § 16 übertragen will.

[536] Im Zusammenhang mit der Anpassungsfrage vgl. BAG-Entsch. v. 30. 3. 1973, 3 AZR 26/72, AP Nr. 4 zu § 242 BGB, Ruhegehalt-Geldentwertung, unter B. V. 4 der Gründe; vgl. auch *Heubeck / Schröder*, BB 1973, S. 755 ff., 755, 759.

[537] So zutreffend *Lieb / Westhoff*, DB 1976, S. 1958 ff., 1966.

daß die bei Eintritt des Versorgungsfalles festgesetzte Betriebsrente nicht mehr gemindert werden darf, also in ihrem nominellen Bestand erhalten bleiben solle. Bei § 5 Abs. 1 handelt es sich somit um eine das Nominalwertprinzip bestätigende Vorschrift, die dann wohl kaum als Auslegungshilfe für eine Vorschrift wie § 16 — der in gewisser Weise das Nominalprinzip einschränkt — herangezogen werden kann[538].

Überhaupt hat das BAG wohl die Bedeutung des § 5 BetrAVG überbewertet[539]. Soweit man dennoch § 5 mit zur Auslegung des § 16 heranziehen will, liegt es näher, auf § 5 Abs. 2 abzustellen. Wenn die Sozialversicherungsleistungen bei der erstmaligen Festsetzung von Betriebsrenten angerechnet werden können (§ 5 Abs. 2 Satz 2 BetrAVG) und wenn der Arbeitgeber die Steigerungen der Sozialversicherungsrenten zur Hälfte durch steigende Beitragsleistungen mitfinanziert, so spricht alles dafür, daß auch bei der Frage der Anpassung die Steigerungen der Sozialversicherungsrenten berücksichtigt werden können[540]. Das BAG hat diesen Gedanken in der Entscheidung vom 15. 9. 1977 nur in anderem Zusammenhang erwähnt[541]. In der Entscheidung vom 17. 1. 1980[542] ist dazu lediglich ausgeführt, § 5 Abs. 2 S. 2 regle die Höhe der Betriebsrente bei ihrer erstmaligen Festsetzung und stelle auf die Verhältnisse zur Zeit der Pensionierung ab, § 16 bestimme dagegen die „Fortschreibung" der betrieblichen Versorgungsleistungen. Dabei wird aber wieder zu Unrecht § 16 ein Zweck zugeschrieben, den die Vorschrift nach dem Willen des Gesetzgebers jedenfalls so nicht haben sollte. Im übrigen gibt das BAG keine Begründung, warum der in § 5 Abs. 2 S. 2 zum Ausdruck kommende Grundgedanke nicht bei der Billigkeitsentscheidung nach § 16 mitverwendet werden könnte. Wenn § 5 Abs. 2 S. 2 sogar ein „Extrem von Nullfällen"[543] zuläßt, so ist nicht er-

---

538 So *Höfer*, DB 1977, S. 1893 ff., 1894; *Höfer / Abt*, 2. Aufl., § 16, Rn. 123; ähnlich *Bode / Grabner*, DB 1977, S. 1555.

539 Vgl. *Ahrend / Förster / Rößler*, BB-Beilage 3/1978, S. 5, die unter Bezugnahme auf die Bundestagsdrucksache 7/2843 (S. 5) zu Recht darauf verweisen, daß der Gesetzgeber in § 5 nur die von der Rechtsprechung vorgezeichnete Entwicklung anerkannt hat, welche allerdings mit der Anpassungsproblematik nichts zu tun hat.

540 So u. a. *Höfer*, Kommentar, 1. Aufl., § 16, Rn. 52, Leitfaden, DB-Beilage 1/77, S. 5 u. in DB 1977, S. 1893 ff., 1894; *Höfer / Abt*, 2. Aufl., § 16, Rn. 124; *Höhne / Heubeck*, Anpassung S. 96; *Höhne*, in Heubeck / Höhne / Paulsdorff / Rau / Weinert, 1. Aufl., § 16, Rn. 144; *Bode / Grabner*, DB 1977, S. 1555 ff.; *Ahrend / Förster / Rößler*, BB-Beilage 3/1978, S. 6; *Doetsch*, Arbeitgeber 1978, S. 46 f., 47; *Konzen*, SAE 1978, S. 222, *Ruland*, DB 1978, S. 1833 ff., 1837 f.; *Sonne*, S. 356; *Koehler*, in: Die betriebliche Altersversorgung zu Beginn der 80er Jahre, S. 14 ff., 19.

541 Vgl. BAG v. 15. 9. 1977, 3 AZR 654/76, unter B. II. 3 b (2), also im Zusammenhang mit der „Obergrenze" und unter Betonung der in § 5 Abs. 2 S. 2 erwähnten Pflichtbeiträge.

542 BAG v. 17. 1. 1980, 3 AZR 614/78, unter A. I. 2 c.

543 So *Höfer / Abt*, 2. Aufl., § 16, Rn. 124, mit Hinweisen auf § 5, Rn. 9 ff., 67 ff.

sichtlich, warum bei der Berücksichtigung der Belange des Versorgungsempfängers im Rahmen von § 16 nicht auch die Steigerungen der gesetzlichen Renten mit von Bedeutung sein könnten, soweit nicht andere gewichtige Gründe dagegen sprechen. In keinem Fall aber läßt sich aus § 5 Abs. 2 — wie auch aus § 5 Abs. 1 — ein Argument für die Ablehnung der Gesamtversorgungstheorie herleiten.

d) Der Zweck der Dynamisierung der Sozialversicherungsrenten

Als weiteres wesentliches Argument gegen die Maßgeblichkeit der Gesamtversorgung wird der Zweck der gesetzlich geregelten Dynamisierung der Sozialversicherungsrenten angeführt, der sich vom Zweck des § 16 unterscheidet und bei einer Berücksichtigung im Rahmen der Betriebsrentenanpassung beeinträchtigt sein soll. Das BAG hat diesen Gesichtspunkt in der Grundsatzentscheidung vom 15. 9. 1977[544] nur beiläufig innerhalb der Ausführungen zu § 5 BetrAVG erwähnt, ihn in der Entscheidung vom 17. 1. 1980[545] unter Bezugnahme auf *Schwerdtner*[546] und *Steindorff*[547] präzisiert, und dann nochmals in der Entscheidung vom 11. 8. 1981[548] ausdrücklich betont, die Sozialrentendynamisierung habe „den gesetzlichen Zweck, den Rentnern die Teilhabe am Produktivitätszuwachs zu sichern, nicht aber den Arbeitgeber bei der Anpasung von Betriebsrenten zu entlasten".

Auch in der Literatur ist in dieser Weise argumentiert worden[549], wobei *Blomeyer*[550] besonders klar formuliert hat, Ziel des heute geltenden Sozialrentenrechts sei die Beteiligung des Rentners an den Steigerungen der Einkünfte der aktiven Arbeitnehmerschaft und damit die Teilnahme am allmählich steigenden Lebensstandard der Arbeitnehmer, während die Betriebsrente im allgemeinen und § 16 im besonderen *nur* darauf abziele, den einmal erreichten Lebensstandard zu erhalten; eine Anrechnung der Sozialrentenanpassung auf die Betriebsrenten wirke also dem Sinn und Zweck der Sozialrentengesetzgebung entgegen.

---

[544] BAG v. 15. 9. 1977, 3 AZR 654/76, unter B. I. 4 u. 5.

[545] BAG v. 17. 1. 1980, 3 AZR 614/78, unter A. I. 1 a.

[546] *Schwerdtner*, ZFA 1978, S. 553 ff.

[547] *Steindorff*, AR-Blattei, (D) 11/13.

[548] BAG v. 11. 8. 1981, 3 AZR 395/80, unter III. 1.

[549] Andeutungsweise bereits bei *Thomas*, BetrAV 1974, S. 34 ff., 37; *Bettermann*, RdA 1975, S. 2 ff., 8; *Richardi*, DB 1976, S. 1718 ff., 1720; *Schaub / Schusinski / Ströer*, S. 95 (8); genauer dann *Schwerdtner*, ZFA 1978, S. 553 ff., 575, 584 f.; *Steindorff*, AR-Blattei, (D) 11/13 unter 1.; *Blomeyer*, BetrAV 1979, S. 78 ff., 84 u. SAE 1982, S. 14, 15; *Hilger*, in: Soziale Sicherheit in den 80er Jahren, S. 60 ff., 74; kritisch *Lieb / Westhoff*, DB 1976, S. 1958 ff., 1966; *Höfer*, DB 1977, S. 1893 ff., 1894.

[550] *Blomeyer*, BetrAV 1979, S. 78 ff., 84.

Diese Argumentation erscheint in der Tat einleuchend, da nicht zu leugnen ist, daß die auf § 1272 RVO und der sog. „allgemeinen Bemessungsgrundlage“ beruhende Dynamisierung der Sozialversicherungsrenten an den Einkommensanstieg der aktiven Arbeitnehmer anknüpft und somit auch — jedenfalls unter den Verhältnissen der vergangenen Jahre — zu einer „Teilhabe am Produktivitätszuwachs“ und damit zu einem steigenden Lebensstandard führt[551]. Dennoch kann man m. E. hieraus nicht folgern, daß ein Abstellen auf die Gesamtversorgung im Rahmen des § 16 unzulässig wäre. Der vom Gesetzgeber gewählte Weg, dem Arbeitgeber eine Prüfung und Entscheidung nach billigem Ermessen aufzugeben, spricht vielmehr dafür, auch einen Gesichtspunkt wie die Entwicklung der Gesamtversorgung in die erforderliche Abwägung[552] mit einzubeziehen.

Zunächst ist zu beachten, daß auch die Lohn- und Sozialrentensteigerung zu einem erheblichen Teil — wenn auch nicht ausschließlich — auf dem jeweiligen Kaufkraftschwund beruhen bzw. sich an ihm orientieren[553]. Die Behauptung, die Dynamisierung der Sozialversicherungsrente habe „mit der Geldentwertung nicht das geringste zu tun“[554], dürfte jedenfalls in dieser Form falsch sein. Unter diesem Gesichtspunkt ist also die strikte Trennung zwischen den Zielen der Sozialrentendynamisierung und der Betriebsrentenanpassung[555] nicht gerechtfertigt. Weiterhin ist mit Recht darauf hingewiesen worden, daß in den letzten Jahren die Sozialversicherungsrenten real stärker als die Nettoeinkommen der aktiven Arbeitnehmer gestiegen sind, was durch die ständig steigende Belastung der Aktiven durch Steuern und Sozialabgaben bedingt ist[556]. Den Rentnern wurde demnach im Ergebnis mehr als die „Lohndynamik“, also auch mehr als die Verbesserung des Lebensstandards für Arbeitnehmer zugestanden[557]. Unter diesen Umständen wäre es aber schwer verständlich, inwiefern eine Berücksichtigung dieser überproportionalen Anhebungen bei der Frage der Betriebsrentenanpassungen innerhalb der Prüfung und Entscheidung nach billigem Ermessen von vornherein nicht möglich sein sollte[558].

---

551 Vgl. oben IV. 2., insbes. FN 261.

552 Vgl. oben II. 4. b) und c) sowie 5. c).

553 So zutreffend *Lieb / Westhoff*, DB 1976, S. 1958 ff., 1966; *Bode / Grabner*, BB 1976, S. 1324 ff., 1325; *Doetsch*, Arbeitgeber 1978, S. 46 ff., 47.

554 So *Bettermann*, RdA 1975, S. 2 ff., 8, u. *Richardi*, DB 1976, S. 1718 ff., 1720.

555 Vgl. aber oben VI. 3. a).

556 So bereits *Bennewitz*, BB 1973, S. 990 ff., 991; vgl. auch BAG v. 15. 9. 1977, 3 AZR 654/76, unter B. II. 3 b (2) der Gründe, sowie *Höhne*, in Heubeck / Höhne / Paulsdorff / Rau / Weinert, 2. Aufl., § 16, Rn. 129, 146.

557 So zutreffend *Bode / Grabner*, BB 1976, S. 1324 ff., 1325; *Höfer*, DB 1977, S. 1893 ff., 1894; *Doetsch*, Arbeitgeber 1978, S. 46 f.

558 Vgl. *Höfer*, DB 1977, S. 1894.

Eine auf die Eigenständigkeit der Sozialversicherungsrenten abstellende Argumentation müßte im übrigen konsequenterweise dazu führen, daß auch zum Zeitpunkt der Zusage der Betriebsrente deren Höhe in keinerlei Abhängigkeit von der Höhe der Sozialrente stehen dürfte[559]. Auch eine Beeinflussung der Höhe der Betriebsrente in dem Sinn, daß die Zusage auf eine Gesamtversorgungsgrenze zum Pensionierungszeitpunkt abstellt, würde dann zu einer Beeinträchtigung des Ziels der Sozialrentendynamisierung führen. Diese Konsequenz wird aber wohl von niemand gezogen, wie denn auch § 5 Abs. 2 S. 2 BetrAVG für die auf Pflichtbeiträgen beruhenden gesetzlichen Renten ausdrücklich eine Anrechnung zuläßt. Auch insoweit ist eine vollständige „Abkoppelung" der Betriebsrente von der Sozialversicherungsrente nicht begründbar; zumindest aber ist wiederum nicht ersichtlich, inwiefern die Gesamtversorgungsbetrachtung im Rahmen des § 16 generell „unbillig" sein sollte[560].

Der entscheidende Einwand gegen die Theorie der Beeinträchtigung des Sozialrentenzwecks dürfte aber darin liegen, daß § 16 BetrAVG nach Entstehungsgeschichte, Wortlaut sowie Sinn und Zweck dem Betriebsrentner eben keine Garantie auf einen vollständigen Inflationsausgleich geben soll, sondern nur die aus der prinzipiellen Fortgeltung des Nominalwertprinzips entstehenden Härten abmildern will[561]. Eine Beeinträchtigung des Zwecks der Sozialrentendynamisierung oder eine „Entlastung des Arbeitgebers"[562] ist nur zu sehen, wenn man stillschweigend — wie es das BAG offensichtlich tut — für die Betriebsrente einen Anspruch auf „Teuerungsausgleich" oder „Werterhalt" unterstellt. Dies ist jedoch nicht ohne weiteres möglich[563].

Es muß in diesem Zusammenhang betont werden, daß dem Versorgungsempfänger die nominelle Betriebsrente in jedem Fall erhalten bleibt. Geht man von der „Ergänzungsfunktion" der Betriebsrente[564] aus, so ist festzuhalten, daß der Pensionär über die dynamisierte Sozialrente hinaus, unabhängig von der Frage der Anpassung, immer eine zusätzliche Versorgungsleistung bekommt, die einen Beitrag zur Erhaltung des einmal erreichten Lebensstandards[565] leistet. Auch die Anhebung der Sozialversicherungsrenten — und damit die „Teilhabe am Produktivitätsfortschritt" — bleibt dem Versorgungsempfänger unabhängig von der Höhe der Betriebsrente erhalten, so daß insoweit keinerlei Beeinträchtigung des gesetzlichen Zwecks gegeben ist. Es bleibt

559 Vgl. *Lieb / Westhoff*, DB 1976, S. 1958 ff., 1966.

560 So zutreffend *Lieb / Westhoff*, S. 1966.

561 Vgl. dazu oben VI. 3. a), insbes. FN 513.

562 Vgl. BAG v. 11. 8. 1981, 3 AZR 395/80, unter III. 1 der Gründe.

563 Vgl. oben VI. 3. a).

564 Vgl. dazu oben VI. 1. und unten VI. 3. f).

565 Vgl. *Blomeyer*, BetrAV 1979, S. 78 ff., 84.

lediglich die Frage, ob die zusätzlich gewährte Betriebsrente ebenfalls noch an die Verteuerung anzupassen ist, was nach § 16 BetrAVG zu entscheiden ist, der keine Dynamisierung beinhaltet, sondern eine Prüfung und Entscheidung nach billigem Ermessen vorschreibt, u. a. unter Berücksichtigung der Belange des Versorgungsempfängers. Ob hierbei auch die Steigerungen der Sozialversicherungsrenten beachtet werden können, ist durchaus unabhängig vom Sozialrentenzweck zu beantworten. Dieser Zweck spricht deshalb m. E. zwar von vorneherein nicht für, aber auch nicht gegen ein Abstellen auf die Gesamtversorgung.

Aus reinen „Billigkeitserwägungen" heraus ist allerdings zunächst kein Grund ersichtlich, einen Kaufkraftgewinn der Gesamtversorgung — auch wenn er mit auf den Produktivitätsfortschritt zurückzuführen ist — bei der Frage der Betriebsrentenanpassung nicht mit zu berücksichtigen[566], da eben kein Anpassungsbedarf — gleichgültig aus welchem Grund — vorhanden ist. Die „Billigkeit" oder die „Gerechtigkeit"[567] allein sind als Begründung aber wenig geeignet, so daß es letztlich auf andere Argumente ankommen dürfte.

e) Der Entgeltcharakter des Ruhegeldes

In der Entscheidung vom 15. 9. 1977 hat das BAG den sog. Entgeltcharakter des betrieblichen Ruhegeldes nur zwischen den Zeilen erwähnt[568], in der ersten Entscheidung vom 17. 1. 1980 aber ausdrücklich auf die angebliche Unvereinbarkeit der Gesamtversorgungsberücksichtigung mit dem Entgeltcharakter verwiesen[569]. Auch in den weiteren Entscheidungen steht hinter verschiedenen Argumenten immer wieder das Zurückgreifen auf den Entgeltcharakter, da das BAG keine Beeinflussung der Höhe des Entgelts „für die geleistete Betriebstreue" durch die Höhe der Sozialversicherungsrente zulassen will[570].

Nun besagt die Entgelttheorie zunächst an sich nur, daß die vom Arbeitgeber versprochene Versorgung die Gegenleistung des Arbeitgebers für bereits geleistete oder erwartete Betriebstreue ist[571] und der

---

566 Vgl. dazu *Höfer*, DB 1977, S. 1893 ff., 1894; ähnlich *Lieb / Westhoff*, DB 1976, S. 1958 ff., 1964.

567 Vgl. BAG v. 15. 9. 1977, 3 AZR 654/76, unter B. I. 3.

568 BAG v. 15. 9. 1977, 3 AZR 654/76, z. B. unter B. I. 3 der Gründe: „Wer sich eine Betriebsrente ‚erdient' hat, empfindet ihre Entwertung stets als Opfer."

569 BAG v. 17. 1. 1980, 3 AZR 614/78, unter A. I. 1 a der Gründe, unter Bezugnahme auf *Schwerdtner*, ZFA 1978, S. 553 ff., 579 ff., und unter A. I. 2 b der Gründe, gegen *Boldt*, Aktiengesellschaft 1978, S. 141 ff., 148 f.

570 Vgl. *Blomeyer*, SAE 1982, S. 14, unter Bezugnahme auf die Entscheidungen vom 17. 1. 1980, 3 AZR 614/78, und 3 AZR 1107/78; vgl. auch *Höfer / Abt*, 2. Aufl., Arb.Gr., Rn. 42.

571 Vgl. dazu Grundsatzentscheidung des BAG zur Unverfallbarkeit v. 10. 3.

Versorgungsempfänger aufgrund der geleisteten Betriebstreue entsprechend der Zusage gegen den Arbeitgeber einen wirksamen und durchsetzbaren Rechtsanspruch erwirbt[572]. Damit ist zunächst noch nichts darüber ausgesagt, welchen Inhalt die vom Arbeitgeber zu erbringende Leistung haben soll[573], ebenfalls nichts zur Frage, inwieweit die Gesamtversorgungsbetrachtung bei der Anpassungsprüfung unzulässig sein soll.

BAG und Schrifttum argumentieren jedoch im Hinblick auf den Entgeltcharakter weiter dahin, dieser bestimme die Frage, „ob und inwieweit die versprochene Leistung einschließlich der vom Gesetzgeber vorgeschriebenen Anpassung gewährt werden muß"[574], und es sei nicht einzusehen, wieso die Anpassung der als Entgelt zu leistenden Betriebsrente „durch die Berücksichtigung der Gesamtbeeinträchtigung des Renteneinkommens Werteinbußen erfahren können soll"[575]. Diese Argumentation kann man wohl letztlich nicht anders verstehen, als daß sich aus dem Entgeltcharakter ein Rechtsanspruch des Pensionärs auch dergestalt ergeben soll, daß eine (inflationsbedingte) Entwertung von ihm nicht hinzunehmen ist. Es wird also vorausgesetzt, daß der Anspruch die vom Arbeitgeber zugesagte Leistung zuzüglich Anpassung umfaßt, daß also vom Arbeitgeber nicht nur die nominelle Versorgungsleistung, sondern bereits die angepaßte Rente geschuldet wird.

Diese offensichtlich aus der Entgelttheorie abgeleitete Konsequenz läuft aber eindeutig auf die bereits oben behandelte Argumentation mit dem Zweck des Gesetzes (Anspruch des Betriebsrentners auf „Teuerungsausgleich") hinaus, so daß erneut auf die obigen Ausführungen[576] verwiesen werden kann. Wenn das Gesetz aber nicht ohne weiteres den vollen Teuerungsausgleich bezweckt, so kann auch der Entgeltcharakter einen derartigen Zweck nicht begründen.

Im übrigen ist es ohnehin nicht so, daß aus dem Entgeltcharakter des Ruhegeldes ein Anspruch auf Anpassung abzuleiten wäre. *Lieb*

1972, 3 AZR 278/71, AP Nr. 156 zu § 242 BGB Ruhegehalt = BB 1972, S. 1005 ff. = DB 1972, S. 1486 ff.

[572] Zum Ursprung der Entgelttheorie vgl. insbes. *Blomeyer*, in: Die betriebliche Altersversorgung zu Beginn der 80er Jahre, S. 23 ff., 34; zum Entgeltcharakter allgemein *Hilger*, in: Handbuch der betrieblichen Altersversorgung, S. 23 ff., in: Soziale Sicherheit in den 80er Jahren, S. 60 ff., 63 ff., und in RdA 1981, S. 6 ff., 8 f.; *Heißmann*, Die betrieblichen Ruhegehaltverpflichtungen, 6. Aufl., S. 62; *Förster*, Perspektiven, S. 65 ff., 71; *Stumpf*, in: Betriebliche Altersversorgung im Umbruch, S. 199 ff.; *Höfer / Abt*, 2. Aufl., ArbGr. Rn. 41 ff.

[573] So zutreffend *Blomeyer*, in: Die betriebliche Altersversorgung zu Beginn der 80er Jahre, S. 23 ff., 34.

[574] So BAG v. 17. 1. 1980, 3 AZR 614/78, unter A. I. 2 b der Gründe.

[575] So *Schwerdtner*, ZFA 1978, S. 553 ff., 580; ähnlich *Hilger*, in: Soziale Sicherheit in den 80er Jahren, S. 60 ff., 73 f.

[576] Vgl. oben VI. 3. a).

und *Westhoff*[577] haben zutreffend darauf hingewiesen, daß die Entgeltlichkeit im Hinblick auf das Nominalwertprinzip gerade gegen eine Anpassung spricht, und daß nach den BAG-Urteilen vom 30. 3. 1973[578] den Befürchtungen bezüglich einer allgemeinen Durchbrechung des Nominalwertprinzips mit Hinweis auf den Versorgungscharakter der Betriebsrente begegnet wurde[579]. In der Tat besagt denn auch eine Charakterisierung als Entgelt zunächst nur, daß ein Rechtsanspruch auf die nominelle Versorgungsleistung besteht; erst die Besonderheit des Ruhegeldes, die in der Versorgung des Rentners mit dem Zweck der zusätzlichen Sicherung des Lebensunterhaltes liegt, hat zur vorgesetzlichen Anpassungsrechtsprechung geführt[580].

Spätestens an dieser Stelle ist also darauf hinzuweisen, daß die betriebliche Versorgungsleistung sowohl Entgelt- wie auch Versorgungscharakter hat und daß sich beides nicht ausschließt[581], vielmehr der Entgeltcharakter inhaltlich durch den Versorgungszweck bestimmt wird[582]. Als Gegensatz zum Entgeltcharakter wird allerdings der sog. „Fürsorgecharakter" hervorgehoben[583], wobei mitunter auch die Begriffe „Fürsorge" und „Versorgung" gleichgesetzt werden[584]. Es erscheint jedoch im Rahmen dieser Arbeit nicht notwendig, im einzelnen auf diese verschiedenen Charakterisierungen und die daraus zu zie-

---

577 *Lieb / Westhoff*, DB 1976, S. 1958 ff., 1965; insoweit zustimmend offensichtlich auch *Schwerdtner*, ZFA 1978, S. 553 ff., 581.

578 BAG v. 30. 3. 1973, 3 AZR 26/72 und 34/72, AP Nr. 4 u. 5 zu § 242 BGB Ruhegehalt-Geldentwertung.

579 Vgl. *Lieb / Westhoff* (FN 577), unter Bezugnahme auf *Höfer / Kemper*, DB 1973, S. 130 ff., 136 und mit Hinweis auf die Entscheidung des BGH v. 28. 5. 1973, II ZR 58/71, AP Nr. 6 zu § 242 BGB, Ruhegehalt-Geldentwertung, unter V. 1 der Gründe; kritisch *Reuter*, ZHR 137 (1973), S. 482 ff., 499 f.

580 Vgl. BAG v. 30. 3. 1973, 3 AZR 26/72, unter B. I. 1 a der Gründe: „Die arbeitsrechtl. Versorgungsverpflichtungen dienen dem Zweck, den Lebensunterhalt des aus dem aktiven ArbVerh. ausgeschiedenen früheren ArbN zu sichern oder doch zu der Sicherung seines Lebensunterhalts einen Beitrag zu leisten. Sie sind weiter dadurch gekennzeichnet, daß die Zahlungen aus dem Ertrag des Unternehmens geleistet werden, dessen Grund der Pensionär während seiner Arbeitsleistung für das Unternehmen mit gelegt hat. Diese beiden besonderen Merkmale verbieten es, das Problem der Geldwertminderung bei arbeitsrechtl. Versorgungsverpflichtungen mit dem Problem der Geldentwertung bei sonstigen Dauerverbindlichkeiten ohne weiteres gleichzusetzen." — Vgl. dazu auch *Medicus*, in Anm. AP Nr. 4 zu § 242 BGB, Ruhegehalt-Geldentwertung, unter 3 b.

581 Vgl. u. a. *Hilger*, RdA 1981, S. 6 ff., 8.

582 Vgl. *Blomeyer*, in: Die betriebliche Altersversorgung zu Beginn der 80er Jahre, S. 23 ff., 34 unter Bezugnahme auf *Hilger*, RdA 1981, S. 8.

583 Vgl. *Höfer / Abt*, 2. Aufl., ArbGr. Rn. 41 ff.

584 Vgl. *Höfer / Abt*, 2. Aufl., ArbGr. Rn. 42, 43, 44; kritisch zur Gleichsetzung *von Arnim*, Die Verfallbarkeit von betrieblichen Ruhegeldanwartschaften, S. 84 ff.; richtigerweise muß wohl die bloße Fürsorge im Gegensatz stehen zum Entgelt mit der Folge des Rechtsanspruchs auf die Versorgung, vgl. auch *Lieb / Westhoff*, DB 1976, S. 1958 ff., 1964, und *Blomeyer*, in: Die betriebliche Altersversorgung zu Beginn der 80er Jahre, S. 23 ff., 34.

henden Konsequenzen einzugehen. Wenn je nach Bedarf einmal der „Entgeltcharakter“ und ein anderes Mal der „Versorgungscharakter“ als Begründung für ein gewünschtes Ergebnis vorgeschoben wird[585], so fragt es sich, inwieweit diese Argumentationsweise überhaupt noch geeignet und sinnvoll ist[586].

Diese Frage stellt sich erst recht, wenn man — wie *Blomeyer*[587] — als Inhalt der entgeltlich zu gewährenden Leistung des Arbeitgebers nicht mehr die Versorgung als solche, sondern das Versorgungsrisiko sieht[588]. Aus dem „Versicherungscharakter“ dürften sich jedenfalls keine Anhaltspunkte für eine Argumentation im Sinne einer uneingeschränkten Anpassung ergeben, da eine „Inflationsversicherung“ dem Währungsrecht und den Prinzipien des Versicherungswesens widerspricht[589].

Der Entgeltcharakter des Ruhegeldes ist demnach als Argument für die Ablehnung der Gesamtversorgungsbetrachtung wenig geeignet. Abgesehen von der Fragwürdigkeit der gesamten Argumentationsweise bestätigt die Entgeltlichkeit lediglich den Rechtsanspruch auf die nominelle Versorgungsleistung; allein die Versorgungsfunktion kann die Anpassung rechtfertigen, allerdings nicht im Sinne eines Rechtsanspruches auf vollen Teuerungsausgleich, sondern im Sinne der vorgesetzlichen BAG-Rechtsprechung und der vorsichtigen Formulierung des Gesetzgebers in § 16. Es ist deshalb auch nicht möglich, die als Entgelt zu gewährende Leistung des Arbeitgebers so zu interpretieren, daß sie bereits die „vom Gesetzgeber vorgeschriebene Anpassung“[590] mit umfaßt. Ein solcher Anspruch ist nicht von vornherein gegeben; vielmehr sind Anspruch und Umfang eines eventuellen Anspruches erst u. a. durch die Prüfung der Gesamtversorgungssituation abzuklären.

f) Folgerungen aus der „Ergänzungsfunktion“

Das BAG befaßt sich in der Urteilsbegründung vom 15. 9. 1977[591] auch mit dem Argument, wonach der Arbeitgeber bei der Zusage in der

---

585 Vgl. z. B. *Ahrend / Förster / Rößler*, DB 1976, S. 338 ff., 341; *Schoden*, Soziale Sicherheit 1976, S. 15 ff., 17; *Bitter*, BlStSozArbR. 1977, S. 22 ff., 23.

586 s. a. *Richardi*, DB 1976, S. 1718 ff., 1722, der wohl zu Recht die Meinung vertritt, daß aus diesen „rechtsdogmatischen Einordnungsbemühungen“ für die Lösung des Anpassungsproblems kein Argument gewonnen werden kann; ähnlich *Konzen*, SAE 1978, S. 223 (unter II. 2 a); vgl. allerdings *Richardi*, S. 1720 mit der Charakterisierung der Betriebsrente als „besonderer Entgeltbestandteil“.

587 *Blomeyer*, in: Die betriebliche Altersversorgung zu Beginn der 80er Jahre, S. 23 ff., 35 f.

588 Vgl. auch oben II. 2. b) bb).

589 Vgl. *Blomeyer*, S. 40; *ders.*, SAE 1982, S. 14.

590 So die o. g. Formulierung des BAG in der Entsch. v. 17. 1. 1980, 3 AZR 614/78, unter A. I. 2 b der Gründe.

Regel davon ausgeht, daß die Betriebsrente den Versorgungsbedarf nur teilweise abdecken kann und die Leistungen der gesetzlichen Rentenversicherung aufstocken oder ergänzen soll („Ergänzungsfunktion")[592].

Das BAG bejaht diese Funktion nicht nur dann, wenn ein unmittelbarer Bezug zur Sozialversicherungsrente durch eine ausdrückliche Gesamtversorgungsabrede hergestellt ist[593]. Gleichwohl vertritt das BAG jedoch den Standpunkt, die Ergänzungsfunktion rechtfertige nicht ein Abstellen auf die Gesamtversorgung; dagegen würden die „Vorstellungen des Gesetzgebers über das mit der Rentendynamisierung und das mit § 16 BetrAVG verfolgte Ziel" sprechen. Das BAG hat also die im Zusammenhang mit dem Ergänzungscharakter im Schrifttum vorgebrachten Erwägungen durchaus zur Kenntnis genommen — ohne sich freilich näher damit zu befassen — und hat lediglich den Zweck der Sozialrentendynamisierung und den seiner Meinung nach mit § 16 verfolgten Zweck als die angeblich ausschlaggebenden Gegenargumente ins Feld geführt. Zu diesen beiden Punkten ist jedoch bereits in den vorhergehenden Abschnitten[594] Stellung genommen worden, und zwar mit dem hier vertretenen Ergebnis, daß sich weder aus dem Zweck des § 16 noch aus dem Zweck der Dynamisierung der gesetzlichen Renten durchgreifende Bedenken gegen das Abstellen auf die Gesamtversorgung begründen lassen.

Die Ergänzungsfunktion der betrieblichen Altersversorgung spricht vielmehr m. E. eindeutig dafür, bei der nach § 16 gebotenen Billigkeitsentscheidung auch die Gesamtversorgungsentwicklung mit in die Überlegungen einzubeziehen. Wenn die betriebliche Versorgungszusage in der Regel bezweckt, eine Zusatzversorgung im Sinne einer Ergänzung der Sozialrentengrundversorgung zu gewähren, so ist nicht ersichtlich, inwiefern die Berücksichtigung der Belange des Versorgungsempfängers bei kaufkraftstabiler Gesamtversorgung noch eine Anhebung dieser Zusatzleistung erfordern sollten bzw. inwiefern eine sich an dieser Ergänzungsfunktion orientierende Anpassungsentscheidung unbillig im Sinne des Gesetzes sein sollte[595].

Die Ergänzungsfunktion tritt im übrigen nicht nur in den Fällen klar in Erscheinung, in denen der Arbeitgeber ausdrücklich eine be-

---

591 BAG v.15. 9. 1977, 3 AZR 654/76, unter B. I. 5 a der Gründe.

592 Vgl. dazu oben VI. 1., insbes. FN 479.

593 So aber insbes. *Richardi*, DB 1976, S. 1718 ff., 1722 und DB 1977, S. 207 ff., 210 f.; zustimmend *Ruland*, DB 1978, S. 1833 ff., 1838.

594 Vgl. oben VI. 3. d) und VI. 3. a).

595 So u. a. *Lieb / Westhoff*, DB 1976, S. 1958 ff., 1967; *Bode / Grabner*, BB 1975, S. 1644 ff. u. BB 1976, S. 1324; *Höfer*, Kommentar 1. Aufl., § 16, Rn. 52, und DB 1977, S. 1142 f.; Arbeitsring/Leitlinien, BetrAV 1976, S. 190 ff., 192 = RdA 1977, S. 35 ff., 37.

stimmte Gesamtversorgung unter Anrechnung der jeweiligen Sozialversicherungsrente garantiert hat bzw. in denen ein Zusammenhang zwischen Betriebs- und Sozialrente „eindeutig" festgestellt wird[596]. Vielmehr ist die ergänzende Bestimmung der Betriebsrente in Fällen nicht ausdrücklicher Erwähnung grundsätzlich im Wege der „ergänzenden Vertragsauslegung" zu ermitteln[597], da im Regelfall beiden Parteien — auch und gerade dem Pensionär — die Ergänzungsfunktion bekannt ist und diese bei der Zusage zumindest stillschweigend Vertragsgrundlage ist. Lediglich dann, wenn sich aus der Versorgungszusage selbst oder den Umständen des Einzelfalles eindeutige Anhaltspunkte dafür ergeben, daß die betriebliche Leistung isoliert und völlig unabhängig von der Grundversorgung gewährt werden soll[598], läßt sich nicht mehr mit der „Ergänzungsfunktion" argumentieren, da von dieser in einem solchen Fall eben nicht mehr gesprochen werden kann.

Es ist also nicht so, daß auf den regelmäßig vorhandenen Ergänzungscharakter in der Versorgungszusage oder in der betrieblichen Versorgungsordnung eigens hingewiesen sein müßte[599], sondern umgekehrt so, daß ein Abweichen vom Regelfall besondere Erwähnung erfordert. Im übrigen würde die Unterscheidung *Richardis*[600] in der Praxis zu unerträglichen Ergebnissen führen[601], da es wohl nicht „billig" sein dürfte, wenn ein Rentner mit einer sog. „echten Gesamtversorgungszusage" sich die Sozialrentenanhebung anrechnen lassen müßte, während sein Kollege — dem die Versorgung zwar unter im wesentlichen gleichen Voraussetzungen, jedoch ohne ausdrücklichen Hinweis auf die Gesamtversorgung zugesagt wurde — eine uneingeschränkte Betriebsrentenanpassung fordern könnte. Nicht verständlich wäre auch beispielsweise eine unterschiedliche Behandlung von Rentnern in vergleichbaren Betrieben, die eine durchschnittlich gleiche Versorgungshöhe anstreben, wenn in einem Fall die individuelle Sozialrente direkt

---

596 Vgl. *Richardi,* DB 1976, S. 1718 ff., 1722, und in: Festschrift für M. L. Hilger u. H. Stumpf, S. 601 ff., 611.

597 So *Lieb / Westhoff,* DB 1976, S. 1958 ff., 1963; *Bode / Grabner,* BB 1976, S. 1327 ff., 1325; sinngemäß ebenso *Kemper,* in: Neuregelung der betrieblichen Altersversorgung, S. 23 ff., 27; *Förster,* Perspektiven, S. 65 ff., 70 f.; *Ahrend / Förster / Rößler,* DB 1976, S. 338 ff., 341; *Doetsch,* Arbeitgeber 1976, S. 359 f.; differenzierend (Berücksichtigung um so eher, „je stärker nach dem Inhalt der Ruhegeldzusage die Betriebsrente mit der Sozialversicherungsrente verzahnt" ist) *Förster / Rößler / Fürer,* in Anm. AP Nr. 5 zu § 242 BGB Ruhegehalt-Geldentwertung, unter C. V. 4.; zustimmend *Bitter,* BlStSozArbR. 1977, S. 22 ff., 23; dagegen *Richardi,* DB 1977, S. 207 ff., 209; *Schwerdtner,* ZFA 1978, S. 553 ff., 578; *Ruland,* DB 1978, S. 1833 ff., 1838.

598 Vgl. dazu auch *Bode / Grabner,* BB 1976, S. 1324, die nur dann die Ergänzungsfunktion verneinen, wenn sie vertraglich „ausdrücklich ausgeschlossen" wird.

599 So aber *Richardi,* DB 1976, S. 1718 ff., u. DB 1977, S. 207 f.

600 Vgl. ebd.

601 Vgl. insbes. die Beispiele bei *Höfer,* DB 1977, S. 1142 f.

bei der Betriebsrentenzusage angerechnet wird und im anderen Fall die Zusage auch ohne direkte Anrechnung bei der Mehrzahl der Arbeitnehmer zu einer gleichhohen Gesamtversorgung führt[602].

Die genannte Unterscheidung ist also nicht praktikabel und führt regelmäßig nicht zu angemessenen und billigen Ergebnissen. Man wird deshalb davon ausgehen dürfen, daß grundsätzlich die Ergänzungsfunktion der betrieblichen Altersversorgung im Rahmen der Prüfung und Entscheidung nach § 16 für ein Abstellen auf die Gesamtversorgungssituation des Versorgungsempfängers spricht.

g) Berücksichtigung des Sozialrentenanstiegs zur Hälfte?

In der Entscheidung vom 15. 9. 1977[603] nimmt das BAG auch zu der im Schrifttum vertretenen Ansicht Stellung, die eine hälftige Berücksichtigung des Anstiegs der Sozialversicherungsrente fordert[604]. Diese Ansicht wird vorwiegend damit begründet, daß die Arbeitgeber die gesetzlichen Renten nur zur Hälfte durch Beiträge finanzieren[605]. Das BAG lehnt diese Auffassung jedoch mit der Begründung ab, § 5 Abs. 2 BetrAVG lasse bei der Festsetzung der betrieblichen Versorgungsleistung eine volle Anrechnung zu, § 5 Abs. 1 BetrAVG bestimme allerdings andererseits, daß trotz Beteiligung der Arbeitgeber an der Beitragslast die Erhöhung der Sozialversicherungsrenten keinen Einfluß auf die Verpflichtungen der Arbeitgeber aus der betrieblichen Altersversorgung haben solle.

Der Hinweis des BAG auf die in § 5 Abs. 2 BetrAVG vorgesehene *volle* Anrechnungsmöglichkeit ist zutreffend. Wenn die hälftige Finanzierung durch den Arbeitgeber bei der erstmaligen Festsetzung der Betriebsrente nicht zur anteilmäßigen, sondern zur vollständigen Anrechnungsbefugnis führt, so ist nicht einzusehen, inwiefern im Rahmen des § 16 eine nur auf die Hälfte eingeschränkte Berücksichtigung möglich sein sollte. Wenn das BAG allerdings im Hinblick auf § 5 Abs. 1 jede, also auch die halbe Anrechnung bei der Anpassungsentscheidung ausschließen will, so muß auf die obigen Ausführungen[606] verwiesen werden, wonach § 5 Abs. 1 im Sinne des BAG wohl nicht anwendbar

602 Vgl. *Höfer*, DB 1977, S. 1142 f., 1143.

603 BAG v. 15. 9. 1977, 3 AZR 654/76, unter B. I. 5 c.

604 Vgl. *Fürer / Förster / Rößler*, DB 1974, S. 776 ff., 777 = BetrAV 1974, S. 56 ff., 57; *Förster / Rößler / Fürer*, in Anm. AP Nr. 5 zu § 242 BGB Ruhegehalt-Geldentwertung, unter 7 a; für eine „Mindestanpassung" *Schaub / Schusinski / Ströer*, S. 95 (8), wohl auch *Höhne*, in Heubeck / Höhne / Paulsdorff / Rau / Weinert, 1. Aufl. § 16, Rn. 143 ff., 145; a. A. *Höfer*, Leitfaden, DB-Beilage Nr. 1/77, S. 6 (13) u. DB 1977, S. 1893 ff., 1895.

605 Vgl. *Förster / Rößler / Fürer* (FN 604).

606 Vgl. oben VI. 3. c).

sein dürfte. Die richtige Lösung muß vielmehr dahin gehen, daß grundsätzlich auf die Gesamtversorgung abzustellen ist, die Berücksichtigung des Sozialrentenanstiegs grundsätzlich in vollem Umfang möglich ist, letztendlich aber die Anpassungsentscheidung unter Abwägung aller Gesichtspunkte getroffen werden muß[607]. Die hälftige Berücksichtigung der Sozialrentensteigerungen kann also das Ergebnis sein, muß es aber nicht[608].

4. Die richtige Lösung im Rahmen des billigen Ermessens

Die vorstehend vorgenommene Auseinandersetzung mit den in Literatur und Rechtsprechung, insbesondere aber in den Entscheidungen des BAG erörterten Argumenten hat nach der hier vertretenen Ansicht ergeben, daß alle gegen die Gesamtversorgungsbetrachtung vorgebrachten Gesichtspunkte nicht stichhaltig und zu widerlegen sind. *Für* das Abstellen auf die Gesamtversorgung sprechen dagegen insbesondere die Heranziehung des in § 5 Abs. 2 S. 2 BetrAVG zum Ausdruck kommenden Gedankens[609] und die grundsätzlich gegebene Ergänzungsfunktion der Betriebsrente[610], nicht zuletzt aber auch die gesetzliche Entstehungsgeschichte insofern, als nicht etwa eine Dynamisierung, sondern im Interesse der weiteren Ausbreitung der betrieblichen Altersversorgung eine maßvolle Anpassungsregelung gewollt war[611].

Stellt man allerdings die Frage, wie sich im Einzelfall das Abstellen auf die Gesamtversorgung auswirkt und inwieweit sich generell gültige Regeln für die zu treffende Entscheidung des Arbeitgebers aufstellen lassen, muß man sich klar die Besonderheiten der gesetzlichen Regelung des § 16 vor Augen halten, insbesondere das Instrumentarium der Prüfung und der nachfolgenden Entscheidung nach billigem Ermessen. Beachtet man, daß Prüfung i. S. des § 16 als umfassende Vorbereitung der Entscheidung zu verstehen ist[612], so wird man nicht ohne weiteres die eine Anpassung ganz oder teilweise ablehnende Entscheidung als billigem Ermessen entsprechend würdigen können, wenn der Arbeitgeber sich darauf beschränkt, nur den am Preisindex gemessenen Kaufkraftverlust mit den Steigerungen der gesetzlichen Rente zu verrechnen, und wenn er demzufolge eine Anpassung ohne Überprüfung weiterer nach § 16 relevanter Gesichtspunkte nur insoweit vornimmt, als

607 Vgl. auch *Bitter*, BlStSozArbR 1977, S. 22 ff., 23.

608 Vgl. auch in anderem Zusammenhang zum „Hälftelungsprinzip" des BAG oben IV. 4. c).

609 Vgl. dazu oben VI. 3. c).

610 Vgl. oben VI. 3. f).

611 Vgl. dazu etwa oben II. 6. c), III. 4. oder VI. 3. a).

612 Vgl. oben II. 5. b).

für die Gesamtversorgung noch ein Anpassungsbedarf vorhanden ist[613]. Eine derartig reduzierte Prüfung würde dem Gesetz nicht gerecht, das eine vollständige Erfassung aller erheblichen Kriterien, insbesondere die Gegenüberstellung der Rentner- und Arbeitgeberinteressen, und eine sachgerechte Abwägung fordert[614].

Richardi[615] ist also insoweit zuzustimmen, als er die Gesamtrentenentwicklung bei der nach billigem Ermessen zu treffenden Anpassungsentscheidung unter den Belangen des Versorgungsempfängers berücksichtigt wissen will. Soweit *Richardi*[616] eine „Wechselbeziehung zur wirtschaftlichen Lage des Arbeitgebers" herstellt, ist auch dem mit der Maßgabe beizupflichten, daß es *nicht nur* auf eine Gegenüberstellung Gesamtrenteneinkommen (Belange des Versorgungsempfängers) / wirtschaftliche Lage ankommen kann[617], sondern daß alle in Betracht kommenden Kriterien gegeneinander abzuwägen sind, wobei die wirtschaftliche Lage eine wichtige Rolle spielen muß, allerdings *nicht allein* als „Korrekturfaktor" das Anpassungsverlangen begrenzen kann[618]. Vielmehr können sich auch lediglich aus den Belangen des Versorgungsempfängers anpassungseinschränkende Einflußgrößen ergeben[619], wobei diese Belange eben nicht nur auf die Veränderung der Lebenshaltungspreise reduziert werden können[620].

Der Arbeitgeber wird also bei vollständigem oder teilweisem Ausgleich der Teuerungsrate durch überproportionale Sozialrentensteigerungen nicht von vornherein allein mit dieser Begründung eine Anpassung ganz oder zum Teil verweigern können; er wird vielmehr alle weiteren relevanten Gesichtspunkte wie Gesamtausmaß der Teuerung unter Berücksichtigung der Opfergrenzenlehre[621], das Erreichen von Obergrenzen[622], die Beachtung des Gleichbehandlungsgrundsatzes ge-

---

613 So sind allerdings wohl überwiegend die in Literatur und Praxis entwickelten Modelle zu verstehen, vgl. u. a. *Heubeck / Schröder*, BB 1973, S. 755 ff., 759; *Höhne / Heubeck*, Anpassung, S. 103; *Höfer*, Kommentar, 1. Aufl., § 16, Rn. 66 ff.; *Bode / Grabner*, BB 1975, S. 1644 ff., u. DB 1977, S. 1555 ff., 1557; *Höhne*, in Heubeck / Höhne / Paulsdorff / Rau / Weinert, 2. Aufl., § 16, Rn. 125.

614 Vgl. oben II. 4. b) und c); II. 5. b), c) und d); II. 6.

615 *Richardi*, DB 1976, S. 1718 ff., 1721 u. in Anm. AP Nr. 3 u. 4 zu § 16 BetrAVG unter VI. 3; a. A. *Schwerdtner*, ZFA 1978, S. 553 ff., 586; ähnlich wie *Richardi*, bereits *Thomas*, BetrAV 1974, S. 34 ff., 37 f.

616 *Richardi* u. a. DB 1976, S. 1721.

617 *Richardi*, DB 1976, S. 1721 f., DB 1977, S. 207 ff., 211 f., und in Anmerkung AP Nr. 3 u. 4 zu § 16 BetrAVG, unter VI. 3, will allerdings wohl nahezu ausschließlich die wirtschaftliche Lage als Rechtfertigung für eine sich bereits aus der Gesamtversorgungsbetrachtung ergebende Anpassungsbeschränkung heranzuziehen.

618 Vgl. dazu oben II. 6. b) und III. 4.

619 Vgl. auch *Westhoff*, in Anm. AP Nr. 10 zu § 16 BetrAVG, unter II. 3.

620 Vgl. oben III. 4.

621 Vgl. oben V.

genüber anderen Pensionären[623], das Ausmaß früherer Erhöhungen und natürlich die eigene wirtschaftliche Lage zu prüfen haben und dann abzuwägen und eine Entscheidung zu treffen haben. Dabei ist es durchaus möglich, daß je nach Umständen des Einzelfalles eines der Kriterien — z. B. auch die Gesamtversorgungsentwicklung — den Ausschlag gibt. Wichtig für die Beachtung billigen Ermessens ist aber, daß auch die anderen — im Endergebnis nicht ausschlaggebenden — Punkte im Rahmen der Prüfung und Entscheidung gewürdigt worden und in die Entscheidungsfindung einbezogen worden sind.

Möglich sind sowohl volle Anpassungen (entsprechend der anhand des Preisindex zu ermittelnden Verteuerung), Teilanpassungen wie auch „Nullanpassungen"[624], wobei sich unter Berücksichtigung des dem Arbeitgeber zustehenden Ermessensspielraum[625] keine schematisierenden Grundsätze aufstellen lassen[626]. Der Standpunkt des BAG, wonach von vornherein die Sozialrentendynamisierung bei der Anpassungsentscheidung außer Betracht zu bleiben hat[627], führt jedenfalls zu keinem „billigen" Ergebnis; er läßt für eine individuelle Billigkeitswertung gar keinen Raum mehr[628]. Ganz im Gegensatz zur einseitig ablehnenden BAG-Haltung wird man sogar im Hinblick auf Wortlaut und Entstehungsgeschichte des § 16[629] und den Ermessensspielraum des Arbeitgebers[630] sagen können, daß es grundsätzlich nicht unbillig ist, wenn der Arbeitgeber bei sozialrentenerhöhungsbedingter kaufkraftstabiler Gesamtversorgung eine Anpassung ganz oder zum Teil ablehnt, vorausgesetzt, er legt in nachvollziehbarer Weise dar, daß auch alle anderen einzubeziehenden Umstände nicht zwingend für eine andere Entscheidung sprechen. Eine derartige Auslegung des Gesetzes führt im übrigen keineswegs zu einer grundsätzlichen Benachteiligung des Versorgungsempfängers, da es ja — jetzt und vor allem in der Zukunft — ohne weiteres möglich ist, daß die individuelle Gesamtversorgungssituation in bezug auf die Teuerungsrate einen erheblichen Anpassungsbedarf widerspiegelt und sich somit im Rahmen der Gesamtabwägung zugunsten des Versorgungsempfängers auswirkt[631].

---

622 Vgl. dazu unten VII.

623 Vgl. unten VIII. 2.

624 Vgl. u. a. *Schwerdtner*, ZfA 1978, S. 553 ff., 565.

625 Vgl. oben II. 5. b).

626 So auch *Westhoff*, in Anm. AP Nr. 10 zu § 16 BetrAVG, unter II. 3.

627 Leitsatz 1 der Entsch. v. 15. 9. 1977, 3 AZR 654/76, AP Nr. 5 zu § 16 BetrAVG, oder Leitsatz 2 der Entsch. v. 17. 1. 1980, 3 AZR 614/78 AP Nr. 7 zu § 16 BetrAVG.

628 *Bode / Grabner*, DB 1977, S. 1897 ff., 1900; *Sonne*, S. 348.

629 Vgl. insbes. oben II. 6. c) und VI. 3. a).

630 Vgl. oben II. 5. b).

631 Vgl. etwa *Richardi*, DB 1976, S. 1718 ff., 1720, *Schwerdtner*, ZFA 1978, S. 553 ff., 578 oder *Schoden*, Die betriebliche Altersversorgung, Rn. 243.

In jedem Fall wird man annehmen müssen, daß im Rahmen der Billigkeitsentscheidung nach § 16 die Frage der Gesamtversorgung von Bedeutung und bei den „Belangen des Versorgungsempfängers“ zu würdigen ist. In den folgenden Abschnitten dieser Arbeit soll untersucht werden, welche Auswirkungen sich auf die Belange des Versorgungsempfängers durch den Vergleich mit den Belangen aktiver Arbeitnehmer und anderer Versorgungsempfänger ergeben.

VII. Die Belange des Versorgungsempfängers im Vergleich zu den Belangen der aktiven Arbeitnehmer

1. Rechtfertigung eines Vergleichs mit den aktiven Arbeitnehmern

Die Idee, die Höhe der Betriebsrente mit den Aktiveneinkommen und insoweit auch die Belange des Versorgungsempfängers mit den Belangen der aktiven Arbeitnehmer zu vergleichen und gewisse „Obergrenzen" zu setzen, ist auf die in den letzten Jahren deutlich in Erscheinung getretene Tatsache zurückzuführen, daß die Gesamtrenteneinkommen gegenüber den vergleichbaren Nettoeinkommen der Arbeitnehmer wesentlich schneller gewachsen sind, ja in Einzelfällen diese sogar „überholt" haben[632].

Das BAG hat in seiner Entscheidung vom 15. 9. 1977[633] in Anerkennung dieses Umstandes und gewissermaßen zur Abmilderung der im übrigen vollständigen Ablehnung der Gesamtversorgungsbetrachtung ausgeführt, es könne billigem Ermessen entsprechen, „die betrieblichen Versorgungsleistungen nicht im Umfange der Verteuerung anzupassen, wenn dies dem Betriebspensionär zu Bezügen verhilft, die, gemessen an den Einkommen aktiver Arbeitnehmer, überhöht sind"[634].

Zur Rechtfertigung derartiger Überlegungen bezieht sich das BAG auf die „Ergänzungsfunktion der Betriebsrenten"[635], auf den „Versorgungsgedanken" und den Willen des Gesetzgebers. Die Ergänzungsfunktion führe zur Frage, inwieweit beim Betriebsrentner gegenüber den Aktiveinkommen noch eine Versorgungslücke verblieben ist. Insoweit handle es sich darum, „daß die Belange des Betriebspensionärs nicht weiter gehen als auf volle Beteiligung an der Entwicklung der Arbeitseinkommen"[636]. Weiter könne es bei hohen Versorgungsbezügen

---

[632] Vgl. u. a. *Bennewitz*, BB 1973, S. 990 ff.; *Bode / Grabner*, DB 1974, S. 1961 ff. u. BB 1976, S. 1324 ff.; *Höfer*, DB 1977, S. 1893 ff.; *Dellefant*, BetrAV 1978, S. 43 f.; *Höhne*, in Heubeck / Höhne / Paulsdorff / Rau / Weinert, 2. Aufl., § 16, Rn. 146 ff.; *Dieterich*, in Festschrift für M. L. Hilger u. H. Stumpf, S. 77 ff.; vgl. auch oben VI. 1. und VI. 3. d).

[633] BAG v. 15. 9. 1977, 3 AZR 654/76, AP Nr. 5 zu § 16 BetrAVG.

[634] Vgl. ebd., unter B. II. 3 b der Gründe.

[635] Allerdings ohne die entsprechenden Konsequenzen für die Gesamtversorgungsbetrachtung zu ziehen, vgl. oben VI. 3. f).

[636] In den späteren Entscheidungen hat das BAG diese Ausführungen aber wieder stark eingeschränkt, vgl. insbes. BAG v. 17. 1. 1980, 3 AZR 614/78 u.

zu „Unzufriedenheit und Unverständnis unter den aktiven Arbeitnehmern“ kommen, was „dem Versorgungsgedanken insgesamt abträglich“ und „vom Gesetzgeber nicht gewollt“ sei[637].

Zusätzlich erwähnt das BAG in dieser Entscheidung beiläufig, daß im genannten Zusammenhang auch die Belange des Arbeitgebers „ins Spiel“ kämen[638]. Im Schrifttum ist später die Ansicht vertreten worden, der Obergrenzengedanke zähle zu den Interessen des Arbeitgebers[639]. Das BAG hat schließlich in seinen jüngsten Entscheidungen[640] ebenfalls eindeutig eine Verbindung zur wirtschaftlichen Lage hergestellt, wenn es etwa ausführt, der Vergleich der Betriebsrentenentwicklung mit der Reallohnentwicklung der aktiven Belegschaft sei insofern sachgerecht, als die Reallohnentwicklung für die wirtschaftliche Lage des Arbeitgebers „aufschlußreich“ sei, oder wenn es formuliert, „eine Bevorzugung der Versorgungsberechtigten würde auf Unverständnis der aktiven Belegschaft stoßen und wäre in der Regel mit der wirtschaftlichen Lage des Unternehmens schwer vereinbar“[641].

Nun erscheint es allerdings doch fraglich, ob die wirtschaftliche Lage des Arbeitgebers den richtigen Ansatzpunkt für die Rechtfertigung des Vergleichs zwischen Renten- und Aktiveinkommen bietet[642]. Dies wäre wohl nur dann nicht zu bestreiten, wenn sich bereits aus Arbeitsentgelten und Anpassungsbeträgen, die zu vergleichsweise überhöhten Versorgungsbezügen führen, konkrete Auswirkungen auf die wirtschaftliche Belastung des Arbeitgebers nachweisen ließen. Ob dagegen allein aus möglicherweise „aufschlußreichen“ Entwicklungen auf die Maßgeblichkeit der wirtschaftlichen Lage innerhalb der nach § 16 erforderlichen Abwägung geschlossen werden kann, erscheint problematisch. Die Bedeutung der wirtschaftlichen Lage kann im übrigen nach der Themenstellung der vorliegenden Arbeit hier nicht näher erörtert werden[643].

---

3 AZR 1107/78, AP Nr. 7 u. 8 zu § 16 BetrAVG — vgl. dazu auch *Blomeyer*, SAE 1982, S. 14 (2 e) — und BAG v. 11. 8. 1981, 3 AZR 395/80, AP Nr. 11 zu § 16 BetrAVG, unter III. 1, 2.

[637] Vgl. BAG v. 15. 9. 1977, 3 AZR 654/76, unter B. II. 3 b (1) der Gründe mit Hinweis auf Stenographische Berichte des Deutschen Bundestags, 7. Wahlperiode, 134. Sitzung, S. 9063 (A. u. C.), S. 9065 (D) und S. 9067 (D); dem BAG insoweit zustimmend *Lücking*, Soziale Sicherheit 1977, S. 366 ff., 368.

[638] Vgl. BAG v. 15. 9. 1977, 3 AZR 654/76 (FN 637).

[639] *Stumpf*, BFuP 1980, S. 571 ff., 573; *Hilger*, RdA 1981, S. 6 ff., 11, und in: Soziale Sicherheit in den 80er Jahren, S. 60 ff., 74.

[640] Vgl. BAG v. 25. 9. 1980, 3 AZR 937/79, AP Nr. 10 zu § 16 BetrAVG, unter II. 3 der Gründe, u. BAG v. 11. 8. 1981, 3 AZR 395/80, AP Nr. 11 zu § 16 BetrAVG, unter III. 3 der Gründe.

[641] Vgl. BAG v. 11. 8. 1981, 3 AZR 395/80 (FN 640).

[642] Vgl. auch *Höhne*, in Heubeck / Höhne / Paulsdorff / Rau / Weinert, 2. Aufl., § 16, Rn. 164.

Problematisch ist jedoch auch der Hinweis auf die „Unzufriedenheit" oder das „Unverständnis" der Aktiven[644]. Soweit die diesbezügliche Argumentation damit den Pensionären Minderanpassungen mit der Begründung zumuten will, andere hätten für die Höhe ihrer Bezüge kein Verständnis, würden ihnen diese also gewissermaßen nicht gönnen, erscheint sie reichlich vage und ohne rechtliche Grundlage[645]. Soweit auf die sog. „Solidargemeinschaft" zwischen aktiver Belegschaft und Rentnern[646] angespielt sein sollte, ist mit Recht entgegengehalten worden, daß das Gesetz zur Verbesserung der betrieblichen Altersversorgung vom 19. 12. 1974 diese angebliche Gemeinschaft weitgehend beseitigt hat[647]. Dem Rentner sind also grundsätzlich Nachteile mit Rücksicht auf die aktive Belegschaft nicht zuzumuten.

Zu bedenken ist aber, daß § 16 dem Pensionär nicht von vorneherein einen Anpassungsanspruch zuerkennt, vielmehr eine Entscheidung nach billigem Ermessen verlangt, wobei die Belange des Versorgungsempfängers zu berücksichtigen sind. Diese Belange sind grundsätzlich in bezug zur konkreten Ruhegeldzusage zu setzen[648]. Der Vergleich zwischen Renten- und Aktiveneinkommen läßt sich daher m. E. in erster Linie durch den ausdrücklichen oder den im Wege ergänzender Vertragsauslegung ermittelten Inhalt der Ruhegeldzusage rechtfertigen. Geht man — wie auch noch das BAG in der Entscheidung vom 15. 9. 1977[649] — von der grundsätzlich gegebenen Ergänzungsfunktion der Betriebsrente aus[650], so folgt daraus im Regelfall, daß mit der Zusage der Betriebsrente eine etwa vorhandene Versorgungslücke ausgeglichen werden, also allenfalls das Aktiveneinkommen erreicht, nicht aber überschritten werden soll[651]. Zumindest die Mitberücksichtigung des Verhältnisses der Höhe der Betriebsrente zur Höhe der Aktivenbezüge im

---

643 Für *Höhne* (FN 642), scheint es gleichgültig zu sein, wohin man den Obergrenzengedanken systematisch einordnet.

644 Vgl. BAG v. 15. 9. 1977, 3 AZR 654/76, u. BAG v. 11. 8. 1981, 3 AZR 395/80.

645 So auch *Schwerdtner*, ZFA 1978, S. 553 ff., 575 f.

646 Vgl. *Hilger*, Das betriebliche Ruhegeld, S. 219 ff., 263 ff.; *Höfer*, Kommentar, 1. Aufl., § 16, Rn. 56; *Hanau*, ZfA 1976, S. 485 ff., 491; *Höfer / Abt*, 2. Aufl., ArbGr Rn. 356; § 16, Rn. 171; kritisch *Blomeyer*, RdA 1977, S. 1 ff., 10, und in: Die betriebliche Altersversorgung zu Beginn der 80er Jahre, S. 23 ff., 37.

647 Vgl. die zutreffenden Hinweise von *Blomeyer* (FN 646), S. 10 f. bzw. S. 37, u. a. auf §§ 1, 3, 4, 7 BetrAVG sowie § 613 a BGB.

648 Vgl. oben III. 3.

649 BAG v. 15. 9. 1977, 3 AZR 654/76, unter B. II. 3 b.

650 Vgl. im einzelnen oben VI. 3. f).

651 Im Ergebnis ebenso *Bode / Grabner*, BB 1975, S. 1644 ff., 1647; *Doetsch*, Arbeitgeber 1978, S. 46 ff., 47; gegen eine ergänzende Vertragsauslegung *Blomeyer*, SAE 1982, S. 14; vgl. dazu allerdings oben VI. 3. f) mit Hinweis u. a. auf *Lieb / Westhoff*, DB 1976, S. 1958 ff., 1963 und *Höfer*, DB 1977, S. 1142 f.

Rahmen der Billigkeitsentscheidung des § 16 müßte deshalb zulässig sein.

Daneben wird man aber auch unabhängig vom Inhalt der Versorgungszusage entsprechend der „billiges Ermessen" fordernden Fassung des § 16 fragen dürfen, ob ein Versorgungsempfänger auch dann noch billigerweise eine Anpassung verlangen kann, wenn er mit seinen Versorgungsbezügen — gleichgültig aus welchen Gründen — über den Bezügen vergleichbarer Aktiver liegt[652]. Eine solche nur auf „Billigkeit" abstellende Argumentation wird allerdings nach dem Wesen von Prüfung und Entscheidung gemäß § 16[653] niemals allein für das Ergebnis ausschlaggebend sein können[654], sondern kann nur ergänzend und zusätzlich zu anderen Kriterien bei der Gesamtabwägung mitherangezogen werden.

Zusammenfassend läßt sich also festhalten, daß zwar grundsätzlich kein Interesse der aktiven Arbeitnehmer ersichtlich ist, in irgendeiner Form auf die Belange der Rentner Einfluß zu nehmen, daß aber dennoch innerhalb der Prüfung und Entscheidung nach § 16 die Belange des Versorgungsempfängers den Belangen der aktiven Arbeitnehmer insofern gegenübergestellt werden können, als vergleichsweise überhöhte Versorgungsbezüge mit bei der Frage nach dem „ob" und dem „wie" der nach billigem Ermessen zu treffenden Anpassungsentscheidung eine Rolle spielen können. Wann jedoch überhaupt von „überhöhten" Bezügen gesprochen werden kann, soll in den folgenden Abschnitten kurz erörtert werden.

2. Absolute Obergrenze

Unter dem Stichwort „absolute Obergrenze" wird in Literatur und Rechtsprechung die Frage diskutiert, ob eine Anpassung dann nicht mehr erforderlich ist, wenn die Gesamtversorgung des Rentners das Netto-Einkommen eines vergleichbaren aktiven Arbeitnehmers erreicht oder überschritten hat[655]. Dabei ist streitig, ob auf 100 % des Nettoeinkommens des vergleichbaren Aktiven[656] oder auf geringere Werte

---

652 So *Ahrend / Förster / Rößler*, BB-Beilage 6/1980, S. 4, und in Anm. AP Nr. 7 u. 8 zu § 16 BetrAVG, unter II., auch unter Heranziehung des „Fürsorge- und Versorgungsgedankens"; sinngemäß ebenso *Westhoff*, in Anm. AP Nr. 10 zu § 16 BetrAVG, unter II.; *Höhne*, BB 1980, S. 944 ff., 947 u. in Heubeck / Höhne / Paulsdorff / Rau / Weinert, 2. Aufl., § 16, Rn. 152; kritisch mit Hinweis auf den „Entgeltcharakter" *Blomeyer*, SAE 1982, S. 14.

653 Vgl. dazu oben II. 4. b) und c) sowie 5. c).

654 Vgl. auch oben oben III. 3.

655 Vgl. BAG v. 17. 1.1980, 3 AZR 1107/78, AP Nr. 8 zu § 16 BetrAVG, unter I. 2 der Gründe; *Höhne*, in Heubeck / Höhne / Paulsdorff / Rau / Weinert, 2. Aufl., § 16, Rn. 147, 148; *Höfer / Abt*, 2. Aufl., § 16, Rn. 126.

von etwa 80 bis 90 %[657] abzustellen ist. Letzteres wird vor allem mit der Begründung vertreten, der Pensionär habe geringere Aufwendungen und somit einen geringeren Einkommensbedarf als der noch im Berufsleben stehende Arbeitnehmer[658].

Nun ergeben sich unabhängig von der Frage nach dem richtigen Vergleichswert bereits insofern Schwierigkeiten, als einmal überhaupt ein „vergleichbarer Arbeitnehmer" gefunden werden muß und zum anderen die aktuelle Höhe des zu vergleichenden Nettoeinkommens des Aktiven zu berechnen ist. Da es in vielen Fällen nicht möglich ist, einen genau die frühere Tätigkeit des Pensionärs ausübenden Arbeitnehmer zu bestimmen, hilft sich die Praxis so — und man wird dies wohl für zulässig halten dürfen —, daß der Vergleich über eine generelle Einkommensfortschreibung vorgenommen wird[659], d. h. das Bruttoeinkomen des Pensionärs bei Rentenbeginn wird unter Berücksichtigung der nachfolgenden Steigerungen auf den Überprüfungszeitpunkt „hochgerechnet". Bei der Umrechnung des Bruttoeinkommens in das für den Vergleich maßgebliche Nettoeinkomen wird wohl — gerade zur Vermeidung eines unverhältnismäßigen Verwaltungsaufwandes — eine sich an Durchschnittswerten orientierende pauschale Methode[660] anzuerkennen sein.

Ob es dann weiter beim Vergleich mit der Gesamtversorgung des Pensionärs zulässig sein kann, nur 80, 85 oder 90 % des Nettoeinkommens anzusetzen, erscheint zweifelhaft, da man durchaus nicht ohne weiteres davon ausgehen kann, ein Pensionär habe mangels größerer Aufwendungen einen geringeren Versorgungsbedarf. Abgesehen davon, daß die Frage der Aufwendungen oder überhaupt der Verwendung von Bezügen im Rahmen von § 16 grundsätzlich nicht von Bedeutung sein dürfte[661], läßt sich genauso auch dahin argumentieren, daß für den alten Menschen mit einem erhöhten Pflegebedarf 100 % der Aktivenbezüge nicht einmal ausreichend sein können[662].

---

656 So z. B. die Vorinstanz der Entsch. BAG AP Nr. 8 zu § 16 BetrAVG, LAG Baden-Württemberg, 2 Sa 43/78.

657 So etwa *Bode / Grabner*, BB 1975, S. 1644 ff., u. BB 1976, S. 1325 ff.; *Bode*, BetrAV 1978, S. 1 ff., 3; *Ahrend / Förster / Rößler*, BB-Beilage 3/1978, S. 7; *Koehler*, in: Die betriebliche Altersversorgung zu Beginn der 80er Jahre, S. 14 ff., 19.

658 Vgl. u. a. *Bode / Grabner*, BB 1976, S. 1324 ff., 1326.

659 So zutreffend *K. Heubeck*, DB 1978, S. 345 ff., 346 f.

660 Vgl. die Tabelle bei *K. Heubeck*, DB 1978, S. 345 ff., 348, oder bei *Höfer / Abt*, 2. Aufl., § 16, Rn. 135, S. 903; insoweit auch zustimmend BAG v. 11. 8. 1981, 3 AZR 395/80, AP Nr. 11 zu § 16 BetrAVG unter III. 3 der Gründe.

661 So wohl auch *K. Heubeck*, DB 1978, S. 345 ff., 347.

662 So BAG v. 17. 1. 1980, 3 AZR 1107/78, AP Nr. 8 zu § 16 BetrAVG, unter I. 2 c der Gründe m. w. Nw.; vgl. auch *Dieterich*, in: Festschrift für M. L. Hilger u. H. Stumpf, S. 77 ff., 81.

Die mehr praktischen Fragen nach der Errechnung des zu vergleichenden Aktiveinkommens sollen aber im Rahmen dieser Arbeit nicht weiter vertieft werden, da die Erheblichkeit einer „absoluten Obergrenze“ für die nach § 16 zu treffende Anpassungsentscheidung ohnehin problematisch ist. Steht nämlich das heranzuziehende Vergleichseinkommen fest, so kann die Frage nach den Auswirkungen auf die Anpassungsentscheidung wohl nicht einfach dahin beantwortet werden, daß eine Anpassung allenfalls nur bis zu der so ermittelten Obergrenze, keinesfalls aber darüber hinaus erforderlich ist. Dies wäre eine zu einfache Lösung, die die Besonderheiten des Einzelfalles nicht genügend würdigen und damit den Anforderungen des § 16 auf umfassende Prüfung aller Umstände[663] nicht gerecht werden würde.

Das BAG hat in seiner die absolute Obergrenze ablehnenden Entscheidung vom 17. 1. 1980[664] wesentliche Punkte aufgezählt, die bei genereller Geltung einer solchen Grenze nicht beachtet würden. So würde insbesondere nicht berücksichtigt, mit welcher Versorgung der Rentner in den Ruhestand getreten ist[665]. Weiterhin würde die Anwendung der absoluten Obergrenze zu „Verzerrungen der Versorgungsgestaltung“ insofern führen, als der Betriebsrentner mit höherer Gesamtversorgung die Grenze eher erreicht als derjenige mit kürzerer Dienstzeit und geringerer Versorgung. Dies widerspreche der Zielsetzung einkommens- und diestzeitabhängiger Betriebsrentensysteme und führe auch bei anfänglich unterschiedlichen Gesamtversorgungen mit gleichhoher Betriebsrente zu einer „Nivellierung der Gesamtversorgung“[666]. Schließlich könne es auch im Einzelfall nicht gerechtfertigt sein, den über die angenommene Grenze hinausgehenden Versorgungsanteil als „überhöht“ anzusehen[667].

---

663 Vgl. oben II. 4. b) und c).

664 BAG v. 17. 1. 1980, 3 AZR 1107/78, AP Nr. 8 zu § 16 BetrAVG unter I. 2 der Gründe, bestätigt in den Entscheidungen vom 25. 9. 1980, 3 AZR 937/79, u. v. 11. 8. 1981, 3 AZR 395/80, AP Nr. 10 und 11 zu § 16 BetrAVG.

665 BAG v. 17. 1. 1980, 3 AZR 1107/78, unter I. 2 a der Gründe.

666 Vgl. BAG (FN 665), unter I. 2 b der Gründe, unter Bezugnahme auf *K. Heubeck*, DB 1978, S. 345 ff., 346; vgl. auch *Höhne*, in Heubeck / Höhne / Paulsdorff / Rau / Weinert, 2. Aufl., § 16, Rn. 151; *Höfer / Abt*, 2. Aufl., § 16, Rn. 129; *Richardi*, in: Festschrift für M. L. Hilger u. H. Stumpf, S. 601 ff., 612.

667 Vgl. BAG v. 15. 9. 1977, 3 AZR 654/76, unter I. 2 c der Gründe, zustimmend *Blomeyer*, SAE 1982, S. 14 u. *Höfer / Abt*, 2. Aufl., § 16, Rn. 128; kritisch *Höfer / Kemper*, DB 1980, S. 589 f.; vgl. a. *Hilger*, RdA 1981, S. 6 ff., 12 u. in: Soziale Sicherheit in den 80er Jahren, S. 60 ff., 75, die meint, es handle sich bei der absoluten Obergrenze in Wahrheit um den „Abbau einer Überversorgung“ was „nicht in der Anpassung versteckt werden“ dürfe; dagegen wohl zu Recht *Ahrend / Förster / Rößler*, Anm. AP Nr. 7 u. 8 zu § 16 BetrAVG, unter II, da es hier im Zusammenhang mit § 16 nicht um den „Abbau“ geht, sondern nur um die Frage, ob trotz vergleichsweise überhöhter Renteneinkommen noch zusätzlich angepaßt werden muß.

Dem BAG ist im Ergebnis insoweit zuzustimmen, als eine generelle und nicht differenzierende Beachtung einer absoluten Obergrenze wegen der unzureichenden Berücksichtigung der Umstände des Einzelfalles nicht billigem Ermessen entspricht. Dies folgt bereits aus dem Charakter der in § 16 vorgeschriebenen Prüfung, nämlich der umfassenden Vorbereitung der Entscheidung[668]. Alle vom BAG erwähnten Punkte können im Einzelfall von Bedeutung sein und es kann als Ermessensfehler anzusehen sein, wenn einer der Punkte unbeachtet bleibt[669]. Soweit hinter den Argumenten des BAG allerdings die Absage an die Ergänzungsfunktion der Betriebsrente steht[670], ist dem BAG nicht beizupflichten. Insoweit kann jedoch auf die obigen Ausführungen[671] verwiesen werden.

Ein Vergleich zwischen Rentner- und Aktiveneinkommen ist also zulässig; auch kann der Gedanke der absoluten Obergrenze im Rahmen der Gesamtabwägung mitherangezogen werden[672], nicht jedoch kann eine absolute Obergrenze ohne Würdigung weiterer Umstände des Einzelfalles die Anpassungsentscheidung bestimmen.

3. Relative Obergrenze

Die Idee der „relativen Obergrenze" geht im wesentlichen zurück auf die Entscheidung des BAG vom 17. 1. 1980, 3 AZR 1018/78[673], wo es im Leitsatz 2 wie folgt heißt:

> „Es spricht viel dafür, den Betriebsrentner so lange an der durch § 16 BetrAVG vorgeschriebenen Anpassung der Betriebsrente teilhaben zu lassen, wie er mit seiner Gesamtversorgung nicht das fortgeschriebene vergleichbare Aktiveneinkommen in dem bei der Pensionierung erreichten Versorgungsprozentsatz überschreitet (relative Obergrenze)."

Als relative Obergrenze bezeichnet man also die Höhe der aus Betriebs- und Sozialversicherungsrente errechneten Gesamtversorgung, die dem vergleichbaren Aktiveneinkommen in dem bei der Pensionierung erreichten individuellen Versorgungsgrad entspricht[674]. Während das

---

668 Vgl. oben II. 4. b).

669 Vgl. auch oben II. 3. c).

670 So wohl zutreffend *Blomeyer*, SAE 1982, S. 14.

671 Vgl. oben VI. 3. f) und VII. 1.

672 Für die Anwendung dieser Grenze auch grundsätzlich *Ahrend / Förster / Rößler*, BB-Beilage 3/1978, S. 7, BB-Beilage 6/1980, S. 4 u. in Anm. AP Nr. 7 und 8 zu § 16 BetrAVG unter II; *Höfer / Kemper*, DB 1980, S. 589 ff., 590.

673 BAG v. 17. 1. 1980, 3 AZR 1018/78, BB 1980, S. 419 = DB 1980, S. 545.

674 Vgl. zur Datenfeststellung und Ermittlung insbes. *Höfer / Abt*, 2. Aufl., § 16, Rn. 130 ff.; weiterhin *K. Heubeck*, DB 1978, S. 345 ff., 349 f., u. DB 1980, S. 831 ff., 835; *Grabner*, BetrAV 1978, S. 4 ff.; *Ahrend / Förster / Rößler*, BB-

BAG also in der Entscheidung vom 17. 1. 1980[675] die Anwendung der relativen Obergrenze offensichtlich befürworten wollte, allerdings in den Gründen — ausgenommen den Hinweis auf *K. Heubeck*[676] — nicht viel ausgeführt hatte, schränkte es bereits in der kurze Zeit später folgenden Entscheidung vom 25. 9. 1980[677] die recht positive Formulierung vom 17. 1. 1980[678] dahin ein, daß es auf die relative Obergrenze dann ankommen könne, wenn „die Belange des Arbeitgebers es verlangen“[679]. In der jüngsten Entscheidung vom 11. 8. 1981[680] hat das BAG aber dann doch die relative Obergrenze vollständig abgelehnt, und zwar mit der „alten“ Begründung aus der Entscheidung vom 15. 9. 1977[681], daß bei der Prüfung nach § 16 „die Dynamik der Sozialversicherungsrenten grundsätzlich außer Betracht bleiben“ müsse.

In den Gründen führt das BAG im einzelnen aus, die Sozialrentendynamik habe den Zweck, den Rentnern die Teilhabe am Produktivitätszuwachs zu sichern, „nicht aber den Arbeitgeber bei der Anpassung von Betriebsrenten zu entlasten“[682]. Weiter führe die Anwendung der relativen Obergrenze allgemein bei verhältnismäßig kleinen Betriebsrenten zu einer „Null-Anpassung“, bei mittleren Betriebsrenten werde die „Anpassungsquote stark beschränkt“, bei hohen Betriebsrenten würde die Grenze kaum ins Gewicht fallen[683]; es würden sich also „in leicht abgeschwächter Form die gleichen Unbilligkeiten“ ergeben, die den Senat zur Ablehnung der Gesamtversorgungsbetrachtung veranlaßt hätten.

Beil. 6/1980, S. 5 ff.; *Förster*, in: Betriebliche Altersversorgung im Umbruch, S. 204 ff., 207 ff.; *Blomeyer*, SAE 1982, S. 14 f.

675 BAG v. 17. 1. 1980, 3 AZR 1018/78, unter II. 1 b der Gründe.

676 *K. Heubeck*, DB 1978, S. 345 ff.

677 BAG v. 25. 9. 1980, 3 AZR 937/79, AP Nr. 10 zu § 16 BetrAVG, Leitsatz 2, u. unter III. 2 der Gründe.

678 Vgl. die hoffnungsvolle Bemerkung von *Förster*, in: Betriebl. Altersversorgung im Umbruch, S. 204 ff., 207: „Bei aller Kritik verdient das BAG insofern Anerkennung als es auf diese Weise bemüht ist, für den Arbeitgeber unzumutbare Anpassung zu vermeiden.“

679 Vgl. dazu *Höhne*, in Heubeck / Höhne / Paulsdorff / Rau / Weinert, 2. Aufl., § 16, Rn. 156, der die Formulierung des BAG für „sybillinisch“ hält; kritisch dazu auch *Westhoff*, in Anm. AP Nr. 10 zu § 16 BetrAVG, unter II. 3; nach dem konkreten Sachverhalt kam es auf die relative Obergrenze aber nicht an, vgl. BAG v. 17. 1. 80, unter II. 3 c der Gründe.

680 BAG v. 11. 8. 81, 3 AZR 395/80, AP Nr. 11, zu § 16 BetrAVG, vgl. insbes. Leitsatz 1.

681 BAG v. 15. 9. 1977, 3 AZR 654/76, AP Nr. 5 zu § 16 BetrAVG.

682 Vgl. BAG v. 11. 8. 1981, 3 AZR 395/80, unter III. 1 der Gründe.

683 Vgl. BAG (FN 682), III. 2 der Gründe, unter Bezugnahme auf *K. Heubeck*, DB 1980, S. 831 ff., 832 f., *Förster*, in: Betriebliche Altersversorgung im Umbruch, S. 204 ff., 208 ff. u. *Schulin*, Anm. EzA, § 16 BetrAVG, Nr. 7—9, unter 8 c, vgl. dazu auch *Höfer / Kemper*, DB 1980, S. 509 ff., 592 und neuerdings *Richardi*, in: Festschrift für M. L. Hilger u. H. Stumpf, S. 601 ff., 613 f.

Der Entscheidung und insbesondere der Begründung des BAG ist zu widersprechen. Das BAG bezieht sich im wesentlichen auf die im Zusammenhang mit der Gesamtversorgungsfrage erörterten Argumente, inbes. den Zweck der Dynamisierung der Sozialversicherungsrenten und in gewisser Weise auch auf das Argument des „Leerlaufs“. Insoweit kann auf die obigen Ausführungen[684] verwiesen werden. Besonders zu betonen ist nochmals, daß dem Versorgungsempfänger die dynamisierte Sozialrente und damit die „Teilhabe am Produktivitätsfortschritt“ ebenso voll erhalten bleibt wie die als ergänzende Versorgung zugesagte Betriebsrente. Lediglich bei der Frage, ob die Betriebsrente zusätzlich noch angepaßt werden muß, kann nach der Fassung des § 16 die Frage der Gesamtversorgung und speziell hier die Frage des zugesagten Versorgungsgrades eine Rolle spielen. Unter Berücksichtigung der Ergänzungsfunktion der Betriebsrente[685] ist im Normalfall auch davon auszugehen, daß die auf den Zeitpunkt des Rentenbeginns bezogene Zusage eine bestimmte prozentuale Relation zwischen letztem Aktiveneinkommen und Gesamtversorgung festlegt, und daß insoweit das Interesse des Rentners „immanent begrenzt“ ist[686], d. h. der Rentner hat grundsätzlich kein anerkennenswertes Interesse daran, daß er durch die Anpassung einen höheren als den ursprünglichen Versorgungsgrad erhält. Bestätigt wird dieser Gedanke im übrigen durch die Regelung des § 5 Abs. 2 Satz 2 BetrAVG, der bei der Festsetzung der Betriebsrente durchaus eine prozentuale Gesamtversorgungsobergrenze — und dabei sogar eine Kürzung der betrieblichen Versorgungsleistung — gestattet[687].

Nach der hier vertretenen Ansicht bedeutet die Anerkennung einer relativen Obergrenze jedoch nicht, daß sie generell und unter allen Umständen beachtet werden müßte. Vielmehr ist wiederum auf die Fassung des § 16 mit der Pflicht zur umfassenden Prüfung und Entscheidung nach billigem Ermessen zu verweisen, wonach der Gesichtspunkt der relativen Obergrenze zusammen mit allen anderen Kriterien zu würdigen ist[688]. Diese Handhabung ist geeignet, Unbilligkeiten im Einzelfall zu verhindern[689].

---

[684] Vgl. oben VI 3. d) und 3. b).

[685] Vgl. dazu oben VI. 3. f) und VII. 1.

[686] So zutreffend *Westhoff*, in Anm. AP Nr. 10 zu § 16 BetrAVG, unter II. 3.

[687] Vgl. *Westhoff* (FN 686), der zu Recht darauf hinweist, daß man nach dem Standpunkt des BAG § 5 Abs. 2 Satz 2 „erst recht unbillig“ nennen müßte.

[688] Vgl. auch oben VI. 4. und VII. 1.

[689] Vgl. z. B. *Westhoff*, der zu Recht bei geringer Gesamtrente in der Regel die relative Obergrenze nicht anwenden will, da betragsmäßig gesehen eben keine „Überversorgung“ vorliegt; dem ist zuzustimmen, wobei die Frage der Anpassungshöhe im übrigen nach allen weiteren Umständen zu beurteilen ist.

4. Reallohnbezogene Obergrenze

In der Entscheidung vom 11. 8. 1981[690] hat das BAG zuletzt immerhin die sog. „reallohnbezogene Obergrenze“[691] anerkannt. Der entsprechende Leitsatz lautet wie folgt:

> „Wenn die aktive Belegschaft keinen vollen Teuerungsausgleich erhält, müssen sich auch die Betriebsrentner mit einer entsprechend geringeren Anpassungsrate begnügen. Deshalb widerspricht es nicht der Billigkeit, wenn der Arbeitgeber die durchschnittliche Steigerungsrate der Reallöhne als Maßstab bei der Anpassung der Betriebsrenten verwendet.“

Das BAG nimmt in den Gründen stillschweigend Bezug auf die frühere Entscheidung vom 15. 9. 1977[692] und erwähnt wiederum einerseits das „Unverständnis der aktiven Belegschaft“ und die regelmäßige Unvereinbarkeit mit der wirtschaftlichen Lage des Unternehmens[693].

Zu beiden Argumenten ist bereits Stellung genommen worden[694]. Soweit die wirtschaftliche Lage des Arbeitgebers zur Rechtfertigung herangezogen wird, wäre zunächst — jedenfalls nach dem Wortlaut des Gesetzes — näher zu konkretisieren, wie sich die Reallohnsteigerungen und die zu erwartenden Betriebsrentenanpassungen auf die wirtschaftliche Lage auswirken[695]. Im übrigen soll die wirtschaftliche Lage aber in dieser Arbeit nicht näher behandelt werden. Der erneute Hinweis auf das „Unverständnis“ der Aktiven über die „Bevorzugung der Versorgungsberechtigten“[696] ist in rechtlicher Hinsicht fragwürdig und auch nicht durch die Konstruktion der „Solidargemeinschaft“ gerechtfertigt[697]. Als Rechtfertigung bliebe somit nur der im Regelfall gegebene Ergänzungscharakter mit der Maßgabe, daß aus der Zusage eine Maximalversorgung begrenzt auf die Höhe des — wie auch immer zu bestimmenden — Aktiveneinkommens folgt, daneben allenfalls noch

---

[690] BAG v. 11. 8. 1981, 3 AZR 395/80, AP Nr. 11 zu § 16 BetrAVG, Leitsatz 2 und unter III. 3 der Gründe.

[691] So auch die Bezeichnung des BAG in den Gründen unter III. 3; wie BAG wohl auch *Richardi,* in: Festschrift für M. L. Hilger u. H. Stumpf, S. 601 ff., 614, vgl. auch *Höhne,* in Heubeck / Höhne / Paulsdorff / Rau / Weinert, 2. Aufl., § 16, Rn. 161; *Höfer / Abt,* 2. Aufl., § 16, Rn. 70 a.

[692] BAG v. 15. 9. 1977, 3 AZR 654/76, AP Nr. 5 zu § 16 BetrAVG, unter G. II. 3 b der Gründe, vgl. auch oben VII. 1.

[693] BAG v. 11. 8. 1981, 3 AZR 395/80, unter III. 3.

[694] Vgl. oben VII. 1.

[695] Daß die Lohnentwicklung allgemein „aufschlußreich“ für die wirtschaftliche Lage sein soll, ist einerseits wenig konkret und andererseits nicht zwingend, da theoretisch auch in schwierigen Zeiten mit „unterproportionalen“ Lohnanhebungen dennoch die wirtschaftliche Lage des einzelnen Unternehmens gut sein kann.

[696] Vgl. BAG v. 11. 8. 1981, 3 AZR 395/80.

[697] Vgl. oben VII. 1., vor allem FN 646.

allgemein die „Billigkeit“ unter gleichzeitiger Heranziehung des „Fürsorge- und Vorsorgegedankens“[698].

Nachdem es sich bei der reallohnbezogenen Obergrenze in Wahrheit um eine Frage des Maßstabes zur Feststellung des Anpassungsbedarfs handelt[699], wird man im Ergebnis sagen müssen, daß es nach Sinn und Zweck der Anpassungsvorschrift grundsätzlich beim Preisindex für die Lebenshaltung als angemessenem und geeignetem Maßstab bleiben muß[700], da der Versorgungsempfänger vor dem durch die Preisentwicklung entstehenden Kaufkraftverlust geschützt werden soll. Die Tatsache der „unterproportionalen“ Steigerungen der Aktivenentgelte kann allerdings zusammen mit anderen nach § 16 relevanten Kriterien im Rahmen der Billigkeitsentscheidung eine Rolle spielen. Der Arbeitgeber wird dann unter der Teuerungsrate bleiben können, wenn andere Gesichtspunkte — wie insbesondere die wirtschaftliche Lage, aber auch z. B. die Gesamtversorgungssituation oder das Erreichen bzw. Überschreiten der Opfergrenze — für eine Anpassung sprechen. Sprechen allerdings außer der Reallohnsteigerung alle denkbaren anderen Punkte für den Anpassungsbedarf des Pensionärs, oder liegt z. B. sogar ein besonderer Härtefall aufgrund von Nichtanpassungen bei früheren Prüfterminen vor[701], so ist es wohl vertretbar, dem Arbeitgeber den vollen Ausgleich des Kaufkraftverlustes aufzugeben.

Zu beachten ist jedoch immer der Ermessensspielraum des Arbeitgebers[702], so daß der zuletzt geschilderte Fall ein Ausnahmefall sein dürfte. Dagegen darf man angesichts der gegenwärtigen Lohnsituation in der Bundesrepublik Deutschland annehmen, daß die „reallohnbezogene Obergrenze“ als mit zu berücksichtigendes Kriterium verstärkt praktische Bedeutung erlangen wird[703].

---

698 Vgl. *Ahrend / Förster / Rößler,* Anm. AP Nr. 7 u. 8 zu § 16 BetrAVG, unter II., u. BB-Beilage 6/1980, S. 4.

699 Vgl. oben IV. 1.

700 Vgl. dazu oben IV. 2. und 3.

701 Was ja denkbar ist, vgl. z. B. oben II. 4. e) bb).

702 Vgl. oben II. 5. b).

703 Vgl. dazu auch *Höhne,* in Heubeck / Höhne / Paulsdorff / Rau / Weinert, 2. Aufl., § 16, Rn. 161 a.

VIII. Die Belange des einzelnen Versorgungsempfängers im Vergleich zu den Belangen anderer Versorgungsempfänger

1. Solidargemeinschaft unter den Pensionären?

Im vorigen Abschnitt wurde dargelegt, daß durch das BetrAVG der Gedanke der „Solidargemeinschaft" zwischen Pensionären und aktiver Belegschaft weitgehend abgeschwächt wurde und grundsätzlich den Pensionären die Rücksichtnahme auf die Interessen der Arbeitnehmer nicht zuzumuten ist[704]. In ähnlicher Weise wird man annehmen müssen, daß auch unter den Pensionären selbst keine Solidargemeinschaft besteht.

Die tatsächliche und rechtliche Verbindung des Rentners zum Unternehmen selbst beschränkt sich wohl in der Regel auf den Bezug der laufenden Versorgungsleistung[705]. Eine besondere Interessenvertretung besteht nicht[706], persönliche Kontakte unter den Pensionären wohl nur aufgrund privater Initiative. Auch die Vorschriften beispielsweise der §§ 1 oder 7 BetrAVG, die ein Herauslösen des einzelnen Rentners aus der Gruppe der anderen ermöglichen[707], sprechen eher gegen eine „Gemeinschaft".

Gleichwohl wird man annehmen müssen, daß Versorgungsempfänger eines Unternehmens, die sich unabhängig von der persönlichen Beziehung anhand objektiver Kriterien zu einer Gruppe mit vergleichbaren Mitgliedern zusammenfassen lassen, wenigstens insoweit eine „Gemeinschaft" bilden, als daraus die Anwendung des arbeitsrechtlichen Gleichbehandlungsgrundsatzes abgeleitet werden kann.

2. Der arbeitsrechtliche Gleichbehandlungsgrundsatz

Für Arbeitnehmer desselben Betriebes ergibt sich im Normalfall ohne weiteres die Pflicht des Arbeitgebers zur Gleichbehandlung[708]. Im

[704] Vgl. oben VII. 1., insbes. FN 646.

[705] So *Blomeyer*, RdA 1977, S. 1 ff., 10.

[706] Vgl. ebd., S. 11.

[707] Vgl. *Blomeyer*, in: Die betriebliche Altersversorgung zu Beginn der 80er Jahre, S. 23 ff., 37.

Zusammenhang mit der betrieblichen Altersversorgung kann sich daraus u. U. ein Anspruch auf Gewährung von Versorgungsleistungen oder von Änderungen oder Differenzierungen ergeben[709]. Jedoch muß auch im Hinblick auf das „Ruhestandsverhältnis“ zwischen Arbeitgeber und Versorgungsempfänger für die Pensionäre selbst der Gleichbehandlungsgrundsatz gelten[710], vorausgesetzt, es handelt sich um eine nach objektiven Kriterien zusammenfaßbare Gruppe von Pensionären, d. h. in der Regel um Pensionäre des gleichen Betriebes[711].

Aus dem Gleichbehandlungsgrundsatz folgt, daß bei der Prüfung und Entscheidung im Rahmen des § 16 zunächst grundsätzlich für alle Versorgungsempfänger die gleichen Methoden anzuwenden sind[712] und daß unterschiedliche Verfahren nur dann zulässig sind, wenn ein sachlicher Grund für die Differenzierung vorliegt[713]. Die Anwendung des Gleichbehandlungsgrundsatzes kann also dazu führen, daß die Belange des einzelnen Versorgungsempfängers durch die Belange anderer Versorgungsempfänger beeinflußt werden.

Als Beispiel für eine sachlich gerechtfertigte unterschiedliche Behandlung ist der Fall genannt worden, daß der Arbeitgeber wegen schlechter wirtschaftlicher Lage nicht allen Versorgungsempfängern die volle Anpassung zukommen lassen kann, er die verbleibenden Mittel irgendwie zur Verteilung bringt und bei dieser Verteilung die wirtschaftlich Schwächeren verhältnismäßig bevorzugt[714]. Eine derartige Bevorzugung ist auch unabhängig von der wirtschaftlichen Lage bei sog. „Kleinrenten“ denkbar[715]. Soweit soziale oder praktische Gründe[716] derartige Differenzierungen rechtfertigen, wird man sie wohl für angemessen und „billig“ halten können.

Es sind weitere Beispiele denkbar, in denen der Arbeitgeber möglicherweise sogar verpflichtet ist, einzelne Versorgungsempfänger an-

---

708 Vgl. dazu *Schaub*, Arbeitsrechtshandbuch, 4. Aufl., S. 599 (§ 112 II. 1).

709 Vgl. dazu u. a. *Höfer / Abt*, 2. Aufl., ArbGr, Rn. 166 ff., 262 ff.; *Hilger*, Das betriebliche Ruhegeld, S. 76 ff., *Blomeyer*, BetrAV 1979, S. 78 ff., 83; *Schaub*, Arbeitsrechtshandbuch, 4. Aufl., S. 383 (5.); *Schaub / Schusinski / Ströer*, S. 95 (9.).

710 Vgl. z. B. *Schaub*, Arbeitsrechtshandbuch, 4. Aufl., S. 600 (§ 112 II. 2), *Palandt / Putzo*, 41. Aufl., § 011 Anm. 9 c, aa.

711 Vgl. *Schaub* (FN 710), S. 599; *Palandt / Putzo* (FN 710), Anm. 9 c, bb.

712 Vgl. *Westhoff*, in Anm. AP Nr. 10 zu § 16 BetrAVG, unter III. 2 c; *Chmurzinski*, RdA 1981, S. 18 ff., 30; *Höfer / Abt*, 2. Aufl., § 16, Rn. 160.

713 Vgl. u. a. *Höfer / Abt*, 2. Aufl., § 16, Rn. 153.

714 Vgl. dazu *Höfer / Kemper*, DB 1980, S. 589 ff., 592; *Chmurzinski*, RdA 1981, S. 18 ff., 25; *Höfer / Abt*, 2. Aufl., § 16, Rn. 156 f.; *Höhne*, in Heubeck / Höhne / Paulsdorff / Rau / Weinert, 2. Aufl., § 16, Rn. 106 a.

715 Vgl. dazu *Höfer / Abt*, 2. Aufl., Rn. 154 f.; *Westhoff*, in Anm. AP Nr. 10 zu § 16 BetrAVG, unter II. 3.

716 Vgl. *Höfer / Abt* (FN 715), Rn. 154.

ders zu behandeln als die Mehrheit[717]. Eine individuelle Prüfung der Belange des einzelnen Versorgungsempfängers ist ohnehin erforderlich; ein Interesse des Arbeitgebers an pauschalen und global für alle geltenden Anpassungsmethoden müßte wohl eigens begründet werden[718], wobei es durchaus nicht ausgeschlossen ist, daß ein derartiges Arbeitgeberinteresse — auch wenn die speziellen Besonderheiten des einzelnen nicht vollständig gewürdigt werden können — überwiegt.

Die Pflicht zur Gleichbehandlung kann im übrigen grundsätzlich nicht nur innerhalb eines Prüftermines, sondern auch u. U. im Vergleich zwischen verschiedenen „Pensionärjahrgängen" in Erscheinung treten[719]. Dabei müßte allerdings von dem, der sich auf eine solche Gleichbehandlung beruft, sehr klar dargelegt werden, daß die Verhältnisse und Umstände beim früheren Prüfungstermin wirklich in jeder Beziehung mit dem jetzigen Termin vergleichbar sind, was m. E. nur ausnahmsweise der Fall sein dürfte. Im Normalfall wird deshalb ein Versorgungsempfänger sich oder seine Belange nicht mit den Belangen anderer Pensionäre bei vorangegangenen Terminen vergleichen können, wie denn auch wohl nicht angenommen werden kann, daß der Arbeitgeber an einmal angewendeten Methoden oder gewährte Anpassungen bei späteren Terminen gebunden ist[720].

Insgesamt wird man sagen können, daß der Arbeitgeber bei der Prüfung der Belange des Versorgungsempfängers auch den Vergleich zwischen den Belangen des einzelnen und den Belangen der übrigen Versorgungsempfänger zu beachten hat. Generell gültige Regeln lassen sich insoweit jedoch nicht aufstellen; es wird jeweils auf die Umstände des Einzelfalls ankommen.

---

717 Vgl. etwa bei *Höfer / Kemper*, DB 1980, S. 589 ff., 593 oder *Höfer / Abt*, § 16, Rn. 160 ff.; auch die vom BAG in der Entsch. v. 17. 1. 1980, 3 AZR 1107/80, AP Nr. 8 zu § 16 BetrAVG, zur Ablehnung der „absoluten Obergrenze" aufgeführten individuellen Besonderheiten können die differenzierende Behandlung von Pensionären erfordern.

718 Vgl. oben II. 4. e) cc).

719 Vgl. dazu *Lieb / Westhoff*, DB 1976, S. 1958 ff., 1970.

720 So zutreffend *Höfer / Kemper*, DB 1980, S. 589 ff., 593; *Chmurzinski*, RdA 1981, S. 18 ff., 30; *Höfer / Abt*, § 16, Rn. 163 ff.

IX. Ergebnis und Ausblick

Die wesentlichen Ergebnisse der Arbeit lassen sich stichpunktartig wie folgt zusammenfassen:

— Die Belange des Versorgungsempfängers sind im Gesamtzusammenhang des § 16 zu würdigen, insbesondere unter dem Gesichtspunkt des vom Gesetzgeber gewählten Instrumentariums der Prüfung und Entscheidung nach billigem Ermessen.

— Die Belange des Versorgungsempfängers sind in bezug zur konkreten Ruhegeldzusage zu setzen und lassen sich nicht nur auf die Veränderung der Lebenshaltungspreise reduzieren.

— Ein Anpassungsbedarf wird grundsätzlich durch die anhand des Preisindex für die Lebenshaltung ermittelte Verteuerung festgestellt.

— Im Rahmen der Prüfung und Entscheidung nach billigem Ermessen ist weiterhin der von der Rechtsprechung entwickelte Gedanke der Opfergrenze zu beachten.

— Im Rahmen der Prüfung und Entscheidung nach billigem Ermessen ist auch die Gesamtversorgungssituation des Versorgungsempfängers zu beachten.

— Im Rahmen der Prüfung und Entscheidung nach billigem Ermessen sind die Belange des einzelnen Versorgungsempfängers mit den Belangen der aktiven Arbeitnehmer und den Belangen anderer Versorgungsempfänger zu vergleichen.

Diese Ergebnisse stehen nahezu vollständig in eindeutigem Gegensatz zur Rechtsprechung des Bundesarbeitsgerichts. Dessen ist sich der Verfasser bewußt. Die vorliegende Arbeit soll denn auch zeigen, daß gegen die jüngste Rechtsprechung erhebliche Bedenken im Hinblick auf die gegebenen Begründungen, aber auch im Hinblick auf ihre Auswirkungen bestehen.

Es ist noch einmal zu betonen, daß sich aus dem Gesetzgebungsverfahren eindeutig die Absicht des Gesetzgebers nachweisen läßt, einerseits die Absicherung bestehender Rechte zu erreichen, daneben aber vor allem die weitere Ausbreitung der betrieblichen Altersversorgung auf noch nicht begünstigte Personenkreise nicht zu behindern. Der Gesetzgeber wollte kein „Closed-Shop-System“ in Sachen betriebliche

Altersversorgung[721]. Nur so ist die vorsichtige und zurückhaltend Fassung des § 16 zu erklären.

Trotz dieser Gesetzesfassung und der zumindest anhand der Materialien offenkundigen Haltung des Gesetzgebers und trotz aller warnenden Stimmen[722] hat das BAG in nahezu allen bisher nach Inkrafttreten des Gesetzes verkündeten Entscheidungen Schritt für Schritt bestehende Rechte der Pensionäre ausgebaut und bei strittigen Fragen im Zweifel gegen die Arbeitgeber entschieden. Die ohnehin schon aufgrund der Rechtsprechung in anderen Bereichen der betrieblichen Altersversorgung angestiegenen Belastungen der Arbeitgeber[723] wurden weiter vergrößert, für viele Unternehmen wurde zweifellos der bestehende Dotierungsrahmen gesprengt[724].

Die genauen praktischen Auswirkungen dieser Rechtsprechung sind im Augenblick sicher noch nicht voll abzuschätzen[725], erste Anzeichen einer deutlichen Einschränkung von Versorgungszusagen sind aber offenkundig[726]. Diese Entwicklung wird sich — sollte in der Tendenz der Rechtsprechung oder „de lege ferenda" keine Änderung eintreten — mit Sicherheit fortsetzen, wie denn auch im Schrifttum die Arbeitgeber mitunter ganz offen aufgefordert werden, im Hinblick auf die BAG-Rechtsprechung ihre Versorgungseinrichtungen zu überprüfen und Versorgungszusagen zu überdenken[727].

All dies ist um so bedauerlicher, als für beschäftigte wie auch zukünftige Arbeitnehmer im Zusammenhang mit der betrieblichen Altersversorgung ein erheblicher Bedarf besteht[728]. Es zeigt sich hier ganz deutlich, daß die scheinbar soziale und „arbeitnehmerfreundliche"

---

721 So *Fenge*, DB 1975, S. 2371 ff., 2372.

722 Vgl. u. a. *Fenge* (FN 721); *Heubeck*, Steuerberater-Jahrbuch 1974/75, S. 377 ff., 390; *Bischoff*, BetrAV 1976, S. 77 ff., 82 f.; *Doetsch*, Arbeitgeber 1976, S. 500 ff., 502.

723 Vgl. die Zusammenstellung bei *Bode / Grabner*, DB 1977, S. 1897 ff.

724 Vgl. dazu *Bode*, BetrAV 1978, S. 1 ff.; *Schusinski / Stifel*, BB 1978, S. 158 ff., 159 f.; *Lohauß*, BFuP 1978, S. 437 ff., 442 f.; *Förster*, in: Betriebliche Altersversorgung im Umbruch, S. 204 ff., 219 f.; *Koehler*, in: Die betriebliche Altersversorgung zu Beginn der 80er Jahre, S. 14 ff., 15 f.

725 Vgl. auch Bundestagsdrucksache 8/2377 v. 11. 12. 1978, S. 28, 44.

726 So u. a. *Ahrend*, BFuP 1978, S. 385 ff., 397, und in: Soziale Sicherheit in den 80er Jahren, S. 28 ff., 38; vgl. a. ABA, BetrAV 1978, S. 55 f.; *Berié*, BetrAV 1978, S. 201 ff., 205 f.; Handelsblatt v. 24. 5. 1978, S. 4; *Heine*, Südd. Zeitung vom 23./26. 12. 1978, S. 25 oder Südd. Zeitung vom 13./14. 6. 1981, S. 33.

727 Vgl. u. a. *Bode / Grabner*, DB 1977, S. 1897 ff., 1902; *Doetsch*, Arbeitgeber 1978, S. 46 ff., 47 f.; *Ortlepp*, Arbeitgeber 1978, S. 451.

728 Vgl. *Ahrend*, in: Betriebliche Altersversorgung im Umbruch, S. 37 ff., 58, wonach 35 % aller Arbeitnehmer noch keine Ansprüche auf betriebliche Altersversorgung eingeräumt bekommen haben und die betrieblichen Versorgungsleistungen für insgesamt mehr als die Hälfte der versorgten Arbeitnehmer noch nicht dem als angemessen betrachteten Niveau entsprechen.

BAG-Rechtsprechung sich in anderer Hinsicht alles andere als sozial und arbeitnehmerfreundlich auswirkt[729].

Die vorliegende Arbeit soll deshalb mit dazu beitragen, vor den Folgen der bisherigen BAG-Rechtsprechung zu warnen, und soll aufzeigen, daß in rechtlicher Hinsicht die vorhandenen Zweifelsfragen auch anders hätten gelöst werden können[730]. Da freilich wenig Hoffnung auf eine Änderung der Rechtsprechung besteht[731], ist der Gesetzgeber aufgerufen, die Beachtung seines ursprünglichen Anliegens durch eine klärende Gesetzesänderung sicherzustellen.

---

[729] In diesem Sinne etwa auch *Schwerdtner*, ZFA 1978, S. 553 ff., 568 oder *Doetsch*, in: Betriebliche Altersversorgung im Umbruch, S. 87 ff., 89.

[730] Vgl. dazu auch *G. Müller*, DB 1981, S. 93 ff.

[731] Wozu bisher vergeblich aufgefordert wurde, vgl. z. B. *Doetsch*, Arbeitgeber 1976, S. 500 ff., 502, oder in: Betriebliche Altersversorgung im Umbruch, S. 87 ff., 92.

Literaturverzeichnis

Ahrend, P.: Überlegungen zur sozialpolitischen Bedeutung der betrieblichen Altersversorgung, Betriebswirtschaftliche Forschung und Praxis (BFuP) 1978, S. 385 ff.

— Quantitative und qualitative Merkmale der betrieblichen Altersversorgung in der Bundesrepublik Deutschland — Eine Analyse statistischer Erhebungen — in: Betriebliche Altersversorgung im Umbruch, Berlin 1980, S. 37 ff.

— Die Zukunft der betrieblichen Altersversorgung, in: Soziale Sicherheit in den 80er Jahren, Wiesbaden 1981, S. 28 ff.

Ahrend, P. / *Förster*, W. / *Rößler*, N.: Anpassung von Betriebsrenten — Überlegungen im Anschluß an das Urteil des LAG Düsseldorf vom 4. 11. 1975, DB 1976, S. 338 ff.

— / — / — Gemeinsame Anmerkung zu den Entscheidungen des BAG vom 1. 7. 1976, 3 AZR 791/75 u. 3 AZR 37/76, AP Nr. 1 und 2 zu § 16 BetrAVG

— / — / — Zur Anpassung betrieblicher Versorgungsleistungen, BB-Beilage 3/1978 zu Heft 5/1978

— / — / — Rechtsprechung zur Anpassung von Betriebsrenten auf dem Prüfstand, BB-Beilage 6/1980 zu Heft 22/1980

— / — / — Gemeinsame Anmerkung zu den Entscheidungen des BAG vom 17. 1. 1980, 3 AZR 614/78 und 3 AZR 1107/78, AP Nr. 7 und 8 zu § 16 BetrAVG

Ahrend, P. / *Rühmann*, J.: Die betriebliche Altersversorgung, Herne/Berlin 1980

Andresen, B. J. / *Gassner*, W.: Überlegungen zur praktikablen Anwendung von § 16 Betriebsrentengesetz, DB 1980, S. 1346 ff.

Arbeitsgemeinschaft für Betriebliche Altersversorgung (ABA): Bericht über die Erfahrungen bei der Durchführung des Gesetzes zur Verbesserung der betrieblichen Altersversorgung, BetrAV 1978, S. 55 f.

Arbeitsring der Arbeitgeberverbände der Deutschen Chemischen Industrie e. V.: Leitlinien zum Verfahren nach § 16 des Gesetzes zur Verbesserung der betrieblichen Altersversorgung (Betriebsrentengesetz), BetrAV 1976, S. 190 ff., RdA 1977, S. 35 ff.
(Zitierweise: Arbeitsring/Leitlinien)

Arnim, H. H. von: Die Verfallbarkeit von betrieblichen Ruhegeldanwartschaften, in: Abhandlungen zum Arbeits- und Wirtschaftsrecht, Bd. XXII, Heidelberg 1977

Ausschuß für Arbeit und Sozialordnung (Deutscher Bundestag): Stenographisches Protokoll der 32. Sitzung — Öffentliche Informationssitzung — am 13. März 1974

Bennewitz, H.: Dynamisierung betrieblicher Ruhegelder bei einem hohen Anteil der Sozialversicherungsrente an der Gesamtversorgung, BB 1973, S. 990 ff. = BetrAV 1973, S. 194 ff.

Berié, H.: Betriebliche Altersversorgung: Neue statistische Ergebnisse, BetrAV 1978, S. 201 ff.

Bettermann, K. A.: Über Inhalt, Grund und Grenzen des Nominalismus, RdA 1975, S. 2 ff.

Bischoff, H. A.: Betriebliche Altersversorgung heute und morgen — Situationsbericht und Ausblick, BetrAV 1976, S. 77 ff.

Bitter, W.: Zur Problematik der Gesamtrentenentwicklung bei der Anpassung von Betriebsrenten, BlStSozArbR 1977, S. 22 ff.

Bleistein / Söffing: Die Neuregelung der betrieblichen Altersversorgung, Bonn 1976

Blomeyer, W.: Anmerkung zum Urteil des BAG v. 18. 12. 1975 — 3 AZR 58/75, in AP Nr. 170 zu § 242 BGB Ruhegehalt

— Anmerkung zur Entscheidung des BGH v. 4. 11. 1976 — II ZR 148/75 — in: AR-Blattei, (D) Betriebliche Altersversorgung, Entscheidungen 6

— Anmerkung zur Entscheidung des BGH v. 23. 5. 1977 — II ZR 44/76 — in: AR-Blattei, (D) Betriebliche Altersversorgung, Entscheidungen 14

— Der Betriebsrentner im Spannungsfeld zwischen Arbeitgeber, Unternehmen, Belegschaft und Insolvenzsicherung, RdA 1977, S. 1 ff.

— Richterliche Rechtsfortbildung und betriebliche Altersversorgung, BetrAV 1979, S. 78 ff.

— Die Direktversicherung zwischen Arbeits- und Versicherungsrecht, BetrAV 1979, S. 110 ff.

— Betriebliche Altersversorgung und Unterstützungskassen, BB 1980, S. 789 ff.

— Betriebsrentengesetz und höchstrichterliche Rechtsprechung — Eine kritische Würdigung aus der Sicht der Rechtswissenschaft, in: Die betriebliche Altersversorgung zu Beginn der 80er Jahre, hrsg. von der Bundesvereinigung der Deutschen Arbeitgeberverbände, Köln 1981, S. 23 ff.

— Gemeinsame Anmerkung zu den Urteilen des BAG vom 17. 1. 1980 — 3 AZR 614/78, 3 AZR 1018/78 und 3 AZR 1107/78 —, SAE 1982, S. 12 ff.

Blum, E.: Die Bedeutung der betrieblichen Altersversorgung im System der sozialen Sicherung, Zeitschrift für Sozialreform (ZfS) 1977, S. 152 ff.

Bode, K. J.: Finanzielle Auswirkungen der neuen BAG-Maßstäbe zur Betriebsrentenüberprüfung, BetrAV 1978, S. 1 ff.

Bode, K. J. / *Grabner*, E. R.: Die Anpassung betrieblicher Ruhegelder an die Teuerung, DB-Beilage 1/74 zu Heft 1 vom 4. 1. 1974 = BetrAV 1974, S. 47 ff.

— / — Zur Anpassung von betrieblichen Ruhegeldern an die Geldentwertung, DB 1974, S. 1577 ff.

— / — Die Kaufkraftstabilität in der betrieblichen Altersversorgung, DB 1974, S. 1961 ff.

— / — Die Anpassung von Betriebsrenten — ein lösbares Problem, BB 1975, S. 1644 ff.

— / — Betriebsrentenüberprüfung ohne Geschäftsgrundlage? BB 1976, S. 1324 ff.

— / — Betriebsrentenanpassung — kurz vor der Klärung? DB 1977, S. 1555 ff.

— / — Betriebliche Altersversorgung — quo vadis? DB 1977, S. 1897 ff.

Boldt, G.: Die Rechtsprechung des Bundesarbeitsgerichts zur Anpassung der Betriebsrenten, Die Aktiengesellschaft 1978, S. 141 ff.

Bundesvereinigung der Deutschen Arbeitgeberverbände Köln: Hinweise zur betrieblichen Altersversorgung, Köln 1976

Chmurzinski, B.: Der Inflationsschutz in der Altersversorgung, RdA 1981, S. 18 ff.

Dellefant, H. R.: Grenzen der Altersversorgung, BetrAV 1978, S. 43 ff.

Dieterich, T.: Zur „Überversorgung" durch Betriebsrenten, in: Festschrift für Marie Luise Hilger und Hermann Stumpf, München 1983, S. 77 ff.

Dietz / Richardi: Betriebsverfassungsgesetz, Kommentar, 5. Auflage, München 1973

— / — Betriebsverfassungsgesetz, Kommentar, 6. Auflage, München 1981

Doetsch, W.: Betriebliche Altersversorgung: Die Anpassungsentscheidung des Arbeitgebers, Der Arbeitgeber 1976, S. 359

— Betriebsrentengesetz — Erste Erfahrungen, Der Arbeitgeber 1976, S. 500 f.

— Betriebliche Altersversorgung — Zur Anpassungsproblematik, Der Arbeitgeber 1978, S. 46 ff.

— Betrachtungen zur Situation der betrieblichen Altersversorgung aus Arbeitgebersicht, in: Betriebliche Altersversorgung im Umbruch, Berlin 1980, S. 87 ff.

Duden: Bedeutungswörterbuch (Duden Band 10), Mannheim 1970

Duve, W. H.: Die Dynamisierung der betrieblichen Ruhegelder, Diss. Göttingen 1972

Erichsen, H. U. / *Martens,* W.: Allgemeines Verwaltungsrecht, 3. Auflage, Berlin—New York 1978

Eyermann, E. / *Fröhler,* L.: Verwaltungsgerichtsordnung, Kommentar, 8. Auflage, München 1980

Fenge, H.: Die arbeitsrechtliche Gesetzgebung zur betrieblichen Altersversorgung, DB 1975, S. 50 ff.

— Zur Auslegung der Anpassungsvorschrift des Betriebsrentengesetzes, DB 1975, S. 2371 ff.

Fitting / Auffarth / Kaiser: Betriebsverfassungsgesetz, Handkommentar, 12. Auflage München 1977

Förster, W.: Die Anpassung von Betriebsrenten, in: Perspektiven der betrieblichen Altersversorgung nach dem Betriebsrentengesetz, hrsg. vom Deutschen Institut für Betriebswirtschaft e. V., Berlin 1976, S. 65 ff. (Zitierweise: Förster, Perspektiven)

— Die Anpassung von Betriebsrenten, in: Betriebliche Altersversorgung im Umbruch, Berlin 1980, S. 204 ff.

Förster, W. / *Rößler,* N. / *Fürer,* B.: Anmerkung zum Urteil des BAG vom 30. 3. 1973, 3 AZR 34/72, in AP Nr. 5 zu § 242 BGB Ruhegehalt — Geldentwertung

Forsthoff, E.: Lehrbuch des Verwaltungsrechts, 1. Band, Allgemeiner Teil, 10. Auflage München 1973

Fürer, B. / *Förster*, W. / *Rößler*, N.: Zur Anpassung von betrieblichen Ruhegehältern an die Geldentwertung, DB 1974, S. 776 ff. = BetrAV 1974, S. 56 ff.

Galperin / *Löwisch*: Kommentar zum Betriebsverfassungsgesetz, Band I, 6. Auflage Heidelberg 1982; Band II, 5. Auflage Heidelberg 1976

Glatzel / *Meyer* / *Wein*: Gesetz zur Verbesserung der betrieblichen Altersversorgung, Köln 1975

Grabner, E. R.: Der Netto-Einkommensvergleich bei der Rentenüberprüfung gemäß § 16 BetrAVG, BetrAV 1978, S. 4 ff.

Großmann, R.: Preissteigerungen und Lohnerhöhungen als Maßstäbe bei der Dynamisierung betrieblicher Ruhegelder, DB 1972, S. 1193 ff.

Gumpert, J.: Anmerkung zur Entscheidung des BAG v. 15. 9. 1977 — 3 AZR 654/76 — in: AR-Blattei, (D) Betriebliche Altersversorgung, Entscheidungen 11/13, 2. Anmerkung zur Entscheidung 13

Hanau, P.: Buchbesprechung: Höfer, Gesetz zur Verbesserung der betrieblichen Altersversorgung, ZFA 1976, S. 485 ff.

Handelsblatt: Betriebsrentensysteme sind jetzt unzumutbar, Handelsblatt vom 24. 5. 1978, S. 4

Heine, H. G.: Sozialer Sprengstoff: Betriebsrenten schaffen Kluft in der Altersversorgung, Süddeutsche Zeitung vom 23./26. 12. 1978, S. 25

Heißmann, E.: Die betrieblichen Ruhegeldverpflichtungen, 4. Auflage, Köln 1961

— Die betrieblichen Ruhegeldverpflichtungen, 6. Auflage, Köln 1967

— Die betriebliche Altersversorgung im Spannungsfeld der Sozialpolitik, Kleine Schriften zur Sozialpolitik und zum Arbeitsrecht, 5. Folge, Heft 5, München 1967

— Die Anpassung betrieblicher Ruhegelder anläßlich des Wegfalls der Versicherungspflichtgrenze und der Beitragserhöhungen in der sozialen Rentenversicherung, RdA 1968, S. 126 ff.

Herberger, O.: Der Anspruch auf Erhöhung der Ruhegelder in der privaten Wirtschaft, NJW 1954, S. 1919 f.

— Anpassung vertraglicher Ruhegelder, NJW 1966, S. 192 f.

Hetzel, H.: Bedenkliche Aspekte in der jüngsten Rechtsprechung des Bundesarbeitsgerichts zu § 16 Betriebsrentengesetz, BB 1977, S. 652 ff.

Heubeck, G.: Die Neuordnung der betrieblichen Altersversorgung und ihre Auswirkungen für die Betriebe, Steuerberater-Jahrbuch 1974/75, S. 377 ff.

— Die Anpassung — das ungelöste Problem im Betriebsrentengesetz, BB 1975, S. 1121 ff. = BetrAV 1975, S. 145 ff.

— Anpassung der Betriebsrenten — aber wie? Arbeit und Sozialpolitik 1976, S. 369

Heubeck / *Höhne* / *Paulsdorff* / *Rau* / *Weinert*: Kommentar zum Betriebsrentengesetz, Band I, Arbeitsrechtliche Vorschriften, 1. Auflage Heidelberg 1976

— / — / — / — / — Kommentar zum Betriebsrentengesetz, Band I, Arbeitsrechtliche Vorschriften, 2. Auflage Heidelberg 1982

Heubeck, G. / *Schröder*, W.: Finanzielle Aspekte der Bundesarbeitsgerichtsurteile zum Teuerungsausgleich für Betriebspensionen, BB 1973, S. 755 ff.

Heubeck, K.: Zur Obergrenze bei der Anpassung von Betriebsrenten, DB 1978, S. 345 ff.

— Die relative Obergrenze bei der Anpassung von Betriebsrenten, DB 1980, S. 831 ff.

Hilger, M. L.: Das Recht der betrieblichen Altersrente, in: Handbuch der betrieblichen Altersversorgung, herausgegeben von Dr. Albrecht Weiß, München 1955, S. 23 ff.

— Das betriebliche Ruhegeld, Heidelberg 1959

— Die Fortentwicklung des Rechts der betrieblichen Altersversorgung durch die Rechtsprechung des Bundesarbeitsgerichts, BetrAV 1973, S. 140 ff.

— Richterrecht in der betrieblichen Altersversorgung, RdA 1981, S. 6 ff.

— Die Entwicklung des Richterrechts und seine Bedeutung für die betriebliche Altersversorgung, in: Soziale Sicherheit in den 80er Jahren, Wiesbaden 1981, S. 60 ff.

Höfer, R.: Gesetz zur Verbesserung der betrieblichen Altersversorgung, Kommentar, 1. Auflage München 1976

— Leitfaden zur Anpassungsprüfung nach § 16 des Gesetzes zur Verbesserung der betrieblichen Altersversorgung, DB-Beilage Nr. 1/77 zu Heft 4 vom 28. Januar 1977

— Nochmals: Zur Anpassung betrieblicher Altersversorgungsleistungen unter Beachtung des Anstiegs der Sozialversicherungsrenten, DB 1977, S. 1142 f.

— Die Grundsatzentscheidung des Bundesarbeitsgerichts zur Anpassung von Betriebsrenten, DB 1977, S. 1893 ff.

Höfer, R. / *Abt*, O.: Gesetz zur Verbesserung der betrieblichen Altersversorgung, Kommentar, Band I, Arbeitsrechtlicher Teil, 2. Auflage München 1982

Höfer, R. / *Kemper*, K.: Zur Anpassung betrieblicher Versorgungsleistungen, DB 1973, S. 130 ff.

— / — Die Anpassungsurteile des Bundesarbeitsgerichts, DB 1973, S. 1347 ff. = BetrAV 1974, S. 48 ff.

— / — Einzelfragen zur Anpassung betrieblicher Versorgungsleistungen, DB 1974, S. 1573 ff.

— / — Betriebsrentenanpassung nach den BAG-Urteilen vom 17. 1. 1980, DB 1980, S. 541 ff. und S. 589 ff.

Höhne, G.: Die betriebliche Altersversorgung, in: AR-Blattei (D) Betriebliche Altersversorgung I

— Zur Anpassung der Betriebsrenten von Führungskräften aus unmittelbaren Versorgungszusagen nach § 16 BetrAVG, BB 1977, S. 508 ff.

— Die Anpassungsurteile des Bundesarbeitsgerichts vom 17. 1. 1980, BB 1980, S. 944 ff. = BetrAV 1980, S. 108 ff.

Höhne, G. / *Heubeck*, G.: Anpassung betrieblicher Ruhegelder, 2. Auflage Heidelberg 1975
(Zitierweise: Höhne / Heubeck, Anpassung)

Kemper, K.: Rechtsfragen zur Rentenanpassung und die Mitbestimmung in der betrieblichen Altersversorgung, in: Neuregelung der betrieblichen Altersversorgung, Schriftenreihe „Der Betrieb", Düsseldorf 1975, S. 23 ff.

— Die Unverfallbarkeit betrieblicher Versorgungsanwartschaften von Arbeitnehmern, Düsseldorf—Frankfurt 1977

Kiefer, K. H. / *Giloy*, J.: Die Verbesserung der betrieblichen Altersversorgung, München 1975

Koehler, D.: Betriebsrentengesetz und höchstrichterliche Rechtsprechung — Eine kritische Würdigung aus der Sicht der Wirtschaft — in: Die betriebliche Altersversorgung zu Beginn der 80er Jahre, hrsg. v. d. Bundesvereinigung der Deutschen Arbeitgeberverbände, Köln 1981, S. 14 ff.

Konzen, H.: Gemeinsame Anmerkung zu den Urteilen des BAG v. 16. 12. 1976 — 3 AZR 761/75 u. 3 AZR 795/75, SAE 1977, S. 197 ff.

— Anmerkung zum Urteil des BAG vom 15. 9. 1977 — 3 AZR 654/76, SAE 1978, S. 219 ff.

Kornblum, U.: Die Rechtsnatur der Bestimmung der Leistung in den §§ 315 bis 319 BGB, Archiv für die civilistische Praxis (AcP), 168. Band, S. 450 ff.

Kraft, A.: Gemeinsame Anmerkung zu den Entscheidungen des BAG vom 1. 7. 1976 — 3 AZR 791/75 und 3 AZR 37/76, SAE 1977, S. 102 f.

Kunz, D.: Aussagegehalt und Genauigkeit von Preisindizes für die Lebenshaltung, BetrAV 1975, S. 71 ff.

Larenz, K.: Geschäftsgrundlage und Vertragserfüllung, 3. Aufl., München—Berlin 1963

— Methodenlehre der Rechtswissenschaft, 3. Auflage, Berlin—Heidelberg—New York 1975

— Lehrbuch des Schuldrechts, 1. Band, Allgemeiner Teil, 13. Auflage München 1982

Laschke, W.: Dynamisierungsklauseln für Ruhestandsbezüge in der Sicht strukturell geänderter Tarifordnungen, BB 1979, S. 379

Lieb, M. / *Westhoff*, S.: Voraussetzungen und Grenzen der Anpassung gemäß § 16 BetrAVG, DB 1976, S. 1958 ff.

Lohaus, G.: Betriebliche Altersversicherung der Arbeitnehmer aus personalwirtschaftlich/betrieblich-sozialpolitischer Sicht des Unternehmens, Betriebswirtschaftliche Forschung und Praxis (BFuP) 1978, S. 437 ff.

Lücking, K.: Anpassung von Betriebsrenten, Soziale Sicherheit 1977, S. 366 ff.

Medicus, D.: Anmerkung zum Urteil des BAG vom 30. 3. 1973, 3 AZR 26/72, in AP Nr. 4 zu § 242 BGB Ruhegehalt — Geldentwertung

— Schuldrecht I, Allgemeiner Teil, München 1981

Mertens-Welte, G.: Anpassung, Geltungsbereich, Übergangs- und Schlußvorschriften, in: Das neue Recht der betrieblichen Altersversorgung, BABl. 1975, S. 83 ff.

Müller, G.: Gesetzgebung und Richterrecht, DB 1981, S. 93 ff.

Münchener Kommentar zum Bürgerlichen Gesetzbuch: Band 2, Schuldrecht Allgemeiner Teil (§§ 241 - 432) München 1979
(Zitierweise: Bearbeiter im Münchener Kommentar)

Ortlepp, H. P.: Betriebsrentengesetz — Erfahrungen mit der Durchführung, Der Arbeitgeber 1978, S. 451

Ortlepp / Willemsen: Gesetz zur Verbesserung der betrieblichen Altersversorgung mit Erläuterungen, Bergisch-Gladbach 1975

Palandt (Bearbeiter): Bürgerliches Gesetzbuch, 41. Auflage, München 1982

Paulsdorff, J.: Zur Anpassung betrieblicher Ruhegelder an die wirtschaftliche Entwicklung bzw. an die Geldentwertung, BetrAV 1974, S. 38 ff.

— Zur Anpassungsfrage, Der Arbeitgeber 1974, S. 940

Rasch, H.: Ruhegeldverträge und Geldentwertung, BB 1971, S. 97 ff.

Reuter, D.: Nominalprinzip und Geldentwertung, ZHR 137 (1973), S. 482 ff.

Richardi, R.: Anpassung der Leistungen einer betrieblichen Altersversorgung nach § 16 BetrAVG, DB 1976, S. 1718 ff.

— Voraussetzungen einer Anpassung betrieblicher Versorgungsleistungen nach § 16 BetrAVG, DB 1977, S. 207 ff.

— Gemeinsame Anmerkung zu den Entscheidungen des BAG vom 16. 12. 1976 — 3 AZR 761/75 und 3 AZR 795/75 — AP Nr. 3 und 4 zu § 16 BetrAVG

— Anpassungsprüfung und Anpassungsentscheidung bei Betriebsrenten nach § 16 BetrAVG, in: Festschrift für Marie Luise Hilger und Hermann Stumpf, München 1983, S. 601 ff.

Ruland, F.: Betriebliche Altersversorgung und gesetzliche Rentenversicherung, DB 1978, S. 1833 ff.

Schaub, G.: Die Anpassung von Betriebsrenten, NJW 1978, S. 2076 ff.

— Arbeitsrechts-Handbuch, 4. Auflage, München 1980

— Die betriebliche Altersversorgung in der Rechtsprechung des Bundesarbeitsgerichtes, RdA 1980, S. 155 ff.

Schaub, G. / *Schusinski*, E. / *Ströer*, H.: Altersvorsorge, Betriebliche Altersversorgung, Sozialversicherung, Eigenvorsorge, München 1976

Schoden, M.: Ein Jahr Betriebsrentengesetz, Soziale Sicherheit 1976, S. 15 ff.

— Die betriebliche Altersversorgung, Ein Leitfaden für Betriebsräte und Arbeitnehmer, Köln 1978

Schulin, B.: Fragen der Anpassung von Betriebsrenten, insbesondere das Problem der betriebsbezogenen Dynamisierung, ZFA 1979, S. 139 ff.

— Anmerkung zur Entscheidung des BAG vom 15. 9. 1977, 3 AZR 654/76, EzA, § 16 BetrAVG, Entscheidung 6

— Anmerkung zu den Entscheidungen des BAG vom 17. 1. 1980, 3 AZR 614/78, 3 AZR 1107/78 und 3 AZR 1018/78, EzA, § 16 BetrAVG, Entscheidungen Nr. 7 - 9

Schusinski, E. / *Stifel*, M.: Kostenanalyse zur Anpassung laufender Betriebsrenten, BB 1978, S. 158 ff.

Schwerdtner, P.: Quasi-Dynamisierung von Betriebsrenten? ZFA 1978, S. 553 ff.

Söllner, A.: Einseitige Leistungsbestimmung im Arbeitsverhältnis, Mainz 1966

Soergel / Siebert: Bürgerliches Gesetzbuch mit Einführungsgesetz und Nebengesetzen, Band 2, Schuldrecht I, 10. Auflage, Stuttgart—Berlin—Köln—Mainz 1967
(Zitierweise: Soergel / Bearbeiter)

Sonne, R.: Die Anpassung betrieblicher Ruhegelder, Diss. München 1978

Steindorff, E.: Anmerkung zur Entscheidung des BAG vom 15.9.1977 — 3 AZR 654/76, in: AR-Blattei, (D) Betriebliche Altersversorgung, Entscheidungen 11/13

Stötter, V.: Der Wegfall der Geschäftsgrundlage wegen Kaufkraftminderung bei Ruhegeldvereinbarungen, DB 1967, S. 1163 ff.

Stumpf, G.: Messung und Beurteilung der wirtschaftlichen Lage des Unternehmers — Anlässe und Ansätze, BFuP 1980, S. 571 ff.

Süddeutsche Zeitung: Kopfzerbrechen über Betriebsrenten, Süddeutsche Zeitung vom 13./14.6.1981, S. 33

Textor, A. J.: Sag' es treffender, Berlin—Darmstadt—Wien 1973

Thomas, W.: Die Anpassung betrieblicher Versorgungsleistungen an die Geldentwertung, BetrAV 1974, S. 34 ff.

— Das Gesetz zur Verbesserung der betrieblichen Altersversorgung, in: Das Arbeitsrecht der Gegenwart, Band 13, Berlin 1976, S. 53 ff.

Weiß, A.: Begriff und Entwicklung der betrieblichen Altersversorgung, in: Handbuch der betrieblichen Altersversorgung, herausgegeben von Dr. Albrecht Weiß, München 1955, S. 13 ff.

Werner, G. A.: Betriebliche Altersversorgung, München 1975

— Betriebliche Altersversorgung, 4. Aufl. München 1978

Westhoff, S.: Anmerkung zur Entscheidung des BAG v. 25.9.1980 — 3 AZR 937/79 — in AP Nr. 10 zu § 16 BetrAVG

Wolff, H. J. / *Bachof*, O.: Verwaltungsrecht I, 9. Aufl. München 1974

FSC
www.fsc.org
MIX
Papier | Fördert gute Waldnutzung
FSC® C083411

Kolibri 360 GmbH
Ferdinand-Jühlke-Straße 7
99095 Erfurt, Deutschland
produktsicherheit@kolibri360.de

Druck:
CPI Druckdienstleistungen GmbH
im Auftrag der
Kolibri 360 GmbH
Ferdinand-Jühlke-Str. 7
99095 Erfurt